KB113252

꼭 이루고 싶은 나의 꿈 나의 인생 2

이 책을 소중한

____________________님에게 선물합니다.

______________________________ 드림

꿈꾸었던 모든 것들이 현실이 되는 마법의 꿈 쓰기

꼭 이루고 싶은 나의 꿈 나의 인생 2

| 김태광 · 김성기 외 51인 지음 |

위닝북스

PROLOGUE

꿈과 비전이 이끄는 인생을 살아가자!

어느 순간 인생에서 '꿈'이 사라져 버렸다. 직장 생활을 하고 아이를 키우는 등 정신없이 하루하루를 살다 보니 꿈이 사라지는 것은 당연했다. 나이를 먹을수록 꿈을 꾸는 것이 점점 어색해졌다. 꿈을 꾸는 것은 청춘들이나 하는 것이라고 생각했다. 지금 우리는 다른 것에 신경 쓸 시간과 열정이 없다. 어릴 적 꿈꿔 왔던 삶은 아닐지라도 열심히 하루를 사는 데 온 힘을 다해야 했기 때문이다. 꿈을 꾸기에는 나이가 너무 많고 할 일도 많다며 스스로를 위로했다.

그러나 정작 우리 인생에 우리 자신이 빠져 있는 삶을 살고 있다. 자신의 인생에 왜 주인공이 아닌 조연으로만 남게 되는가? 그

건 바로 꿈이 없기 때문이다. 꿈이 없다는 사실을 깨달으면 그제야 비로소 꿈을 향한 첫걸음을 내딛을 수 있게 된다. 떠올려 보자. 어릴 적 가슴속에 품었던 우리의 꿈은 무엇이었던가?

우리는 모두 꿈과 비전이 이끄는 인생을 살아야 한다. 꿈을 꾸기에 완벽한 때란 없다. 바로 지금이 꿈을 이루기에 가장 좋은 시간이다. 우리는 지금 당장 행동해야 한다. 꿈을 꾸기 위한 완벽한 때를 기다리다가는 영원히 기회가 오지 않을 수도 있기 때문이다. 가슴이 시키는 대로 행동할 수 있는 용기를 가지고 지금 당장 도전하자. 꿈을 포기하지 않으면 꿈은 반드시 우리에게 보답한다. 마치 기적처럼 말이다.

이 책에는 53명의 꿈과 비전이 담겨 있다. 책장을 펼치면 마음속에 꿈을 품은 채 세상을 향해 힘차게 나아가는 그들의 모습을 보게 될 것이다. 이 책을 읽는 모든 사람들도 꿈과 비전이 이끄는 인생을 살아가면 좋겠다. 여러분의 1년 후, 3년 후, 10년 후 변화된 모습을 응원한다.

2018년 1월

김영숙

CONTENTS

꼭 이루고 싶은 나의 꿈 나의 인생 2

1-12

김태광 김성기
김은화 김은숙
유애희 송세실
정은선 허로민
권태호 이지현
이수경 박하람

01

새로운 인생으로의 도약, 책 쓰기

- 김태광

〈한책협〉 대표이사, 대한민국 대표 책 쓰기 코치, 초·중·고등학교 16권 교과서에 글 수록, 제1회 대한민국 기록문화대상, 대한민국 신창조인대상, 도전한국인대상 수상

저술과 강연을 통해 수백 명을 작가와 강연가, 코치, 컨설턴트로 만들었으며, 지금까지 200여 권의 책을 집필했다. 2011년 제1회 '대한민국 기록문화대상' 최고기록부문 '책과 잡지분야'를 수상했고, 2012년 '대한민국 신창조인대상', 2013년 '도전한국인대상'을 수상했다. 현재 네이버 카페 〈한국 책쓰기 성공학 코칭협회〉를 운영하고 있다.

• Email vision_bada@naver.com

올해로 내가 글을 쓴 지 20년째가 됐다. 그동안 200권에 가까운 책들을 펴낸 만큼 많은 사람들은 내가 어린 시절부터 글을 잘 썼을 것이라고 추측한다. 하지만 그렇지 않다. 나는 20대 초, 우연한 기회에 시를 접한 뒤 시를 쓰기 시작했다. 그 후 3년간 매일같이 시를 썼다. 당시 나는 유명한 시인들의 시를 분석하고 연구하며 그들과 같은 시인이 되기를 소망했다.

단 하루라도 시를 쓰지 않으면 마음 한구석이 불편해 견딜 수가 없었다. 서점에 가면 가장 먼저 달려가는 곳 역시 시집이 모여 있는 코너였다. 출간된 시집들을 보며 언젠가 꼭 유명한 시인이 되겠다고 다짐했다. 3년간 매일같이 치열하게 시를 썼다. 그리고 마침내 〈충남일보〉 문학상을 수상하면서 당당하게 시인이 되었다.

하지만 문학상까지 수상했음에도 불구하고 시인으로서 유명해진다거나 수입이 눈에 띄게 늘어나는 등의 드라마틱한 변화는 없었다. 당시 나의 삶이 얼마나 피폐하고 힘들었는지는 저서 《10년차 직장인 사표 대신 책을 써라》에 아래와 같이 적었다.

집이 워낙 가난했던 탓에 영등포의 한 고시원에서 숙식을 해결하며 잡지사 기자 생활을 해야 했다. 기자라는 직업은 겉으로는 화려하고 멋있게 보이지만 속으로는 빛 좋은 개살구나 다름없는 직업이다. 월급이 많은 것도 아니어서 내 지갑은 늘 홀쭉하기 마련이었다.

하지만 그보다 더 못마땅했던 것은 내가 원하는 글을 쓰지 못한다는 것이었다. 항상 국장, 편집장의 성향을 벗어나지 않는 선에서 혹은 잡지의 성격에 맞춰서만 글을 써야 했다. 시간이 흐를수록 내 글을 쓰고 싶다는 열망은 커져만 갔다.

그래서 출근하기 전 2시간 동안 내 글을 쓰기로 마음먹었다. 당시에는 어떻게 글을 써야 하는지조차 알지 못했지만 머지않아 반드시 책을 출간하겠다는 열망만은 가득했다. 처음에는 출근

전에만 글을 썼지만 시간이 지나면서 점점 퇴근 후에도 글을 쓰기 시작했다. 내가 원하는 글을 쓸 때 가장 행복하다는 것을 깨달았기 때문이다. 그래서 퇴근 후 친구들 혹은 동료들과의 술자리도 마다하고 바로 고시원으로 직행하곤 했다.

반년쯤 지나자 비로소 한 권의 책을 펴낼 수 있을 정도의 원고량이 되었다. 그래서 책으로 펴내기 위해 무작정 내가 쓴 글과 비슷한 책을 출간하는 출판사에 원고를 보냈다. 그러기를 수십 차례, 돌아오는 것은 싸늘한 거절 의사뿐이었다. 글의 내용과 감성적인 문체는 좋지만 상업적으로 출간하기에는 무리라는 의견이었다. 첫술에 배부르랴. 나 역시 내 원고가 단번에 채택되지 않으리라는 것쯤은 알고 있었다. 그래서 좌절하지 않고 계속해서 원고를 다듬어 나가며 쉴 새 없이 또 다른 출판사에 원고를 보냈다.

그러던 어느 겨울 밤, 고시원을 향해 무거운 발걸음을 옮기고 있을 때 한 출판사에서 연락이 왔다. 같이 작업해 보면 어떻겠냐는 것이었다. 그렇게 해서 2003년, 꿈에 그리던 나의 첫 책《꿈이 있는 다락방》과 두 번째 책《마음이 담긴 몽당연필》이 출간되었다.

그때 나는 두 가지 꿈을 가슴에 품었다. 바로 베스트셀러 작가와 성공학 동기부여 강사였다. 그 꿈을 이루기 위해 고군분투했다. 그로부터 10여 년이 지나 현재 나는 서른여섯 살이 되었고, 과거에 가슴속에 품었던 꿈들은 모두 이루었다. 최근에 펴냈던 책들이 베스트셀러에 이름을 올렸는가 하면, 중국과 대만, 태국 등에 저작권이 수출되기도 했다. 글을 쓴 지 10년 만에 초등학교 4학년 도덕교과서에 내 글이 등재되는 기쁨을 맛보기도 했다. 또한 '꿈'과 '성공'을 주제로 기업체와 기관, 중·고등학교 및 여러 대학에서 특강 강사로도 활동하고 있다.

현재 나는 나처럼 책을 써서 더 나은 인생을 살고자 하는 사람들을 위해 '책 쓰기 코치'로 활동하고 있다. 네이버 카페 〈한국책쓰기 성공학 코칭협회(이하 한책협)〉를 개설해 단 몇 개월 만에 책을 쓸 수 있도록 돕고 있다. 〈한책협〉을 만난 뒤 본인의 책과 칼럼을 쓰고, 강연을 다니고, 1인 창업에 성공해 주변으로부터 인정받으며 고수익을 올리는 사람들이 헤아릴 수 없이 많다. 나는 그들을 돕는 일이 너무나 즐겁다.

나는 사람들에게 "직장에 몸담고 있는 동안 자신의 본업이나 취미생활 등 가장 좋아하고 잘할 수 있는 일을 책으로 써야 한다."라고 말한다. 자신의 전문 지식과 경험, 노하우 등을 책으로 펴내게 되면 지금껏 경험하지 못한 일들을 경험하게 된다. 내 이름으로 된 책이 출간되는 순간 사람들로부터 "작가님!", "선생님!"이라고 불린다. 당당하게 전문가로 인정받는 것이다.

직장에 다니는 지금 내 이름으로 된 책을 펴내 미래를 준비해야 한다. 많은 사람들이 자신이 몸담고 있는 직장에 회의감을 느끼고 있다. 특히 10년 차쯤 되는 직장인들은 감정적으로 사표를 던지곤 하는데, 그래선 안 된다. 먼저 책을 써서 코치, 강연가, 1인 창업가로서 준비를 마친 후 회사를 졸업하라고 조언하고 싶다. 책을 쓰면서 그동안 일에서 찾을 수 없었던 의미나 가치를 새로이 찾을 수 있다. 무엇보다 그동안 배우고 느끼고 깨달았던 것들을 체계적으로 정리할 수 있다.

우리는 자신이 원하는 인생을 살아야 한다. 그래야 후회가 남지 않기 때문이다. 꿈꾸는 대로 인생을 살고자 한다면 반드시 책을 써야 한다. 나는 전작 《마흔, 당신의 책을 써라》에서 책을 써야 하는 이유로 5가지를 꼽았다.

첫째, 자신의 이름을 브랜드화할 수 있다.

안철수를 처음 보았을 때 사람들은 그가 누구인지, 무엇을 하는 사람인지 잘 알지 못했다. 하지만 그는 《CEO 안철수 영혼이 있는 승부》를 출간해 자신이 걸어온 인생과 철학을 세상에 알릴 수 있었다. 《익숙한 것과의 결별》이라는 책으로 유명한 구본형 소장도 책을 내기 전에는 샐러리맨에 불과했다. 지금의 '한비야'라는 브랜드를 만든 것도 다름 아닌 책 《바람의 딸 걸어서 지구 세 바퀴 반》이다. 이들은 모두 책을 통해 자신과 자신의 이름을 세상에 알렸다.

둘째, 평범한 나의 경쟁력이 된다.

자신이 평범하다고 생각된다면 '무조건' 책을 써야 한다. 평범하다는 것은 그저 그런 실력을 가지고 있다는 말과 같다. 즉, 조직에서 언제든 다른 사람으로 대체될 수 있다는 뜻이다. 그러니 다른 사람들에게 없는 비밀 병기, 즉 경쟁력을 갖추어야만 한다.

셋째, 책 쓰기는 진짜 공부다.

한 권의 책은 그냥 뚝딱 쓸 수 있는 것이 아니다. 책 속에는 저자의 지식과 정보, 생각과 경험 그리고 철학이 담겨 있다. 이러한 것들은 공부를 해야만 얻을 수 있다. 또한 책 쓰기가 아니더라도 조직에서 인정받는 구성원이 되기 위해서는 계속 자기계발, 즉 진짜 공부를 해야 할 필요가 있다.

넷째, 책은 든든한 은퇴자본이다.

은퇴를 떠올렸을 때 불안하거나 두렵게 여겨진다면 책을 써라. 책 한 권, 글 한 편이 든든한 은퇴자본이 된다. 그나마 안전지대에 머물러 있는 지금, 머뭇거리지 말고 당장 책 쓰기에 도전하라.

다섯째, 책은 전문가로 통하는 자격증이다.

사람마다 자신이 잘 할 수 있는 특별한 전문 분야가 있다. 책 쓰기야말로 자기 분야의 전문가가 되는 가장 효과적이면서도 쉽고 빠른 방법이다. 내 이름 석 자가 들어간 책이야말로 '인생 최고의 학위'가 된다.

오늘 당장 내 이름으로 된 책 쓰기에 도전해 보자. 이제까지는 다른 작가들이 집필해 놓은 책들을 읽고 만족하는 데 그쳤다면 지금부터는 자신의 스토리를 직접 원고로 써 보자. 원고를 써 내려가는 동안 자신에게 엄청난 이야기와 내공이 있다는 것을 알게 될 것이다. 책을 쓰는 과정에서 진정 자신이 어떤 사람이며, 무엇을 하고 싶은지, 어떤 미래를 살고 싶은지 구체적으로 찾을 수 있다.

02

억봉이 클럽 만들기

- 김성기

'한국영업세일즈코칭협회' 대표, 동기부여가, 자기계발 작가

노숙자 생활부터 지하철 잡상인, 붕어빵 장사, 모자 장사 등의 노점상 생활을 거쳐 LG, 삼성, 대명, 한화, 이랜드 등 대기업에서 판매왕, 최우수 영업팀장을 지낸 억대 연봉 영업인이다. 저서로는 《억대연봉 판매왕의 영업기술》, 《보물지도 10》, 《또라이들의 전성시대2》가 있다.

• Email kimsgi1@naver.com
• Blog blog.naver.com/kimsgi1
• Cafe www.hysa.co.kr
• C·P 010.6268.8455

리조트에서 영업할 때 억대 연봉을 받는 직원을 '억봉이'라는 별명으로 불렀다. 나 역시 후배 직원들에게는 '억봉이' 형님으로 불렸다. 후배들은 '억봉이'로 불리던 나를 내심 부러워했다.

내가 영업을 했던 이유는 누구보다도 돈을 많이 벌고, 노력한 만큼 보상을 받고, 자유로운 시간을 영위하고 싶어서였다. 영업은 이 모든 것을 가능케 했다. 이렇게 모든 것을 가능케 하는 '억봉이'들을 많이 배출하고 싶은 꿈이 생겼다. 보험에는 해당연도에 성과를 뛰어나게 낸 사람에게 MDRT(Million Dollar Round Table)

라는 타이틀을 부여해 주는 제도가 있다. 내가 가르치고 키운 영업인들을 모두 억대 연봉 대열에 올려서 MDRT 타이틀을 거머쥔, 100명의 억봉이를 만드는 것이 1차 목표다.

나는 20년 넘게 실전영업을 했고 늘 상위 1% 대열에 속했다. 영업을 하면서 느꼈던 건 영업은 '누구나' 할 수는 있지만 '아무나' 할 수 없는 일이라는 것이다. 영업은 누구의 간섭으로 이루어지는 것이 아니라 스스로 자기관리를 하며 최고가 되겠다는 다짐과 의지가 있어야만 할 수 있는 일이다. 그래야 영업세계에서 멋지게 살아남을 수 있다.

대학교 학력고사 합격자 발표도 나기 전에 아르바이트를 시작했다. 호프집 서빙부터 바텐더, 주방보조, 노가다, 한식 뷔페 주방장, 다단계, 지하철 잡상인, 붕어빵 장사, 학교 앞 좌판에서의 모자 장사, 소주방 운영, 주점 운영 등등 수많은 일들을 하면서 다방면으로 세상 경험을 했다. 종업원으로도 일했고 대표로도 일했으며 학교에선 리더로 활동했다.

대학을 졸업하면서 본격적으로 영업전선에 뛰어들었다. 대학교 4학년 2학기에 LG자판기 판매를 시작으로 삼성에스원 전국 1등, 대명리조트 최연소 최단기간 영업팀장을 꿰찼다. 입사 후 퇴사 때까지 최우수 영업사원으로 일했다. 그러곤 한화리조트에 스카우트되어 대기업 팀장을 맡고 법인1팀장, 회원사업팀장, 공채면접관, 명예퇴직자 상담관 등 다양한 직급에서 영업을 경험했다. 또한 각각의 영업직에서 항상 박수 칠 때 다른 직장으로 스카우트되곤 했다. 성공한 영업사원이 되기 위해서는 어떠한 스펙도 필요 없고 어떠한 배경도 필요 없다. 단지 자신에 대한 자신감과 철저한 자기관리면 충분하다.

내가 본격적으로 억대 연봉 대열에 든 것은 삼성에스원에서 전국 1등을 하고 이직한 대명리조트에서부터다. 목표했던 1등을 이룬 뒤 더 큰 영업세계를 찾던 중 대명리조트를 알게 되었다. 처음엔 돈을 많이 벌 수 있을 곳이라 생각하지 못했다. 당시 집이 역삼동에 있어 집 앞이니 잠시 다녀 보자는 마음으로 대명리조트에 들어가게 되었다.

나는 직장에 다닐 때 그 누구보다도 먼저 출근해야 직성이 풀리는 성격이다. 사무실 불을 제일 먼저 켜고 들어가서 하루 일과를 계획하고 다이어리에 일정을 정리하면서 나만의 아침시간을 즐기는 것을 좋아한다. 그래서 이전 직장에서도 그랬지만 직장을 옮긴 후에도 제일 먼저 사무실에 출근해서 불을 켰다.

평균 오전 7시 전에 출근해서 하루를 시작했다. 다른 직원들은 9시가 다 되어서야 헐레벌떡 들어오곤 했다. 다른 직원들이 출근하기 전 2시간을 오로지 나만의 시간으로 만들었다. 그 시간 동안 전날 한 영업을 되돌아보고 오늘 해야 할 일들을 계획했다.

그러곤 다이어리에 꼼꼼히 할 일을 적었다. 누구를 만나야 하고 전화는 몇 통을 해야 하고 우편물은 얼마나 보낼지 등을 계획하고 하루를 시작했다.

이러한 성실한 모습을 높이 샀는지, 리조트 회사에 입사한 지 6개월도 안 되어서 영업1팀장을 맡게 되었다. 팀에는 나보다 영업도 잘하고 실적도 우수한 베테랑 영업사원들이 많았다. 하지만 나에게는 팀장이 되고 싶다는 '간절함'이 있었다. 때문에 최연소 그리고 최단기간에 영업팀장이 될 수 있었다. 물론 실적도 그 누구보다 빠르게 상승하고 있었기에 가능한 일이었다. 영업팀장이 되고 얼마 지나지 않아 나의 1차 목표였던 '억대 연봉 받기'를 이룰 수 있었다. 그 이후로 나의 연봉은 매년 상승세를 이어 갔다.

영업하는 사람들이라면 모두가 억대 연봉을 꿈꾼다. 그렇지만 이것은 꿈에 불과한 것이 아니라 누구나 달성할 수 있는 일이다. 또한 영업사원이라면 당연히 억대 연봉 이상을 벌어야 하는 것이 정상이다. 다만 억대 연봉을 받기 위해서는 철저한 자기관리와 명확한 목표, 명확한 계획이 필요하다.

흔히 '작심삼일', '다음에 하지 뭐!', '피곤해', '오늘 하루쯤 안 해도 뭐 어때?' 와 같이 자신의 능력을 죽이는 자기변명과 합리화를 자주 한다. 이러한 자기변명과 자기합리화는 성공에 대한 확신과 자신에 대한 믿음이 부족하기 때문이다.

이러한 영업사원들을 위해서 나의 20년 실전영업 노하우를 바탕으로 '영업사원 억대 연봉자 만들기 프로젝트'를 시작했다. 일명 '억봉이 클럽' 프로젝트! 우선은 100명의 억봉이를 만드는 것이 1차 목표다. 현재 〈한책협〉과 함께 〈한국영업세일즈코칭협회〉를 만들어 운영하고 있다. 억대 연봉에 진입하려면 전반적인 영업 기술도 익혀야 하겠지만 그보다 영업인이 갖춰야 할 성공마인드를 장착하는 것이 우선이다. 〈한국영업세일즈코칭협회〉에서는 5주간의 프로그램을 통해 누구나 억대 연봉자가 될 수 있는 노하우를 전수할 계획이다. 2018년 연말에 1차 목표인 100명의 억대 연봉자를 배출한다는 목표로 뛰고 있다. 이 모임을 '억봉이 클럽'으로 활성화시킬 예정이다.

영업을 하는 동안 수많은 영업사원에게 노하우를 물어보고 이른바 '잘나간다'는 영업사원들이 쓴 책들도 수없이 읽었다. 그러면서 깨달은 것은 모든 영업사원들은 억대 연봉으로 갈 수 있는 영업 기술을 이미 알고 있고 행하고 있다는 것이다. 문제는 성과가 있느냐 없느냐다. 그것이 개인의 차이이고 방법의 차이이고 의식의 차이인 것이다. 영업을 잘하는 방법은 아침 일찍 일어나 다른 사람보다 먼저 출근하고 내가 판매하는 상품과 경쟁사의 상품을 철저히 분석하는 것이다. 명확한 목표와 계획에 끈기 있는 열정을 더해서 될 때까지 하는 것이다. 그러면 누구나 영업으로 성공할 수 있다. 너무나 쉽다. 그런데 왜 많은 영업사원들이 이렇게 쉬운 것을 못하는 것일까? 바로 삶의 목표와 꿈이 명확하지 않아서다. '대충 해서 돈 벌어야지' 하는 생각을 가지고 있다면 오래 영업할 수도 없을뿐더러 시간만 버리게 되는 결과를 초래한다.

내가 진정 원하는 것이 무엇인가? 원하는 것을 어떻게 얻을 것인가? 스스로에게 끊임없이 질문해야만 한다. 누구에게도 아닌 바로 나 자신에게!

억대 연봉을 받는다는 것은 영업의 끝이 아니라 새로운 영업의 시작이다. 자신의 인생에 또 다른 행복을 가져다주는 계기가 되는 것이다. 한 번뿐인 인생, 누군가의 인생에 박수만 칠 것이 아니라 박수 받는 멋진 인생으로 거듭나자.

03

행복한 부자 엄마 되기

- 김은화

부동산 코치, 동기부여가, 강연가, 자기계발 작가

시련을 극복하고 직장일과 부동산 임대업을 병행하면서 새 삶을 살고 있다. 현재 많은 사람들에게 희망과 용기를 주는 메신저의 삶을 살아가고 있으며 인생에서 얻은 경험과 지식을 바탕으로 개인저서를 집필 중이다.

• Email dmsghk0010@naver.com

우린 막연하게 부자가 되고 싶어 한다. 하지만 어떻게 부자가 될 것인지 뭘 해야 부자가 될 수 있는지는 깊게 고민하지도, 알아보지도 않는다. 나 또한 그랬다. 어릴 적부터 집안이 가난해서 내가 원하는 것, 하고 싶은 것을 마음껏 해 보지 못하고 자랐다. 나는 어릴 때부터 땅이 많은 집이 부러웠다. 우리 집은 부모님 명의로 된 논밭이 없었다. 부모님은 소작으로 농사지으시면서 공장에 다니며 돈을 버셨다. 그럼에도 돈은 늘 부족했다. 동네 분한테 빌려 쓰시고 갚으시는 생활의 반복이었다.

중3이 되어서 고등학교 진학 문제로 선생님과의 면담이 진행되었다.

"은화야, 어느 학교로 진학할 거니?"

"저는 산업체(상업 고등학교) 학교로 가겠습니다. 가정 형편이 어려워서 집안에 보탬이 되고 싶어요."

이렇게 말은 했지만 사실 부모님 보살핌 아래 일반 고등학교에 다니면서 전문대라도 가고 싶었다. 하지만 집안 형편을 너무 잘 알았기에 마음을 접었다. 선생님께서는 딱 잘라 말씀하셨다.

"나중에 커서 후회한다. 잘 생각해라. 네가 잘 되어야 다 좋은 거야! 그렇지 않으면 아무 소용없단다."

그렇지만 나는 내 뜻을 굽히지 않았다. 주경야독으로 돈을 벌어서 부모님과 동생들을 챙길 수 있다는 사실에 안도했을 뿐이었다.

어렵게 주경야독하며 고등학교 3년 과정을 끝냈다. 너무 힘들어서 포기하고 싶을 때도 있었다. 친구들 중엔 나처럼 가정형편이 어려워서 온 친구들도 있지만 공부가 하기 싫어 오는 친구들도 많았다. 또 어떤 친구들은 학교를 그만두고 돈을 벌며 하고 싶은 것 하며 살기도 했다. 하지만 난 그럴 수가 없었다. 나에게 많은 기대를 걸고 계시는 부모님을 실망시켜 드릴 수 없었기 때문이다. 난 월급을 받으면 꼬박꼬박 적금을 부었다. 그리고 고생하시는 부모님께 반지를 사 드리고 싶어 반지계도 들었다. 게다가 동생들에게 필요한 생활 용품까지 보내다 보니 내 손에 쥐는 돈은 얼마 되지 않았다.

내겐 돈을 모아서 부모님께 드리겠다는 계획이 있었다. 그걸 이루기 위해 열심히 일했다. 기숙사 생활을 하는지라 아침과 저녁은 본인이 알아서 해결해야 했다. 당시 절친이었던 유수란이라는 친구가 많은 힘이 되어 주었다. 그 친구는 내가 용돈이 부족해 밥을 제대로 먹지 않거나 군것질을 하지 않는 걸 알고 나에게 "필요할 때 사용해." 하며 종종 돈을 쥐어 주곤 했다. 나를 이해해 주고 생각해 준 그 친구가 지금도 보고 싶다. 나의 10대는 그렇게 지나가 버렸다.

지금은 딸아이의 엄마가 되어서 살아간다. 형편이 허락하지 않아 하지 못했던 것들을 딸아이에게만은 다 해 주고 싶은 평범한 엄마이다. 하지만 이마저도 잘해내지 못하며 살고 있다. 열심히 일하고 돈을 모으면서 살아가면 어느 정도 살 수 있다고 생각했고 그렇게 된다고 믿었다. 하지만 인생은 나를 가만두지 않았다. 가정에 힘든 일이 닥쳐 모든 게 순식간에 사라졌다. 새로 시작해야 한다고 생각하니 앞이 캄캄했다. 삶을 놓고 싶은 적도 많았다.

그럴 때마다 아무것도 모르는 천진난만한 딸을 바라보았다. '다시 일어날 수 있다! 열심히 살면 나아진다!'라고 마음을 다독이며 하루하루를 버텼다. 하지만 현실은 생각보다 만만치 않았다.

우린 언제 아파트로 이사를 갈 수 있을까? 나는 투 룸에서 벗어나고 싶었다. 딸의 친구들은 하나둘씩 아파트로 이사를 가기 시작했다. 딸아이는 친구들을 부러워했다. 딸아이가 "엄마, 우리도 아파트로 이사 가자."라고 할 때마다 마음이 너무 아팠다.

딸아이 말이 귓가에 맴돌아 그때부터 아파트 생각만 하게 되었다. 그러다 정확한 시세를 알아봐야겠다 싶어 부동산에 들어갔다. 그 당시 나는 보증금 2,000만 원에 월세 28만 원의 투 룸에 살고 있었다. 난 소장님께 저렴하게 월세로 들어갈 수 있는 아파트를 소개해 달라고 부탁했다. 그러자 소장님은 집주인이 외국에 몇 년 머물러야 해서 그런 조건을 내건 집이 나와 있다고 했다. 그렇게 해서 보증금 2,000만 원에 월세 34만 원의 아파트를 계약하게 되었다.

이사를 하고 딸에게 "아파트로 이사 오니 좋아?"라고 물었다. 그런데 딸아이는 그저 덤덤하게 "응, 괜찮아."라고 대답할 뿐이었다. 무척 기뻐할 줄 알았던 딸아이가 미적지근한 반응을 보이자 약간 실망한 게 사실이었다.

그러던 어느 날 딸의 방에 들어가서 책상을 정리하다가 펼쳐진 일기장을 우연히 보게 되었다. 일기장에는 딸아이의 솔직한 감정이 적혀 있었다. "아파트에 이사 오니 하늘을 날아갈 듯이 기쁘고 너무 행복하다."라고. 그걸 보는 순간 나는 작은 것이지만 딸이 원하는 것을 해결해 줬다는 사실에 만족감이 들었다.

그런데 아파트 생활을 시작하자 한 가지 불안한 마음이 생기기 시작했다. '기한이 다 되면 어디로 이사를 가야 하지? 월세나 보증금을 올려 달라고 하면 어떡하지?'와 같은 것들이었다. 아파트로 오기만 하면 다 좋을 것만 같았는데, 또 다른 걱정거리가 생겨났던 것이다. 남편이랑 함께 벌어도 생활비며 월세와 각종 공과금에 보험과 대출 이자까지, 늘 돈 걱정이 사라지지 않았다. 나는 어떻게 해야 이사를 다니지 않을 수 있을지 생각했다. 또다시 부동산 소장님을 찾아갔다.

소장님께 "이번엔 아파트를 사고 싶은데 요즘 시세가 어떤가요?"라고 묻자 소장님께서는 요새 아파트가 1억 300만 원부터 1억 1,000만 원 선에서 거래되고 있다고 하셨다. 담보대출은 얼마까지 되는지, 이자는 몇 프로인지 궁금한 것을 다 물어본 뒤에 마음을 정한 나는 급매물을 소개해 달라고 했다. 그렇게 해서 9천 600만 원에 아파트를 구입했다. 보증금 2,000만 원으로 계약을 하고 나머지는 담보대출로 해결했다. 월세 비용을 은행에 이자로 내야 했지만 일단 집은 안정적으로 해결되었다. 그래도 돈은 항상 부족했다.

아파트를 산 뒤 수익률이 5배나 뛰어오르는 엄청난 경험을 한 뒤로 나는 부동산에 관심이 생겼다. 단순히 월급을 받는 것만으로는 생각지도 못할 일이었다. 그러자 내 마음속에서 부자가 되고 싶다는 욕망이 고개를 들기 시작했다. 한마디로 돈을 많이 벌고 싶었다. 생각해 보면 항상 나는 항상 부자가 되고 싶었다. 그런데 전문적인 지식이 없다 보니 어떻게 부동산에 접근해야 할지 몰라 고민하고 있는데 남편이 "부동산 책을 사 보면 어때? 도움 되지 않을까?"라고 했다. 그 이야기를 듣자마자 서점에 가서 부동산 관련 도서 5권을 사 왔다. 그러곤 순식간에 다 읽은 뒤 바로 행동에 들어갔다. 집을 담보로 아파트 3채를 계약하고 34평짜리 아파트를 분양받아 각각 월세와 전세로 돌렸다. 이렇게 하고 나니 내가 살아 있는 것 같은 기분이 들고 미래를 생각하며 행복해지기 시작했다. 부동산을 보러 다니는 게 좋았다. 당장 수입은 없어도 무언가 하고 있다는 생각에 힘이 났다.

그런데 어느 날 문득 딸이 이런 말을 했다.

"나 중2때, '우리 엄마는 왜 돈을 못 벌지?'라고 생각한 적이 있어."

"왜 그런 생각을 했어?"

"엄마는 매일 돈이 없어 힘들다고 하면서도 다른 일을 해 볼 생각을 하지 않았잖아."

세상에는 많은 직업이 있는데 새로운 일에 도전하지 않는 엄마가 안타까웠다고 했다. 딸아이의 마음을 생각하니 그저 미안할 뿐이었다.

당시 회사생활에 지쳐 있었던 난 매일 하나님께 기도했다. "여기에서 벗어나 자유롭게 부동산 일을 하면서 살고 싶어요."라고.

때마침 남동생과 올케가 구원의 손길을 내밀었다. 〈30대를 위한 부동산 투자 연구소〉라는 곳을 소개해 주었고 물심양면으로 많은 도움을 준 것이다. 나에게는 한 줄기 빛이었다. 이 책을 통해서 감사하다는 말을 전하고 싶다.

이제 딸은 엄마의 달라진 모습이 너무 좋다고, 엄마가 행복하니까 자신도 행복하다고 한다. 엄마는 뭐든지 잘할 수 있고 하면 된다고 하면서 용기를 주는 딸이 곁에 있어 힘이 된다. 내가 행복해야 가족도 행복하다는 걸 비로소 깨닫는다. 나 자신과 가족을 위해서 나를 더 사랑하며 열정적으로 살 것이다.

나에게는 꿈이 있다. 바로 '행복한 부자 엄마'가 되는 것이다. 그 꿈을 이루기 위해서 오늘도 나는 자기계발서를 읽고 부동산을 공부한다. 내가 좋아하는 일, 내가 하고 싶은 일을 계속할 수 있다는 것은 행운이다. 계속해서 꿈을 향해 달려 나가다 보면 머지않아 내 목표 중 하나였던 '멋진 빌딩과 주택 소유하기'도 이룰 날이 올 것이라고 믿는다. 나는 많은 사람들에게 선한 영향력을 펼치며 살아갈 것이다. 반드시 크게 성공할 것이다.

04

멋진 정원이 있는 전원주택에서 살기

- 김은숙

육아코칭 전문가, 자기계발 작가, 동기부여가

두 아이를 키우면서 얻은 경험과 노하우를 바탕으로, 서투른 초보 엄마도 아이와의 공감과 소통을 통해 좋은 엄마가 될 수 있다는 자신감을 심어 주고자 한다. 중요한 성장 발달 시기에 있는 아이에게 아낌없이 사랑을 표현하는 방법을 알려 줄 육아 관련 저서를 집필 중이다.

• Email dmstnr4434@naver.com

예전에 학교에 다닐 때 친구들과 하던 이야기들이 문득 생각난다.

"난 60대쯤 되면 마당에는 잔디가 푸르게 깔려 있고 예쁜 꽃 정원이 있으면서 손주들이 할머니 집에 왔을 때 마음껏 뛰어 놀 수 있는 그런 집을 지어서 살 거야."

결혼하고 25평 아파트에서 신혼생활을 시작한 후로 쭉 아파트에서 살고 있다. 지금 살고 있는 아파트 뒤에는 산이 있다. 봄이 지나고 여름이 올 때쯤이면 아카시아 꽃이 만발하는데 꽃향기가 너무 좋다. 산을 가만히 바라보고 있노라면 왠지 모르게 기분이 좋아진다.

나는 아이들이 성장하고 나이를 좀 더 먹고 나면 아파트 생활에서 벗어나 전원주택 생활을 하고 싶다. 한적한 곳에 지어진 멋진 집. 넓은 마당에는 잔디를 심은 멋진 정원이 있는 집. 수영장이 있고 멋진 차고도 있는 그런 집에서 살아 보고 싶은 마음이 있다. 생각만 해도 가슴이 설렌다. 조그마하게 텃밭도 가꾸고 신선한 공기를 마시며 하루를 보내는 그런 삶을 그려 왔다.

한때 전원주택을 짓는 것이 붐이었던 적이 있었다. TV에서도 한적한 시골에 지어진 전원주택이나 멋진 인테리어의 도심형 전원주택을 많이 소개했었다. 비록 내 집은 아니지만 보고 있는 것만으로도 힐링이 되었다. '나도 언젠가는 거실에 벽난로가 설치되어 있고 연못과 예쁜 꽃 정원이 있는 집을 지을 거야' 하면서 상상의 나래를 펴기도 했다.

그러던 어느 날 언니가 저렴한 가격으로 나온 청도의 농지를 구입했다고 했다. 농지를 대지로 바꾼 뒤 노후에는 그곳에 전원주택을 지을 거라고 했다. 청도는 대구와 조금 떨어져 있는, 공기 좋고 한적한 곳이다. 조금 멀긴 하지만 교통편도 세월이 흐르면 더 좋아질 것이기 때문에 괜찮았다. 그 말을 들었을 때 언니가 너무 부러웠다. 나중에 우리 가족들이 그곳에 모여서 함께 집을 짓고 살면 좋을 것 같다는 생각을 했다.

두 아이가 커 가면서 곤충이나 애완동물을 너무 키우고 싶어 한다. 하루는 딸아이가 학교 앞 문방구에서 500원을 주고 병아리를 사 온 적도 있었다.

나는 어릴 적 마당이 있는 집에서 살았다. 그랬기에 강아지, 닭 등 여러 동물들을 많이 키웠다. 고양이도 키웠다. 우리 삼 남매는 서로 고양이를 안으려고 야단법석을 피웠다. 서로 같이 데리고 자려고 티격태격하기도 했다. 병아리를 사 온 딸아이의 마음이 아마 그랬을 것이다.

그러나 우리 부부는 집에서 애완동물을 키우는 것은 반대한다. 아파트 생활을 하다 보니 좁은 공간에서 애완동물을 키운다는 게 쉬운 일이 아니기 때문이다. 나현이는 이모네가 강아지를 분양 받아 왔다는 말에 더 졸라 보고 떼를 쓰지만 어림도 없는 일이다.

"나현아, 나중에 마당이 있는 집으로 이사 가면 그때 나현이가 원하는 강아지, 고양이 다 키울 수 있도록 해 줄게."

"언제 이사 가는데, 언제까지 기다려야 되냐고?"

"지금 당장은 강아지를 못 키우니까 시골 할아버지 댁에서 강아지를 키우자. 주말마다 가서 보고 오면 되잖아."

아파트 생활이 주는 편리함은 분명 있다. 하지만 아이들을 키울 때는 마당이 있는 주택에서 강아지도 키우고 꽃과 풀을 심으며 자연을 느끼게 해 주는 것도 좋은 교육인 것 같다.

어릴 적 우리 집에는 넓은 마당이 있고 뒤편에는 대나무 숲이 있었다. 그리고 앞마당이 넓어서 여름이면 평상을 펴 놓고 그 위에서 반짝이는 별들을 바라보며 잠을 자기도 했다. 그때의 하늘은 무척 맑았고 별들도 무수히 많았다. 지금은 아이들에게 보여줄 수 없는 풍경이다. 어머니께서는 텃밭에 깻잎, 고추, 상추 등을 심으시고 그것들로 반찬을 만들기도 하셨다. 그런 식물 외에도 무당벌레, 애벌레 등을 보고 자랐다. 여름밤이면 청정지역에만 산다는 반딧불도 많이 볼 수 있었다. 또한 대나무로 피리를 만들기도 하고 가을이면 빨갛게 익은 우물가의 석류를 따 먹기도 했다. 익지 않은 감을 항아리에 소금을 넣어서 삭혀 먹기도 했다. 이 모든 게 좋은 기억으로 남아 있다. 지금은 상상도 못할 일이다. 시골에서만 느낄 수 있었던 옛 정취다.

시골에는 과수원도 많다. 우리 집 옆에는 사과나무 과수원이 있었다. 많이 크진 않지만 사과나무에 사과가 주렁주렁 열려 있는 모습이 참 신기하고 먹음직스러워 보였다. 친구들과 뒷산에 놀러 갔다가 사과를 하나씩 몰래 따 먹었던 기억도 난다. 하나씩 따는 순간 주인 아저씨에게 들켜서 걸음아 날 살려라 도망쳤던 기억들이 이젠 추억이 되었다.

동네마다 연못 같은 못이 하나씩 있었다. 예전에 살던 곳의 못 둑에는 풀들이 많이 있었다. 그곳에서 친구들과 쑥을 뜯던 기억, 네잎클로버를 찾고 꽃반지를 만들던 기억, 작은 물뱀이 내 앞을 지나가서 소리치며 울었던 기억 등이 새록새록 떠오른다. 함박눈이 내린 겨울이면 실로 뜬 장갑을 끼고 삼 남매가 마당에서 눈사람을 크게 만들었고, 강아지도 신이 나서 눈 위를 뒹굴던 모습들이 주마등처럼 스쳐 지나간다.

예전처럼 우리 아이들에게 이런 추억들을 선물할 순 없다. 하지만 그런 기억들을 잊을 수 없어서 가끔은 아이들과 시골 할아버지 댁에 가서 감자, 고구마를 캐 보기도 한다. 땅속에서 고구마들이 주렁주렁 나오는 걸 보면 신기해서 호미를 열심히 휘젓기도 한다. 마당에 피워 놓은 화롯불에 군고구마를 익혀 먹고 숯불에 고기를 구워 먹었던 어릴 적 우리들 이야기로 웃음꽃을 피우곤 한다. 어릴 적 경제적으로 넉넉하지는 않았지만 추억을 더듬다 보면 참 행복했었다는 생각이 들어 나도 모르게 웃음이 나온다.

지금 당장 멋진 정원이 있는 전원주택에서 살 수는 없다. 하지만 마음 한구석에 꼭 이루고 싶은 나의 꿈으로 자리 잡고 있다. 지금은 〈한책협〉에서 책 쓰기와 함께 인생 2막을 준비하고 있다. 지나간 과거는 나의 경험이 되고 지금의 나를 있게 해 준 또 하나의 삶이다. 연못이 있고 아름다운 정원이 있는 멋진 전원주택에서 살아가는 우리 가족들 모습을 그려 본다. 5년 뒤, 10년 뒤 멋지게 변화되어 있을 내 삶을 상상한다.

단 한 번뿐인 나의 인생. 꿈을 종이에 적고 생생하게 상상하면 이루어진다고 한다. 이루고 싶은 꿈들을 가시화하고 노력해서 꼭 성공적인 삶을 살아갈 것이다. 평범한 사람이라도 꿈을 꾸면 누구보다도 특별한 삶을 살아갈 수 있다는 것을 확신한다.

05

꿈 노트일기를 통해 버킷리스트 이루어 나가기

- 유애희

초등학교 교사, 독서토론 심사위원, 독서육아 전문가, 동기부여가, 자기계발 작가

독서육아 전문가로 활동 중이며 초등학생들에게 독서토론을 가르치고 있다. 또한 학부모 독서 동아리와 학교폭력예방 동아리 운영의 멘토로서 책 읽어 주는 엄마가 될 수 있도록 부모교육에 힘쓰고 있다. 저서로는 《나를 세우는 책쓰기의 힘》이 있으며, 현재 '엄마표 독서육아'라는 주제로 개인저서를 준비 중이다.

• Email cutetoday@naver.com

작가가 되기 전에 나의 꿈은 화가, 교사였다. 그마저도 교사가 되고 나니까 그것이 나의 꿈이었다는 것을 알았지, 목표를 정해 놓고 교사를 한 것은 아니었다. 꿈에 관해서는 내가 아는 것이 전부였다. 내가 하고 싶은 일이 있더라도 늘 한계를 지어 두고 못 한다고 생각했다. 하지만 50대가 되자 나를 바꾸고 새로운 삶을 살고 싶다는 마음이 내 안에서 고개를 들기 시작했다. 그러면서 지금의 내가 새롭게 바뀔 수 있으려면 어떻게 해야 할지 끊임없이 고민했다.

직장에 매여 살다 보니 울타리 밖의 사람들을 만나는 시간이 부족했다. 누군가를 새롭게 만난다는 것은 더 어려웠다. 그러다 6년 전, 학교에서 독서 업무와 독서 강의를 들으면서 책에 길이 있다는 것을 깨닫게 되었다. 그때부터 자기 계발 도서를 읽으며 꿈을 찾아가기 시작했다. 그 과정에서 존 고다드의 '꿈의 목록'이라는 것을 알게 되었다. 당시 그의 나이는 15세였는데 지금의 나보다 한참 어린 나이에 꿈의 목록을 127개나 적었다는 것이 나에게는 적잖이 충격이었다. 게다가 127개 중 무려 108개의 꿈을 이루었다고 한다. 존 고다드가 이루었다는 꿈의 목록들을 읽고 난 이후부터 '꿈은 이루어진다'라는 믿음을 갖게 되었다. 꿈을 종이에 적어 간절히 원하면 이루어진다는 것을 알고 나는 그대로 따라 하기 시작했다.

나는 존 고다드처럼 꿈을 이룰 수 있다는 희망을 갖기 위해 꿈 세 가지를 적은 '미래명함'을 만들어 동아리 선생님들과 서로 주고받았다. 미래명함에는 화가, 작가, 여행가라고 적었고 사진을 함께 넣어 두었다. 늘 가지고 다니는 수첩에 명함을 붙여 두고 수시로 보고 또 보았다. 의심하지 않고 반드시 이루어지리라 믿었다.

해가 바뀌면서 수첩을 바꾸게 되어 미래명함에 대해서는 잊고 있었다. 그 대신 내가 기부하는 단체에서 새로운 수첩을 보내 주어 다음 해의 꿈 목록을 100가지 적게 됐다. 그리고 1월부터 이룬 꿈을 체크해 나갔다. 앞으로 이룰 장기간의 꿈을 계속 써 간

것은 물론이고 이미 이루어진 것도 표시했다. 수첩이 바뀔 때마다 이루어지지 않은 꿈은 다시 써 두었다. 새로 만들어지는 꿈, 추가되는 꿈도 살면서 자꾸 늘어 갔다. 내 꿈이 이루어질 때마다 긍정적인 마인드가 생기고 자존감도 높아졌다. 꿈을 좀 더 구체적으로 뒷받침해 줄 아이디어가 늘어 2013년에는 '꿈 노트일기'를 만들었다. 꿈이 이루어질 때까지 계속 써 갔다. 그러면서 나의 의식이 점차 변화했고 그와 함께 꿈도 성장했다.

나의 꿈 노트일기 첫 페이지에는 소원이 이루어지는 나무를 그렸었다. 당시에는 새 아파트로 이사해 벽에 걸어 놓을 액자가 필요하던 때였다. 문득 '내가 직접 그린 그림을 벽에 걸어 놓고 싶다'라는 생각이 들었다. 깊이 고민하지 않고 바로 행동에 옮겼다. 동사무소에서 진행하는 색연필 일러스트 강좌를 수강한 후 집 거실에 걸어 둘 그림을 직접 그렸다. 소원나무뿐만 아니라 부귀영화를 상징하는 모란꽃, 부를 상징하는 코끼리 등 꿈을 이루는 그림들을 그려 나갔다. 이뿐만이 아니라 살면서 꼭 한 번 보고 싶은 스페인의 안토니 가우디의 성 가족 성당도 그림으로 그려 두었다.

꿈과 관련된 그림을 그리다 보니 10개 정도의 그림이 완성되었다. 함께 그림을 배우는 선생님께 우리가 그린 그림으로 전시회를 열자고 했다. 잘 그리는 화가가 아닌 초보들도 할 수 있다는 의미에서였다. 본격적으로 전시회를 준비하기 시작하면서 액자 가게의

사장님께 그림과 잘 어울리는 액자는 무엇인지 배우기도 했고, 전시회를 열 장소를 찾으며 카페의 사장님과도 이야기를 나누기도 했다. 카페에 내가 그린 그림들을 전시해 두었다고 하니 가족과 지인들이 찾아왔다. 비록 초보 화가일지라도 미래명함에 적어 두었던 목표 중의 한 가지인 '화가'는 이룬 셈이다.

꿈 노트일기에는 화가뿐만이 아니라 '나는 책 쓰기 작가가 된다', '나는 작가가 되어 강연가가 된다', '나는 베스트셀러 작가가 된다' 같은 작가로서의 목표도 적어 두었다. 책 쓰기와 관련된 책을 읽고, 작가를 만나면서 작가라는 꿈이 생겼다. 책에서 만난 책 쓰기 관련 작가는 양정훈, 한비야, 이지성, 권일한 작가, 나탈리 골드버그, 사마천, 빅터 프랭클 등이었다. 그리고 직접 만나 책 쓰기 잠재의식을 열어 준 김인자, 강무홍, 김태광 작가가 있다. 내게 작가가 되고 싶다는 강한 동기부여를 해 준 여러 명의 작가들이다.

책을 읽고 작가를 만나니 저절로 독서 전도사가 되었다. 주변 사람들에게 좋은 영향을 주니 독서 강의 요청이 들어왔다. 초등학생, 중학생 그리고 학부모와 교직원 대상으로 강연을 하기 시작했다. 강연을 거듭할수록 읽은 책으로 강연을 하는 데 그치지 말고 이제는 나의 글을 쓰겠다고 마음먹게 되었다.

'나는 〈책 쓰기 과정〉을 수강하고 독서육아에 대한 책을 펴내는 작가가 되었다.'

그러고는 언젠가 작가가 되는 데 재료가 될 거라는 생각으로 노트를 채워 나갔다.

여행을 하다 보면 그동안 쌓였던 스트레스가 한꺼번에 다 사라지는 경험을 한다. 나는 유럽여행을 다니면서 아팠던 이가 다 나아서 돌아온 적이 있다. 새로운 나라의 다양한 문화, 역사를 배우고 사람도 만나다 보니 나의 현재와 미래가 더 중요해졌다. 마음 치유는 저절로 되었다. 국외독서테마 연수로 이탈리아를 갔었다. 이탈리아 여행을 가기 전에 김상근 작가가 쓴《사람의 마음을 얻는 법》이라는 책을 읽었다.

책에는 15세기 피렌체 메디치 가문의 로렌초라는 인물이 등장한다. 로렌초는 사람을 중요하게 생각했다. 로렌초가 물심양면으로 돕지 않았더라면 천재 화가 미켈란젤로의 〈천지창조〉는 세상에 드러나지 못했을 것이다. 사람을 귀하게 여긴 로렌초의 리더십을 알고 난 후 리더십에서 가장 중요한 것은 '사람'이라는 것을 더 잘 이해하게 되었다. 그리고 인간관계를 잘 맺으면 부는 저절로 따라온다는 말도 틀림없다는 것을 알게 되었다. 나는 꿈 노트일기에 로렌초처럼 천재 화가를 키울 만한 후원자가 되겠다는 꿈도 추가했다.

류시화 작가의《하늘 호수로 떠난 여행》을 감명 깊게 읽었던 터라 작년 1월 겨울방학에 북중부 인도를 다녀왔다. 인도는 세상만사가 '노 프라블럼'이었다. 그해 여름에는 '죽기 전에 가고 싶은 나라' 그리고 '실론티의 고향'인 스리랑카도 다녀왔다. 그리고 세계문화유산인 시기리야를 등반했다. 정상까지 올라가 그 시대 사람이 되어 발밑을 내려다보았다. 맨발로 사원의 돌바닥을 걷는 발찜질, 스리랑카 마을 유적지를 걸으며 흘린 땀, 캔디의 밤 축제를 즐기면서 떠나기 전 교통사고로 아팠던 허리와 등이 다 나았다. 틈이 없던 업무와 가정 일로 바빴던 마음도 치유하고 돌아왔다. 나는 유명한 여행가는 아닐지라도 마음의 병을 치유하고 꿈도 이루며 도전의식을 높이는 여행가가 되고 싶다.

5년 전 내가 만든 미래명함의 꿈은 다 이루었다. 지금 나는 작가 노트에 버킷리스트 50가지를 적어 두었다. 나의 꿈이 더 커진 만큼 꿈에 대한 확신의 힘도 커졌다. 내가 이룬 꿈은 나의 경험을 통해 이룬 것이다. 그렇기 때문에 꿈은 반드시 이루어진다는 것을 학부모 모임 때마다 강조한다. 아이들을 가르칠 때도 한 달에 한 번 꿈을 적게 했다. 꿈은 언제든 바뀔 수 있으니 그때마다 다시 적어 보면서 자신의 꿈에 확신을 가지라고 했다. 아이들이 "선생님, 돈도 써도 돼요?"라고 물으면 "그럼! 돈이 많으면 남도 도와주고 기부도 할 수 있어서 좋단다."라고 돈에 대해 긍정적인 생각을 갖도록 대답해 준다. 아이들은 미래에 이루어질 꿈을 상상하며 신나게 꿈을 적어 나갔다.

지금 이 순간이 힘들거나 미래가 불투명하더라도 꿈을 쓰면 이겨 낼 수 있다. 내 경우에는 아이가 커 가고 나 역시 나이를 먹어 가면서 힘들 때가 종종 있다. 하지만 나의 꿈을 생각하면 지금의 고민은 아무것도 아니다. 나의 힘든 삶을 꿈에 녹여 내어 매일 자신 있는 하루를 보낸다. 꿈은 살아가는 힘을 키워 주는 보물과 같다.

50가지의 버킷리스트 중 가장 중요하다고 느끼는 게 있다. 바로 '나보다 나은 사람 5명 만나기'다. 지금까지 내 주변에 나보다 나은 사람들은 항상 있었다. 하지만 내겐 그들을 알아볼 수 있는 안목이 없었다. 그래서 나에게 도움을 줄 수 있는 사람들을 많이 놓쳐 버렸다. 결국 나 자신의 부족함 때문이었다. 무엇이 인생에서 중요한지 모른 채 산 것이다. 나보다 나은 사람은 내가 하고자 하는 일을 반드시 돕는다. 그래서 사람을 사귀는 일도 나의 꿈 목록에 추가한 것이다. '운은 사람이 중심인 데서 온다'라는 말이 들리기 시작하면서 내 주변에 조금씩 꿈맥이 늘어나고 있다.

올해 새로 만난 꿈맥으로는 정신적인 지주로서 만날 때마다 삶에 대해 조언해 주시는 명경사 김재춘 선각 스님이 있다. 그리고 성공자의 마인드를 심어 준, 스리랑카 여행에서 만난 인토문화연구소 박영선 소장님이 있다. 학생들에게 독서를 어떻게 하는

지 가르쳐 주신 전국독서토론 새물결 임영규 회장님도 그런 분이다. 또한 의식 변화와 책 쓰기의 소명을 깨닫게 해 준 〈한책협〉 김태광 대표 코치님, 그 외에도 작가의 길을 가게 도와준 고마운 분들이 많다. 알고 보면 '콩 심은 데 콩 난다'라는 속담과 같다. 내가 꿈의 씨앗을 심으니까 꿈의 열매를 맺게 된 것이다. 나는 내가 만든 미래명함, 꿈 노트일기를 시작으로 희망을 주는 꿈 작가, 희망을 전달하는 강연가, 융합 북 카페 주인, 연 1억 기부가가 될 것이라고 믿는다.

마크 트웨인은 말했다.

"지금으로부터 20년 후에, 당신은 당신이 한 일보다 하지 않았던 일들을 후회할 것이다. 그러니 뱃머리를 묶고 밧줄을 풀어 던져라. 안전한 항구로부터 벗어나 항해를 떠나라. 당신의 항해에 무역풍을 타라. 탐험하라. 꿈꾸라. 발견하라."

06

치유가 있는 토크콘서트 하기

- 송세실

'한국간호사코칭협회' 대표, 간호사 코칭 전문가, 동기부여 강연가, 심리치료사, 자기계발 작가

11년을 간호사로 임상에 있었다. 그동안 자신의 간호사 생활을 담은 책을 쓰면서 간호사들을 위한 간호사가 되어야겠다는 소명의식이 생겨 '한국 간호사 코칭 협회'를 설립하고 간호사 코치로 활동 중이다. 현재 네이버 카페 '한국 간호사 코칭 협회'에서 간호사들의 취업, 임상고민, 자기계발 등에 대한 상담을 통해 간호사들과 소통하고 있으며 간호사들의 자존감을 높이기 위한 프로그램도 운영 중이다. 저서로는 《간호사 취업 비법》, 《부모님에게 꼭 해 드리고 싶은 39가지》, 《보물지도8》, 《꼭 이루고 싶은 나의 꿈 나의 인생》, 《또라이들의 전성시대2》가 있다.

• Email violue@hanmail.net
• Blog www.nursec.co.kr
• Cafe www.nursec.kr
• C·P 010.8898.6176

사람마다 각기 고유한 능력이 있다는 사실을 아는가? 아이돌 그룹 엑소(EXO)가 처음 나왔을 때 소속사는 그들을 각기 초능력자로 포지셔닝 했었다. 어떤 멤버는 번개를 담당했고 어떤 멤버는 불을 담당했다. 그 당시 나와 친구들은 진짜 하다 하다 별걸 다 한다며 웃었다. 사회생활에 물든 우리의 눈에 그것은 그냥 SF영화 같은 설정이었기 때문이다.

그런데 어느 순간 이 설정이 마냥 허무맹랑한 설정이 아닐 수도 있겠다는 생각이 들었다. 물론 우리에게는 번개를 다루거나 불을 다루는 능력은 없다. 지구상 어딘가에는 그런 능력을 가진 사람이 있을 수도 있겠지만 말이다. 우리에게 그런 능력은 없어도 사람들은 저마다 특출한 능력을 가지고 있다는 사실을 깨달았다.

우리 주변의 친구들을 보자. 내 친구 한 명은 말을 재미있게 하는 능력이 있다. 여자들이 싫어하는 3대 이야기인 군대이야기, 축구이야기, 군대에서 축구한 이야기 모두 그 친구가 하면 재미있다. 실제로 우리는 그 친구가 군복무하던 당시에 저 이야기들을 수도 없이 들었다. 그래도 단 한 번도 지겹다는 생각을 해 본 적이 없었다. 군대이야기가 정말 재미없는 이야기임을 깨달은 것은 다른 사람이 군대이야기를 할 때였다. 그때 나는 내 친구가 말을 정말 재미있게 하는 사람이라는 것을 다시 한번 깨닫게 되었다.

이 정도는 평범하다고 느끼는가? 분명히 말하지만 같은 말을 재미있게 하는 것은 뛰어난 능력이다. 특히 본인이 어떤 노력을 하지 않았는데도 재미있게 말할 수 있다면 그 사람은 타고난 화자인 것이다.

또한 친구들 중에는 유난히 감이 좋은 친구들이 있다. 우리는 흔히 '촉이 좋다'고 하는데, 그들은 아무런 설명을 듣지 않아도 상황을 맞혀 버린다. 예를 들면 두 남녀가 앉아 있다. 물론 그 둘은 서로 관계를 시작하는, 말하자면 '썸'을 타는 사이이다. 그것을 앉은 모습만 보고 저 둘이 썸을 타는 사이이며 저들이 가까운 시일 내에 사귈 것인지 아닐 것인지를 맞히는 사람들이 있다. 그들의 예언 같은 말을 듣고 있으면 '이 사람이 신기가 있나?' 싶을 때도 많다.

이렇듯 사람들은 저마다 특출한 능력을 가지고 있다. 물론 우리 역시 이 모든 능력을 사용할 수 있다. 우리는 무한한 가능성을 가지고 태어났기 때문이다. 그러나 자라는 과정에서 저마다 한두 가지의 능력들이 특별히 더 발달된다.

그 능력은 본인이 의식해서 선택하는 경우도 있고 무의식중에 선택하는 경우도 있다. 나의 경우는 의식해서 선택한 경우다. 내가 가진 특별한 능력은 '치유의 힘'이다. 그것을 알게 된 것은 정말 우연이었다. 어느 날 유기견 관련 활동을 하던 지인이 나에게 부탁을 해 왔다. 선척적 희귀병에 걸린 개 한 마리를 돌보게 되었는데 지금 상태가 너무 안 좋으니 가능하면 와서 기 좀 나눠 주라고 말이다. 정말 '기를 나눠 주라'고 했다.

내가 간호사이다 보니까 지푸라기라도 잡는 심정으로 말했을 것이다. 나 또한 큰 기대 없이 그 개를 만나러 갔고 아프지 말라고 위로했다. 그런데 그 후로 개의 상태가 조금씩 좋아졌다. 단순히 개의 상태가 호전되는 때와 내가 다녀간 때가 겹쳤을 수도 있다. 그러나 그 뒤로 그런 일들이 종종 있었다.

그때 '내가 타인의 치유를 돕는 역할을 할 수 있지 않을까?' 라는 생각이 들었다. 그래서 그 부분을 계속 의식하며 능력을 개발했다. 물론 나는 의사나 신이 아니기 때문에 질병을 싹 낫게 할 수는 없다. 그러나 그들의 치유를 조금 도울 수는 있다.

처음에 내게 그 개에게 기를 나눠 주라고 했던 지인은 그 뒤로도 아픈 개가 있으면 와서 만져 주고 가라고 한다. 그때마다 내가 무슨 치유술사냐고 웃으며 농담하지만 되도록 가서 만져 주고 기를 나눠 준다. 그리고 많이 힘들어하시는 환자가 있으면 가끔씩 조용히 그분의 몸에 손을 대고 기를 보내곤 했다. 그 이유 때문인지 아닌지 모르겠지만 그들의 상태는 전보다 나아졌다. 그것은 비단 몸의 질병뿐만 아니라 마음의 질병에도 해당되었다.

내게 '치유의 힘'이 있다는 사실을 완벽히 인지한 나는 나의 능력을 더 많은 사람들에게 베풀며 살겠다고 결심했다. 그리고 더 많은 사람들에게 도움을 주기 위해서 병원이라는 공간의 제약을 벗어났다.

현재 나는 책을 쓰고 강연을 준비하면서 나의 능력을 더 많이 나눌 수 있는 방법을 꾸준히 생각하고 배우고 있다. 그리고 그 방법 중 하나로 생각한 것이 바로 음악을 접목한 토크콘서트다. 토크콘서트는 이미 다른 프로그램에서도 많이 다룬 주제다. 그래서 우리에게 친숙하기도 하고 그만큼 식상하기도 하다. 그러나 나는 내 힘을 나누는 방법 중 이 방법이 가장 접근성과 효용성이 높다고 생각한다. 음악에 치유의 힘이 있다는 것은 우리 모두가 아는 사실이기 때문이다.

나는 음악을 좋아하고 노래를 좋아한다. 듣는 것은 물론이고 부르는 것도 매우 좋아한다. 정말 노래를 부르러 노래방을 가는 사람 중 한 명이 바로 나다. 그리고 내가 노래방에 가면 늘 부르는 희망가 메들리가 있다.

그중 하나가 '거위의 꿈'이다. 나는 이 노래가 처음 나왔을 그때부터 지금까지 아끼고 사랑해 왔다. 특히 후렴구의 "언젠가 나 그 벽을 넘고서 저 하늘을 높이 날을 수 있어요. 이 무거운 세상도 나를 묶을 순 없죠. 내 삶의 끝에서 나 웃을 그날을 함께해요."라는 부분을 너무나도 좋아한다. 가사가 가지고 있는 힘에 멜로디의 힘이 더해져서 듣는 사람에게 커다란 위로를 주기 때문이다. 언젠가 내가 토크콘서트를 하게 된다면 이 '거위의 꿈'은 거의 매번 부르지 않을까 싶다.

늘 상상한다. 아주 커다란 홀에 사람들이 꽉 차 있다. 그들 앞에서 강연하고 '거위의 꿈'을 부르는 내 모습을 상상한다. 반짝이는 조명 아래 내가 서 있고, 나는 청중들을 사랑스럽게 쳐다보고 있다. 그 순간 내 손끝, 발끝에 모인 기운들이 청중들을 향해 폭발하듯 터지는 모습까지 생생하게 그려진다. 그 상상을 할 때마다 늘 눈물이 날 만큼 가슴이 벅차오른다. 내 강연이, 내 노래가 그 사람들의 몸과 마음의 상처를 어루만져 줄 것이라고 생각하면 더할 나위 없이 행복하기도 하다.

생각해 보면 내 꿈은 어렸을 때부터 늘 비슷하게 이어져 왔다.

결론은 사람들에게 용기와 희망과 치유를 주는 것이었다. 내가 받고 싶었던 것, 내가 받았던 그것들을 사람들에게 나눠 주고 싶었던 것이다.

세상에는 자신이 아픈 줄도 모르고 사는 사람들이 많다. 또한 아픈데 아픈 티를 내지 못하고 사는 사람들도 많다. 이 세상은 우리에게 참는 법만을 알려 준다. 사람들은 참다 참다 결국은 자신을 포기하기도 한다. 누군가의 위로가 필요하지만 참는 법밖에 모르는 사람들, 아픈 줄도 몰라서 아프다고 말도 못하는 사람들, 그 모든 사람들에게 내가 가진 치유의 힘이 도움이 되었으면 좋겠다. 그래서 그 사람들의 삶이 나를 만나기 전보다 아주 조금이나마 나아지길 바란다.

07

베스트셀러 작가가 되어 꿈과 희망을 전하기

- 정은선

1인 기업가, 꿈 멘토, 마음코칭 컨설턴트, 자기계발 작가, 동기부여 강연가

대학에서 경영학과 외래교수로 활동했으며 경영 컨설팅 회사에서 컨설턴트로 근무했다. 30대에 암이 두 번 발병했다. 건강을 회복하는 과정에서 포기하지 않고 도전하는 삶의 가치를 깨달았다. 현재는 자신의 시련을 통해서 깨달은 메시지들을 주제로 개인저서를 집필 중이다.

- Email aksska7714@naver.com
- Blog blog.naver.com/aksska7714
- Cafe www.dreamfactory77.co.kr
- Instagram dreamfactory77
- Facebook dreamfactory77

내가 처음 책을 쓰겠다는 꿈을 꾼 것은 작년 11월이었다. 당시 지인의 요청으로 지방의 한 대학에서 '꿈'을 주제로 특강을 했었다. 특강의 제목은 '놓치고 싶지 않은 나의 꿈 나의 인생'이었다. 내가 좋아하는 나폴레온 힐의 책 제목에서 따온 것이었다. 아무리 생각해도 나의 특강 내용에 이만한 제목이 없겠다고 생각했었다.

나에게 특강을 요청한 분은 통영의 경상대학교에 교수로 재직 중이신 분이다. 나이는 나보다 아홉 살이나 많은 언니지만, 우리는 친구다. 언니 역시 나를 호주에서 한국에 들어와 사귄 첫 번째 친구이자 제일 친한 친구라고 여긴다. 언니와 사고방식이 많이 달라서 서로 친해질 거라는 생각을 전혀 하지 못했었다. 그런데 지금은 나이 차이에도 불구하고 솔직하게 감정을 털어놓을 수 있는 둘도 없는 친구가 되었다. 언니와 나의 관계가 돈독해진 건 내가 대학교수의 꿈을 접고 학교를 정리하던 때였다. 그 무렵 언니는 거의 매일 전화를 걸어 나를 살펴 줬다. 내가 많은 말을 하지 않아도 내가 학교에서 어떤 어려움을 겪었을지 헤아려 줬다.

내가 학교를 그만두기로 마음먹고 지도교수님께 말씀드렸을 무렵은 학기 중이었다. 그 당시 나는 〈인사관리〉라는 과목을 강의하고 있었다. 그만둘 땐 그만두더라도 진행하던 수업은 마무리 짓기로 했다. 학교를 그만두기로 마음먹고 나는 잘 지낸다고 생각했었다. 그런데 마지막 수업을 한 주 앞두고 정말 많이 울었었다. 마치 수도꼭지에서 물이 줄줄 흘러나오듯이 내 두 눈에 구멍이 뚫린 듯 눈물이 쉬지 않고 흘러내렸다. 내 몸에 그렇게 많은 물이 있었는지 놀랄 정도였다. 멈추지 않았고, 주체할 수 없었다.

그 무렵 나는 김난도 교수의 《아프니까 청춘이다》라는 책을 읽고 있었다. 책에는 학위를 받고 여러 대학에서 시간강사 생활을 하던 A 박사가 진로문제로 면담하는 내용이 있었다. 왜 하필 그 무렵 그 책을 읽게 되었는지 나도 모르겠다. 하지만 그 글을 읽으면서 그동안 잠가 두었던 슬픈 마음의 자물쇠가 풀린 듯 하염없이 울고 또 울었다. 마지막 강의를 앞두고 있어서 더 그랬던 것 같다. 그 강의를 끝으로 다시는 학생들 앞에 설 수 없겠구나, 라는 생각에 마음이 더 아팠던 것 같다. 하지만 대학교수라는 꿈을 잡고 있기에는 내 몸도 마음도 많이 지쳤었다.

2년 전 암 판정을 받고 항암치료와 회복에 1년의 시간을 소비하고 난 후의 복귀였다. 한 학기 교양강좌를 했고, 다음에 전공강의인 인사관리 강의를 맡은 것이었다. 그러나 강의 외에도 잡무가 많아서 학교생활을 감당하는 것이 너무나 벅찼다. 내 몸 자체가 책에 대해 강한 거부감을 드러냈다. 책 한 페이지를 읽어 내는 데 30분 이상의 시간이 소요되었다. 몸이 많이 힘들었고, 마음도 너무 아팠다. 그렇게 마지막 수업을 마무리하고 나는 부산에서 서울로 왔다. 부모님의 권유였다. 그렇게 나를 부산에 두면 안 된다고 생각하셨던 것 같았다. 나 역시 그런 부모님의 의견에 동의했다.

그렇게 2014년 내가 대학교수라는 꿈을 접고 살고 있던 부산을 모두 정리하고 떠났던 무렵에 언니가 특강을 요청했다. 그때는 사실 내가 어떻게 강의를 했는지도 모르겠다. 그로부터 2년 후, 나의 상황은 처음 특강했을 때와는 많이 달라졌다. 나는 서울에 정착했고, 몸과 마음을 회복한 후 경영컨설팅 회사에 컨설턴트로 입사해 사회생활을 하고 있었다.

언니가 다시 특강을 요청했을 때, 어떤 주제로 강의할까 곰곰이 생각하다 '꿈'으로 강의 주제를 정했다. '놓치고 싶지 않은 나의 꿈 나의 인생'이라는 제목으로 내 인생에서 꿈을 꾸고 키우면서 겪은 세 번의 위기 상황을 어떻게 극복했는지로 내용을 구상했다. 내 경험을 사례로 어떤 위기 상황과 어려움이 닥쳐도 결코 자기 자신을 포기하지 말고 사랑해 주며 꿈을 꾸고 키워 나가자는 메시지를 학생들에게 전하고 싶었다. 내가 전하고자 하는 주제와 메시지를 잘 전달하기 위해 PPT자료를 만들고 강의할 내용도 원고로 작성했다.

그리고 특강을 하러 가기 위해 고속버스에 몸을 실었다. 좌석에 앉아 내가 쓴 특강 원고를 보면서 내 사연을 가지고 책을 써야겠다는 꿈을 꿨다. 꿈과 희망, 어려움과 시련 그리고 도전이라는 키워드로 좀 더 많은 사람들에게 용기와 동기부여를 해 주고 싶다는 생각을 했었다. 책을 쓰고, 전국의 대학을 돌며 강연을 하고 싶다는 그림을 그렸다.

그렇게 2016년 11월 14일 경상대학교에서 '놓치고 싶지 않은 나의 꿈, 나의 인생'이라는 특강은 진행되었다. 처음에 관심 없이 듣던 학생들조차 모두 몰입해서 들었다. 내가 투병생활을 하며 기록했던 일기 중 두 개를 낭독했을 때는 학생들도 나도 모두 눈시울이 젖어들었다. 마지막에 어떤 순간에라도 자기 자신을 포기하지 말라는 메시지를 전했다. 자기 자신이 지금 어떤지, 자신의 내면을 바라보고 자신을 격려하고 위로하고 필요한 것을 채우는 일을 소홀히 해서는 안 된다고 말해 주었다. 그렇게 하지 않는 것은 자기 자신을 포기하는 거나 마찬가지라고 말해 주었다. 원석을 가공해야 보석이 되듯이, 자기 자신의 인생이라는 원석 또한 가공해야 한다고 말해 주었다.

그렇게 나는 작년부터 동기부여가, 작가와 강연가라는 꿈을 키워 왔다. 되돌아보면 어려운 전공보다 아이들에게 꿈과 희망을 이야기해 줄 때가 더욱 행복했었다. 동시에 내 꿈의 씨앗이 뿌려지고 키워지고 글을 쓰고자 하는 마음이 벅차올라 감당할 수 없었다. 그 무렵부터 책을 쓰기 위해 메모를 끼적이고, 일기도 쓰고, 책을 읽기 시작했다.

나는 꿈과 희망과 위로와 감동의 메시지를 전하는 작가가 될 것이다. 그래서 꿈을 잊고 메마른 삶을 살고 있는 누군가에게, 혹은 꿈을 향해 달려가다 시련에 부딪힌 누군가에게, 혹은 꿈을 꿀 생각조차 하지 못하고 삶에 허덕이는 누군가에게 꿈을 이야기하고, 희망을 이야기하고, 위로의 메시지와 감동을 전하는 작가와 강연가가 되고 싶다. 그래서 오늘도 그 꿈을 이루기 위해 조심스럽게 이 글을 써 내려가 본다.

08

여름은 시원한 나라에서,
겨울은 따뜻한 나라에서 지내기

- 허로민

농협 직원, 대박 가게 컨설턴트, 동기부여가, 자기계발 작가

10년 차 농협 직원으로 수많은 자영업 고객들을 상대하면서 직접 보고 듣고 느낀 가게 경영 노하우를 담은 개인저서를 집필 중이다. 대박 나는 가게 경영에 대한 노하우를 전수하는 대박 가게 컨설턴트로 활동 중이다. 현재 인생에서 얻은 경험과 깨달음을 바탕으로 선한 영향력을 행사하는 동기부여가로 활동하고 있다. 저서로는 《보물지도 10》, 《또라이들의 전성시대 2》가 있다.

"오늘도 저희 ○○항공과 즐거운 여행 되셨습니까? 앞으로 몇 분 후에 간사이 국제공항에 도착하겠습니다. 저희 ○○항공을 이용해 주셔서 감사합니다."

나는 스무 살에 처음으로 해외여행을 갔다. 그때 처음으로 공항에 가 봤는데 버스터미널이나 기차역의 분위기와는 너무도 달라 낯설어 했던 기억이 난다. 한편으로는 바쁘게 오가는 사람들 틈에 서 있으니 나도 뭔가 특별한 존재가 된 듯한 느낌이 들어서 좋았다. 첫 해외여행의 목적지는 당시 친구가 살고 있던 일본이었다. 오사카의 간사이 국제공항에 도착해 익숙하지 않은 냄새를 맡으니 그제야 비로소 해외에 왔다는 것이 실감났다.

친구와 함께 일주일 동안 현지인처럼 대중교통을 이용하면서 일본 오사카 전역을 구석구석 돌아다녔다. 가 보지 않았던 곳, 보지 못했던 것들을 보니까 모든 것이 신기하고 너무나 즐거웠다. 무엇보다 친구 덕분에 일본인들과도 친구관계를 맺게 된 것이 가장 기억에 남는다. 그들의 집에 초대받아서 갈 수 있는 기회도 생겼다. 일본 친구가 유명한 전통차를 예쁜 찻잔에 따라 주었는데 내 입맛에는 맞지 않아서 한 모금밖에 마시지 못했다. 그런 모습을 지켜보던 그녀는 "괜찮아, 억지로 먹지 않아도 돼. 음식문화가 다르니까 너의 입맛에 맞지 않는 건 당연한 일이야."라고 말했다. 그렇게 이해해 주니 고마웠다. 일본인과 친분관계를 맺고 대화를 하다 보니 그들의 친절한 문화를 체험할 수 있었다.

항공사에 취업하고 싶다던 내 친구는 일본인과 대화도 능숙하게 할 만큼 언어실력이 상당했다. 학과 공부도 아주 열심히 하고 있었다. 그 모습을 보고 신선한 충격을 받았다. 그래서 인생의 목표 없이 학교만 다니고 있던 나는 여행에서 돌아오자마자 사회적으로 인정받을 수 있는 직업 중의 하나인 공무원 공부를 시작했다. 결과는 두 번의 실패로 끝났지만 인생을 허투루 살면 안 되겠다는 중요한 교훈을 얻었다.

난생처음 혼자 해외여행을 하고 나자 무엇이든지 할 수 있겠다는 자신감을 얻었다. 그래서 '언젠가는 오페라하우스가 있는 호주로 워킹홀리데이를 가야지'라고 마음먹었던 것을 실천해야겠다는 생각이 들었다. 생각을 실천으로 옮기기 위해서는 준비과정이 필요했다. 1년 동안 하루도 빠짐없이 새벽 6시에 일어나서 EBS 영어교육방송을 라디오로 청취하며 영어공부를 했다. 학교 도서관에서 사서의 조수로 일하는 근로장학생을 하면서 비행기 값과 호주에서 생활할 수 있는 한 달 생활비를 마련했다. 그리고 1년 뒤 그토록 꿈에 그리던 호주로 워킹홀리데이를 떠났다.

나는 성인이 된 후로 부모님께 학비를 도움 받는 것 외에는 하고 싶은 일이나 도전하는 일에 필요한 경비는 스스로 마련하고 싶었다. 그래서 호주에 도착해서도 제일 먼저 한 일이 일자리를 구하는 것이었다. 역시 호주 전역을 여행할 경비를 마련하기 위해서였다.

현지인처럼 영어가 유창하지 않은 외국인이 높은 시급을 받을 수 있는 일은 청소 일이었다. 그래서 나도 피자가게를 청소하는 일자리를 구했다. 가게가 끝나는 늦은 밤부터 가게가 시작되는 오전 10시 전까지 청소를 끝내 놓으면 되는 일이었다. 외국에서, 그것도 한밤중에 길거리를 다닐 엄두가 나지 않았던 나는 어둠이 살짝 걷히기 시작하는 새벽시간에 일하곤 했다. 그리고 사람들을 대하며 호주의 문화를 좀 더 체험하기 위해 스시 가게에서도 일했다.

새벽 4시에 일어나서 청소 일을 끝마치고 집으로 돌아와서 씻고 다시 오전 7시에 문을 여는 스시가게로 출근했다. 호주의 스시는 한국과는 다른 개념이었다. 한국의 김밥과 모양이 같다고 생각하면 된다. 출근하면 스시를 만들어 진열대에 진열한다. 그런 다음 판매할 음료를 업체에 전화로 주문하면 오픈 준비가 끝났다. 그리고 오후 3시까지 스시를 판매하면 되었다. 외국인을 상대로 스시를 판매하고 그들과 소통하는 것이 너무 즐거웠다. 호주인들의 문화를 알 수 있는 데다, 그곳에 거주하는 다른 나라 사람들과도 대화할 수 있는 기회였기 때문이었다.

그렇게 몇 개월 동안 일하며 모은 돈으로 여행을 떠났다. 제일 먼저 세계최대 자연유산으로 등재되어 있는 '그레이트 베리어 리프'를 보기 위해서 케언즈로 갔다. 주위가 바다로 둘러싸인 탓에 스킨스쿠버를 배울 수 있는 기관이 많았다. 나는 물에 대한 공포심이 있어서 수영을 배운 적이 단 한 번도 없다. 이제는 극복하고 싶다는 마음에 스킨스쿠버 자격증에 도전했다.

한국인이 운영하는 학원이었는데 수영장에서 네 번을 실습하고 그 후에 '그레이트 베리어 리프' 중의 한 섬에 실습하러 나가게 된다. 평소에 물을 무서워 하던 나는 그 말을 듣고 더욱 큰 두려움을 느꼈다. 더군다나 자격증을 취득하기 위해서는 마지막 관문인, 바닷속 한가운데에서 수경을 벗고 다시 쓰는 것을 통과해야만 했다. 여기서 못 해내면 지금까지 공포심을 이겨 내고 배웠던 것이 수포로 돌아갈 것이 뻔했다. 그래서 마음을 다잡고 '이것만 해내면 된다'라고 주문을 외웠고 결국은 해냈다. 평소 두려워했던 것을 극복했다는 점에서 또 다른 자신감을 얻을 수 있었다.

케언즈 시내 한복판에 있는 공원의 벤치에 앉아 풍경을 감상하고 있던 어느 날이었다. 60대로 보이는 노부부가 나의 맞은편 벤치에 앉더니 말을 걸어왔다.

"학생으로 보이는데 여행 왔어요?"

"네, 저는 한국에서 여행하러 왔어요. 여기 살고 계시는 주민이신가요?"

"아니요, 우리는 시드니에서 살고 있어요. 지금 그곳 날씨가 추워서 따뜻한 지역으로 잠시 지내러 왔어요."

노부부는 계절에 따라 지내는 곳이 다르다고 했다. 그 말을 듣는 순간 문화적인 충격을 느꼈다. 지금껏 그런 삶을 살고 있는 사람이 있다는 것을 상상조차 하지 못했었다. 숙소에 돌아와서도 노부부와의 대화가 잊히지 않았다. 나는 유독 추위를 견디기 힘들어한다. 그래서 가을이 되면 겨울이 올 것이라는 생각에 추위 걱정부터 앞선다. 그때부터였던 것 같다. 풍요롭고 윤택한 삶을 살게 되면 추운 겨울에는 따뜻한 나라에서 지내고, 또 무더운 여름에는 좀 더 시원한 나라에서 지내고 싶다는 생각을 하게 된 것이.

일본여행이 터닝 포인트가 되어 '언젠가는 가야겠다'고 생각만

하고 있던 호주 워킹홀리데이를 실행에 옮겼다. 그런 것처럼 노부부의 대화가 발화점이 되어 계절에 따라 지내는 곳이 달라졌으면 하는 '그 언젠가'가 지금이 되었으면 하는 바람을 갖는다. 나는 좀 더 삶의 질을 높이고 싶다. 그러기 위해서 가족과 함께 여름에는 시원한 나라에서 한 달 지내고, 겨울에는 따뜻한 나라에서 한 달 지내는 삶을 이루겠노라 다짐한다.

09

세일즈 코치로 세계적인 강연가 되기

- 권태호

'한국세일즈연구소' 대표, 영업 코치, 영업 컨설턴트, 자기계발 작가, 강연가, 동기부여가

기업 현장에서 영업을 경험한 영업 전문가다. 15년의 경험을 토대로 도움을 필요로 하는 사람에게 동기부여를 해 주고, 영업 교육에 대해 코칭을 하면서 선한 영향력을 끼치는 메신저로 살아가고 있다.

• Email can_messenger@naver.com • Blog cantaeho.blog.me
• Instagram cantaeho • Facebook HappyTaeHo

"안녕하세요, 권태호 학생이죠?"

"네, 어디세요?"

"여긴 학교 홍보팀입니다."

대학교 3학년 때 받은 이 한 통의 전화로 나의 꿈은 정해졌다. 당시 기업의 후원을 받아 무료로 해외 견학을 갈 수 있는 '해외탐방형 공모전'이 대학생들 사이에서 인기 프로그램이었다. 나는 다양한 프로그램에 선발되어 수차례 해외여행을 다녀온 경험으로 TV와 신문에 소개된 적이 있다. 이를 본 학교 총장님께서 나를 만나고 싶어 하셨던 것이다.

떨림과 설렘으로 첫 대면을 하게 된 총장님. 그분은 내가 신입생들에게 나의 지식과 경험을 공유해 주길 원하셨다. 이렇게 나의 첫 강연은 시작되었다. 나는 이 일이 나의 열정을 쏟을 수 있는 일임을 직감적으로 알 수 있었다. 이를 계기로 나는 학교에서 유명인사가 되었다. 학교 홍보팀 학생대표로 선발되어 MC로 활동하며 리더십, 소통, 커뮤니케이션을 이론이 아닌 실전으로 배울 수 있었다. 책걸상에 앉아 머리로만 배우는 공부보다 탁 트인 공간에서 몸으로 직접 경험하고, 가슴으로 배우는 인생공부가 진짜임을 학생 때 깨달을 수 있었다.

강연가가 되는 길을 부단히 알아보던 중 기업교육, 코칭, 대학생 교육을 제공하는 한국리더십센터를 알게 되었다. 졸업하기도 전에 나는 이곳에 인턴으로 합격하게 되었다. 3개월 인턴을 거쳐 정규직으로 전환되는 프로세스였다. 사실 가정형편이 어려워서 서울로는 갈 수가 없는 상황이었다. 성경에는 “구하라, 그리하면 너희에게 주실 것이요. 찾으라, 그리하면 찾아낼 것이요. 두드리라, 그리하면 너희에게 열릴 것이니.”라는 구절이 있다. 원하면 반드시 이루어진다는 뜻이다. 다행히 결혼한 삼촌 댁에서 3개월 동안 생활할 수 있게 되었다. 삼촌과 숙모에게 그때의 감사함을 다시 전하고 싶다.

한국리더십센터 내 한국청소년리더십센터로 발령받은 나는 3개월 동안 청소년들을 만나며 그들의 감정과 생각을 알 수 있었다. 또한 사람들과의 공감, 배려, 나눔에 대해 배울 수 있었던 소중한 시간이었다. 하지만 유명한 강사들이 포진되어 있는 회사에 오면 멋진 강사로 거듭날 수 있을 거라는 생각은 나의 착각이었다. 근무하면서 내 머릿속에는 온통 '어떻게 하면 유명한 강연가가 될 수 있을까?'란 생각뿐이었다.

인턴 3개월 동안 내가 느낀 것은 크게 세 가지였다.

첫째, 현장 경험이 반드시 필요하다.

둘째, 스펙보다는 풍부한 스토리가 있어야 한다.

셋째, 책을 많이 읽어 폭 넓은 지식과 지혜를 갖추어야 한다.

인턴을 마칠 때쯤 팀장님으로부터 같이 일해 보자는 제의를 받았다. 그러나 나는 그 제의를 정중히 거절하고, 진정한 강연가로 거듭나기 위한 먼 여정을 떠났다. 책을 읽은 건 이때부터였다. 직장인이 된 지금까지 난 하루도 빼놓지 않고 책을 사서 읽고 있다. 앞으로도 나는 많은 책을 볼 것이다. 반드시 많은 책을 사서 밑줄 긋고, 메모하고, 생각하고, 생활에 적용하며 읽을 것이다.

첫 입사는 국내 제약회사 영업부였다. 뭐든 일찍 성취하고 싶은 욕구 때문에 남들보다 2배로 일했다. 밤낮 가리지 않고 일한 결과 입사 6개월 만에 200% 성장을 이뤄 냈다. 사장님과 전국의 영업사원이 모이는 자리에서 성공사례를 발표했다. 동료들의 부러움과 시기와 질투를 한 몸에 받으며 생활했다. 입사 1년 차 즈음 고객의 소개로 다국적 제약회사(외국계 회사)에 대해 알게 되었다. 첫 입사 1년 2개월 만에 난 이직에 성공했다.

현재 나는 다국적 제약회사 영업부에서 영업, 마케팅, 교육을 담당하고 있다. 주로 고객을 만나 우리의 제품을 홍보, 판매하는 일이다. 그런데 외국계 회사는 국내 회사와 문화가 참 많이 달랐다. 연봉, 복지는 말할 것도 없이 좋았고, 특히 서로를 존중해 주는 분위기가 마음에 들었다. 1년 2개월 동안 엄격한 규율과 원칙이 존재하는 국내 회사에서 일하다가 온 나는 적응 기간이 좀 필요했다. 하지만 동료들의 도움 덕분에 빠르게 적응할 수 있었다. 나는 누구보다 자신감 넘치는 직원이었으며, 무엇이든 결과를 만들어 냈다. 결국 'PSR of the Franchise' 영업에서 1등을 했다. 서재 옆에 위치한 선반 위에는 그때 받은 트로피가 딱 자리 잡고 있다. 가끔 그때 생각을 하면 입가에 미소가 절로 번진다. 집중적이고 몰입적인 세일즈를 통해 남들이 부러워할 만한 성과를 빠른 시간 내에 이루었다. 경제적으로 많은 여유가 생겼고, 결혼도 하고, 자녀도 3명이나 선물 받았다. 이 얼마나 기쁘고 행복한 일인가.

하지만 경제적으로 풍족하고 사회적으로 인정받는 나의 모습은 너무 좋았으나 한편으로는 뭔지 모를 허탈감이 찾아오기 시작했다. 그럴 때마다 마음을 다잡기 위해 강연가의 꿈을 생각하며 책을 사서 읽곤 했다. 또한 내적으로는 스스로 믿음과 확신을 다지기 위해 '태호야, 지금 잘하고 있어. 곧 다가올 기회를 위해 준비 잘하고 있으면 돼!'라고 말했다. 그렇게 쓰고 또 말했다.

꿈을 이루기 위해 준비하며 시간을 보내던 중 나는 우연한 계기에 〈한책협〉의 김태광 대표 코치를 만나게 되었다. '언젠가 책을 써 보고 싶다'라는 꿈을 현실에서 가능하도록 도와줄 것만 같았다. 아니 직관적으로 '난 이미 책을 쓴 작가이며 강연가다'라는 믿음과 확신의 힘을 느꼈다. 곧 있을 김태광 대표 코치와의 수업이 너무 기대가 된다. 매일매일 확신에 찬 믿음으로 설레며 생활하고 있다.

《1인 지식창업의 정석》의 저자인 최정훈 코치는 자신의 지식과 경험을 활용해 1인 지식창업에 성공한 롤모델이다. 1인 기업가를 꿈꾸는 많은 사람들에게 희망을 주고 있는 분이다. 최정훈 코치는 "당신이 가진 지식은 생각하는 것 이상으로 가치가 있다."라고 말한다. 과연 내가 가지고 있는 지식과 경험의 가치는 어느 정도일지 궁금해지기 시작했다. 미래학자들은 4차 산업혁명 시대에 인공지능과 로봇에 의해 사라지는 직업이 많을 것으로 예상하고 있다.

나의 꿈은 세일즈 코치가 되어 성공한 1인 기업가로 성장하는 것이다. 그렇게 전국을 넘어 전 세계를 다니며 부와 성공학, 동기부여 강연가가 되는 것이 목표이자 비전이다.

- 100권 이상의 책을 출간한 베스트셀러 작가
- 전 세계를 다니는, 섭외 1순위 동기부여 강연가

위 두 가지의 큰 꿈을 향해 나는 오늘도 달린다. 세일즈 현장에서 만나는 고객들에게 더 자신감 있는 태도와 확신에 찬 모습으로 다가가니 영업도 잘된다. 긍정적이고 열정적인 사고에서 나오는 나의 긍정에너지는 나를 만나는 고객들에게 그대로 전해질 것이다. 안 좋은 상황이 오더라도 절대 기죽지 않는다. 오히려 '나에게 더 좋은 일이 생기는 과정이다', '나에게 어떠한 가르침을 주는 과정이다'라고 쿨하게 받아들인다. 그러면 거짓말처럼 좋은 상황으로 바뀐다는 것을 경험을 통해 잘 안다. 그리고 이러한 시련이나 상황들이 명확한 꿈이 있는 나에게는 지치지 않는 자극제가 된다. 오히려 감사하다. 왜냐하면 잠시 멈춰 주변을 돌아볼 수 있는 여유를 가질 수 있기 때문이다. 그야말로 의미 있는 인생은 생각 하나에 달려 있다.

10

꿈속 천국, '에일린의 뜰'에서 살기

- 이지현

'한국진로학습코칭협회' 대표, 청소년 진로학습 코치, 부모교육 전문가

대한민국 교육의 변화를 꿈꾸는 1인이다. 트렌드가 아닌, '교육은 백년지대계'라는 말을 실천할 수 있는 지속 가능한 교육 콘텐츠를 연구하며 집필, 강연, 코칭, 컨설팅을 하고 있다. 현재 청소년을 돕기 위한 진로학습 코칭에 관한 개인저서를 집필하고 있다.

- Email hyun7578@naver.com
- Blog blog.naver.com/hyun7578
- Cafe www.koreasc.net
- Kakaotalk youth coach

24세에 하나님을 믿고 교회를 다니게 된 나. 하지만 얼마 되지 않아 자꾸 악몽에 시달렸다. 자주 가위에 눌려 몸을 움직이지 못했다. 그때마다 방 천장에 수십 마리의 뱀이 기어 다니고 누군가 내 귀에 알아듣지 못하는 말로 속삭였다. 소름이 끼치고 무서운 경험이었다. 주일에 교회 사모님과 대화하던 중 내 꿈에 대해 이야기했다. 사모님은 나를 위해 기도해 주겠다고 했다.

며칠 뒤 나는 신기한 꿈을 꾸었다. 주변이 어두워 앞이 보이지 않는데 땅콩 크기만 한 구멍으로 밝은 빛이 들어왔다. 그 구멍을 계속 주시하며 보는데 갑자기 구멍이 확 커지더니 바깥세상이 보였다. 나는 지금까지 꿨던 꿈이 흑백이었다는 것을 그때 문득 깨달았다. 붉은색 지붕의 3~4층 집들이 있었고 주변 풍경이 아름답게 펼쳐져 있었다. 사모님이 기도해 주신 덕분에 천국 꿈을 꾸었나 보다, 라고 생각했다. 신기하게도 그 꿈을 꾼 이후 더 이상 무서운 꿈을 꾸지 않았다. 처음으로 컬러 꿈을 꾼 데다 천국이라 여긴 장면이 몇 초간 보이다 금세 사라졌던 터라 오래도록 기억하고 있다.

그런데 놀랍게도 14년 후 꿈에서 천국이라고 여겼던 집을 실제로 보게 되었다. 교회에서 청소년부 교사로 활동하고 있을 때였다. 우리 반 제자 K의 외할머니가 하늘나라로 가셨다는 연락을 받았다. 그래서 장례식장에 가서 K를 만나 위로를 전했다. 처음 관계를 만들기 위해 많은 노력과 시간이 필요했던 제자였다. 부모님 대신 많이 돌봐 주셨던 외할머니의 장례식이었다. 그랬기에 K의 마음이 많이 상하지 않을까 염려되어 이야기를 꽤 오래 나누었다.

그러다 오후 약속 시간이 다 되어 가 다음에 교회에서 보자며 서둘러 장례식장을 나왔다. 평상시에는 갈 일이 없는 지역인 데다 길을 잘 몰라 약속 장소까지 가기 위해 내비게이션을 켰다. 열심히 운전하던 나는 화들짝 놀라 황급히 길 한쪽으로 차를 세웠다. 거기에는 내가 천국이라 여겼던, 꿈에서 본 집이 있었다. 너무 놀라 심장이 터지는 줄 알았다.

그날 이후 인터넷으로 그 집을 검색해 보며 조사를 하게 되었다. 내 꿈 이야기를 모두 아는 유일한 사람인 남편에게 자초지종을 설명했지만 처음에는 웃기만 했다.

“그 집이 그렇게 좋아? 얼마짜리 집인데…. 그냥 이사 가자고 해!”

웃으며 넘겨 버리는 남편의 반응이 못마땅했지만 이해는 갔다. 아무리 남편이라고 하지만 내가 그 꿈을 꿀 때 함께 본 것은 아니니 말이다.

내가 발견한 그 집은 바로 수원 광교에 있는 ‘에일린의 뜰’이다. 남편과 나에게 삶의 우선순위 가치 1순위는 천국 같은 가정이다. 꿈에서 천국이라 생각했으니 이 집에서 사는 것이 지상 천국일 것 같은 생각이 들었다. 집은 가족이 함께하는 공간이자 미래를 그려 나가는 삶의 보금자리다. 그 일 이후로 지금까지 남편에게 늘 그 집에 대해 이야기한다.

남편에게 집에 대해 이야기한 후 한 달쯤 지난 휴일이었다. 오랜만에 남편, 딸과 함께 캐리비안베이에서 재미있게 놀고 난 후 차를 한잔하러 어디로 갈까 고민하던 중 나는 에일린의 뜰에 가 보자고 제안했다. 남편은 웃으며 한번 가 보자고 했고 우리는 그곳으로 향했다. 그곳은 외부인이 함부로 들어갈 수 없었다. 하지만 우리에게는 언젠가 그 집에서 살게 될 거라는 믿음이 있었기에 무작정 들어가 보았다. 우리가 너무 당당하게 들어가니 경비 아저씨도 가만히 있었다. 물론 들어간 지 10분도 안 되어 경비 아저씨가 오셔서 나가라고 하셨다. 지금 생각해도 웃음이 난다. 난 내가 꿈에서 본 집이 맞는지 가까이에서 보고 싶었다. 집으로 들어가지 않고 집 근처 정원을 돌아다니니 이상하게 보였나 보다. 경비 아저씨가 다가와 방문 동기를 물어보자 나는 정말 뻔뻔하게 이렇게 이야기했다.

"여기에 곧 이사 올 거라 근처에 왔다가 잠시 보러 들어왔어요!"

"그러시더라도 경비실에 말씀하시고 들어오셔야 합니다."

경비 아저씨는 아무래도 이상하다고 생각하는 것 같았지만 당당한 내 모습에 정중하게 말씀하시고 돌아가셨다. 우리는 집을 나와 길을 건너 광교 호수 공원으로 내려갔다. 딸은 바닥분수를 발견하고 물로 뛰어 들어갔다. 남편은 혹시나 딸이 다칠까 봐 딸을 뒤따라갔다. 나는 홀로 공원 의자에 앉아 생각에 잠겼다.

'이 집이 내겐 천국이다. 이 땅에 사는 동안 저 집에서 살아야겠다.'

마음속으로 다짐하고 또 다짐했다. 그 순간 저 멀리서 남편이 손을 흔들며 나를 불렀다. 그러면서 하늘을 손으로 가리켰다. 저 멀리 보이는 하늘에는 아무리 보아도 아무것도 없는데 남편은 계속 위를 가리키며 손짓을 했다. 나는 내가 앉은 바로 위의 하늘을 향해 고개를 쳐들었다. 내 눈 앞에는 무지개가 펼쳐져 있었다. 살면서 그렇게 큰 무지개를 본 적이 없었다. 그 무지개를 보는 순간 성경에서 무지개가 '하나님의 약속'을 의미한다는 게 떠올랐다.

한참을 넋을 잃고 무지개를 바라봤다. '에일린의 뜰'이 내 집이 될 거라는 진짜 믿음이 생긴 것은 그 순간이었다.

이 집은 광교 호수가 앞에 펼쳐져 보인다. 20평 남짓 테라스가 있어 좋아하는 자연과 함께 숨 쉬는 공간으로 꾸밀 수 있다. 테라스에서 따뜻한 햇살 아래 커피 한 잔을 마시며 책을 읽는 모습을 늘 상상한다. 에일린의 뜰에 잠시 몰래 들어갔을 때 이층집에서 피아노 소리가 아름답게 들렸다. 그 집에서 내 딸이 피아노를 치고 남편과 차 한잔하며 딸의 피아노 연주를 감상하는 그날을 꿈꾼다. 거실에서 잔잔한 새벽 호수를 바라보며 원고를 쓰고 있는 나의 모습도 보인다.

무엇보다 이 집은 나에겐 천국이다. 즉, 이 땅에서 사는 동안 '그곳에서 행복할 것'이라는 믿음이 있다. 이것이 내가 이 집을 간절히 원하는 가장 큰 이유이자 가치다. 집에 대해 알아보니, 이 집을 설계한 '에일린'은 주체적이고 감성적인 라이프스타일을 가진 '행복한 여성'을 상징화한 페르소나(Persona)로 여성의 꿈과 미래를 상징한단다. '뜰'은 누구나 꿈꾸는, 인간을 위한 가장 조화로운 공간을 의미한다. 집에 담긴 철학이 꼭 나를 알고 만든 것 같다.

성경에서는 천국을 밭에 숨긴 보석으로 비유한다. 어떤 이가 밭에서 보석을 발견하고 자신의 소유물을 다 팔아 그 밭을 산다는 이야기다. 나도 성경 속 어떤 이의 마음과 같다. 밭에 숨긴 보석의 가치가 그 밭보다 엄청나다는 의미다. 그 밭을 사지 않는 이상 보석은 내 것이 될 수 없으니 나도 밭을 살 작정이다. 이 집을 발견하기까지 우연이라고는 믿기 힘들 만큼 모든 일들이 연결고리로 이어져 왔다. 천국을 본 것이라 여겼던 꿈이 실존하는 꿈이 되었다. 아직 이 집에 거주하지 않지만 머지않아 살게 될 거라는 믿음이 있다. 현재 살고 있는 집에서 차로 20분 거리에 '에일린의 뜰'이 위치해 있다. 일정이 있어 나갔다가 귀가할 때 조금 둘러 가더라도 이 집 앞을 지나갈 수 있으면 꼭 그 길을 선택한다. 시간의 여유가 있는 날이면 '에일린의 뜰' 앞 카페에 와 커피를 마신다. 커피가 더 맛이 좋다.

사실 이 글을 쓰고 있는 지금도 나는 그 카페에 와 커피를 한 잔 시켜 놓고 앉아 있다. 노트북을 펴 놓고 천국과 같은 '에일린의 뜰'이라는 꿈을 한 자 한 자 적고 있다. 글을 쓰다가 바로 걸어서 집으로 들어가면 될 것 같은 착각이 인다. 누군가 꿈을 이루려면 시각화부터 하라고 했던가. 이성적으로 믿기 힘든 이야기지만 나는 꿈속에서 이미 시각화를 시작했고 자주 이곳을 찾아와 끊임없이 시각화하고 있다. 아무리 비싸고 좋은 집을 준다 해도 나에겐 가치가 없다. 이 집을 사고 이 땅을 떠날 때까지 여기서 살 거다. 진짜 천국에 가기 전까지.

11

록키 따라잡기

- 이수경

육아 멘토, 자기계발 작가, 동기부여가, 희망 멘토, 강연가

현재 워킹 맘으로 분주하게 살고 있지만 끊임없이 자기계발을 하며 육아 멘토, 자기계발 작가, 동기부여가, 희망 멘토, 강연가의 삶을 준비 중이다. 세 아이를 키운 경험을 바탕으로, 아이와 엄마 모두가 행복해지는 육아법을 전하고자 한다. 부모에게 상처 입은 아이와 육아에 지친 엄마를 위로하고 보듬기 위한 개인저서를 집필 중이다.

• Email soo5684@naver.com
• C·P 010.5409.5684
• Blog blog.naver.com/soo5684
• Facebook soo5684

내가 중학생이던 당시 <아들과 딸>이란 드라마가 선풍적인 인기를 끌었다. 남아선호사상이 깊게 뿌리내린 집에서 태어난 이란성 쌍둥이의 이야기를 다룬 드라마였다. 이 드라마를 보며 무엇보다 부러웠던 것은 아들과 딸을 한꺼번에 가진 그 엄마였다. 철없던 때라서 남아선호사상 때문에 많은 차별을 당하는 딸의 입장에 안타까움을 느끼기보다는 딸과 아들을 한 번에 가진 그 엄마를 부러워하는 마음이 더 컸다. 그래서 "넌 아이를 몇 명 낳을 거니?"라는 질문에 나는 항상 이렇게 대답했다.

"나는 딸 쌍둥이, 아들 쌍둥이 이렇게 넷을 낳을 거야."

지금 생각하면 정말 철이 없었구나 싶어 실소가 나온다. 내게는 딸 쌍둥이와 아들 같은 남편 그리고 사랑스런 막내아들이 있다. '말이 씨가 된다'라는 말이 있다. 이것은 늘 말하던 것이 마침내 사실대로 되었을 때를 이르는 말이다.

나는 중학교 때 한동안 꼭 아들, 딸 쌍둥이를 낳겠노라고 입버릇처럼 말했다. 그 소원이 이루어진 건 결혼 3년 차 때였다. 임신 확인을 하러 병원에 들렀을 때 "아무래도 쌍둥이 같은데요."라는 의사 선생님의 말씀을 듣고 나는 한동안 멍했다. 내가 들은 말이 사실인지 실감이 나지 않았다.

아주 힘든 임신기간을 거쳐 세상에 나온 아이들을 만났을 때, 정말 내 소원이 이루어졌음을 실감할 수 있었다. 나조차도 잊고 있었던 오래 전의 소원이 이렇게 이루어진 것이다. 물론 내가 하는 말이 다 현실이 되진 않았다. 로또 1등에 당첨되지도 않았고 백만장자가 되지도 않았다. 먹고 싶은 걸 다 먹으면서도 다이어트 걱정 없이 살고 싶다는 소원도 아직 이루어지지 않았다.

나에겐 꿈이 있다. 나는 어릴 적부터 작가가 되고 싶었다. 책을 좋아하기도 했지만 내 생각을 글로 적는 것이 굉장히 매력적으로 느껴졌기 때문이다. 학창시절에 소설을 써서 친구들에게 보여 주면 재미있다고 했다. 뿐만 아니라 어서 다음 이야기를 쓰라며 날

재촉하곤 했다. 스스로 만족할 만큼 공부를 잘하진 못했지만 내가 쓴 소설만큼은 친구들이 인정해 주었다. 나는 아마도 칭찬에 목말랐던 것 같다. 칭찬은 고래도 춤추게 한다는 말처럼 친구들의 칭찬은 나를 춤추게 했고 꿈꾸게 했다.

나는 잘하고 싶었다. 특히 내가 좋아하는 것을 잘하고 싶었다. 하지만 나의 꿈은 항상 우선순위에서 밀렸다. 과거엔 취직에 밀리고 결혼 후엔 육아에 밀리는 등 먹고사는 데 급급해서 나의 꿈은 점점 우선순위에서 멀어져 갔다.

어느 날, 초등학생 딸이 하원 후 자랑스러운 얼굴로 내게 종이 한 장을 내밀었다. 무엇인가 들여다보니 '나의 꿈 발표대회' 금상이었다. 사실 나는 아이들을 자유롭게 키우는 편이다. 학교에서 어떤 행사를 하는지는 파악하고 있지만 나의 생각을 강요하거나 상을 타도록 어떠한 개입도 잘 하지 않는 편이다. 이번에도 역시 '나의 꿈 발표대회'가 있다는 건 알고 있었지만 아이들이 잘할 거라는 믿음을 갖고 지켜보고만 있었다. 그런데 큰딸이 좋은 결과물을 내 앞에 가져다준 것이다.

큰아이는 담임선생님의 말씀을 듣고 혼자서 생각하고 글을 써서 학급 아이들 앞에서 자신의 꿈을 자랑스럽게 발표했다고 한다. 어찌나 기특하던지 과할 정도로 칭찬을 해 주었다. 그러다 문득 아이들도 자신의 꿈을 생각하고 발표하고 그 꿈을 이루기 위해 노력하는데 지금 나는 무엇을 하고 있나 반성하게 되었다.

"넌 꿈이 뭐니?"라는 질문에 아이들은 재잘재잘 떠들어 댔다. 엄마, 선생님, 마술사, 게이머, 로봇공학자, 발명가, 크리에이터 등등. 수시로 바뀌는 꿈들이지만 아이들의 눈은 초롱초롱했고 얼굴엔 환한 미소가 가득했다.

하지만 나의 꿈은 언제나 같았다. 작가. 그래, 나는 작가가 되고 싶었다. 과거에도 그랬고 현재도 그러하다. 나는 작가가 되고 싶다. 계속 미루기만 해서는 영영 이루지 못할 것 같은 불안감이 엄습했다. 아이들에게는 꿈을 위해 노력하라고 가르치면서 정작 나는 꿈을 이루기 위한 어떠한 노력도 하지 못했다. 이런 나를 우리 아이들이 어떻게 보겠는가. 위기감을 느꼈다. 모범을 보이지 못하고 말로만 가르치려 하는 부모가 되는 것 같아서 번뜩 정신이 들었다. 아이에게는 꿈을 심어 주고 나는 정작 실행하지 못하니 이리도 부끄러울 수가!

나는 우리 아이들에게 자랑스러운 부모가 되고 싶다. 이대로 나태하게 널브러져 있을 수 없다. 오랫동안 미뤄 두었던 꿈에 한 발 더 다가서고 싶었다. 그래서 순위도 매기지 못할 만큼 어딘가에서 헤매고 있는 나의 꿈을 첫 번째로 그 순위를 바꿨다. 그리고 나의 꿈을 자꾸 되뇌며 나 스스로에게 각인시키고 있다.

'나는 작가가 될 거야', '나는 성공한 사람이 될 거야', '나는 강연가가 되어 전국을 누비며 선한 영향력을 끼치는 동기부여가가 될 거야', '나는 1인 창업가가 되어 남부럽지 않은 삶을 살 거야', '나는 긍정적인 삶을 사는 나다운 사람이 될 거야'. 말하는 대로 모두 이루어지는 것은 아니다. 하지만 내가 말하는 것 중에 한 가지라도 이루어진다면 그것이 시작이기에 나는 나의 꿈을 이루기 위한 노력에 발을 내딛으려 한다.

나는 희망한다. 내가 정말 그러한 사람이 되길. 나는 소원한다. 내가 그런 사람이 꼭 될 수 있기를. 나는 내 삶이 반짝반짝 빛났으면 좋겠다. 그래서 내가 빛나는 사람이 되었으면 좋겠다. 나를 바라보는 사람들 모두가 행복해지기를 바란다. 그리고 나를 바라보면 같이 미소 지어지는 그런 사람이 되기를 나는 바라고 또 바란다.

언젠가 TV의 채널을 돌리다가 한 배우가 이렇게 말하는 것을 보았다.

"그렇게 되었다. 이미 그렇게 되었다."

이 말은 상대방을 축복하는 몽고식 인사법이라고 한다. 바라고 원하는 일이 그렇게 되길 바라는 마음을 담아 건네는 인사말이다. 나는 이 인사말을 무척 좋아한다. 내가 바라고 염원하는 나의 꿈이 이미 이루어졌다고 생각하며 나뿐만이 아니라 나를 만나는 모든 사람들에게 이 인사를 건네고 싶다.

1964년 뉴욕의 빈민가에서 태어난 한 아이는 의사의 실수로 왼쪽 눈 아래가 마비되는 사고를 당하고 불행한 삶을 살게 된다. 열두 번의 전학, 부모님의 이혼 등 그의 인생은 불행으로 점철되었다. 그런 그에게도 꿈이 있었는데 바로 영화배우가 되는 것이었다. 그러나 그에게 돌아오는 것은 보잘것없는 단역뿐이었다. 그는 닥치는 대로 허드렛일을 하며 근근이 살았다. 그러던 어느 날 변화가 필요하다고 생각한 그는 다른 방안을 모색하기 시작했다.

1975년 그는 무하마드 알리와 무명의 복서 척 웨프너가 벌인 복싱 경기를 보게 된다. 깊은 감명을 받은 그는 비장한 각오로 각본을 쓰기 시작했다. 그러곤 본인이 쓴 시나리오를 들고 제작자들을 찾아다니며 이 대본의 주연으로 자신을 써 달라고 했다. 당돌한 제안에도 한 제작자는 그의 제안을 받아들였다. 대신 제작비를 최소한으로 한다는 조건을 달았다. 영화는 불과 28일 만에 만들어졌다. 영화는 개봉하자마자 엄청난 성공을 거두었다. 영화를 본 대부분의 관객이 큰 감동을 받고 눈물을 흘리기까지 했다고 한다. 그 영화는 미국에서만 제작비의 50배가 넘는 5,600만 달러를 벌어들였다.

전 세계적으로 큰 성공을 거둔 영화의 제목은 〈록키〉였다. 그리고 그 영화의 주인공은 실베스타 스텔론이다. 록키의 목표는 오직 하나였다. 그것은 KO패를 당하지 않고 15회전을 버티는 것이었다. 포기하지 않는 집념. 내가 꿈을 이루기 위해 록키에게 배워야 하는 정신인 것 같다. 나도 죽을힘을 다해 간절하게 매달리고 노력할 것이다. 내 꿈인 작가가 되기 위해서 나는 오늘도 달린다.

12

대한민국 1등 연애 코치의 꿈 이루기

- 박하람

연애 코치, 자기계발 작가, 동기부여가, 희망 메신저

현재 생산직에서 근무 중이다. 적지 않은 연애 경험을 바탕으로 연애를 어려워하고 사랑에 힘들어하는 사람들을 위한 멘토가 되는 것이 꿈이다. 많은 강연과 TV 프로그램에 출연하여 전문가로 더욱 인정받는 사람이 되고자 한다. 저서로는 《또라이들의 전성시대2》가 있으며, 현재 연애에 관한 개인저서를 집필 중이다.

• Email qkrgkfka1234@naver.com

많은 사람들이 사랑을 하고 이별을 힘들어하며 아파한다. 뿐만 아니라 자존감, 자신감이 없어 솔로가 늘어 가고 있다. 이는 완벽한 연애를 바라기 때문이다. 처음에 사랑에 빠지면 상대의 장점밖에 보이지 않는다. 그렇기 때문에 단점이 존재하고 있음에도 불구하고 완벽한 상대를 만났다고 착각한다. 만나는 동안 나에게 너무 잘해 주고 다 맞춰 주니 완벽한 줄로만 안다. 하지만 시간이 지나면 상대의 본모습은 드러나게 되어 있다. 한쪽에서만 맞춰 주는 연애는 당연히 지치기 마련이다. 연애는 일방통행이 아니다. 서로가 맞춰 가야 하는 것이다.

큰 상처를 받고 이별해 자존감이 낮아져서 혹은 자신감이 없어 연애를 시작하지 못하는 사람들이 많다. 연애를 하기 위해서는 몇 가지 필수 조건이 있다. 그중에서 자존감과 자신감은 무조건 있어야 한다. 자존감이 없는데 상대가 나에게 먼저 다가와 날 좋아해 준다는 사실만으로 연애를 하는 사람들이 있다. 별로 좋지 못한 태도다. 이런 사람들은 연애를 해도 상대가 나를 떠나갈까 봐 매일 전전긍긍한다. 그렇기 때문에 상대에게 맞춰 주려고만 한다. 자신의 의견도 없이 상대의 물음에 그저 예스로만 대답한다. 하고 싶은 말을 하지 못해 끙끙 앓으며 연애를 한다. 이런 연애는 오래가지 못할뿐더러 본인 스스로에게도 독이 된다.

자신감이 부족해 연애를 못하는 사람들이 많다. 아직 시작도 안 했는데 '할 수 없어'라고 부정적으로 생각하며 포기한다. 이유는 많다. 대표적인 예로 돈, 외모, 단점 등이 있다. 남자는 능력을 중요시 여기기 때문에 돈이 없으면 연애를 하지 못한다는 생각을 많이 한다. 내 주위에도 있었고 나도 예전에 가졌던 생각이다.

기념일, 생일, 맛집 탐방 등 데이트를 하려면 돈이 필요한 건 사실이다. 하지만 자신이 돈이 없다면 그에 맞는 데이트를 하면 된다. 당장 생활비가 없는 상황에서조차 무리해 가며 자신이 돈을 쓰려고 하는 사람들이 있다. 이건 정말 미련한 짓이 아닐 수 없다. 물론 돈을 쓰는 것이 사랑하는 사람에게 최선을 다하는 거라고 생각할 수 있다. 그러나 돈이 전부는 아니다. 사소한 부분까지 세심하게 배려해 주거나 상대가 꾸준히 사랑받고 있음을 느끼게 해 주는 것이 바로 최선을 다하는 것이다.

세상 어디에도 완벽한 사람은 없다. 단점이 있다면 그 단점을 보완하면 되는 것이다. 상대가 나를 어떻게 생각하는지는 내가 신경 쓸 문제가 아니다. 외모도 마찬가지다. 못생긴 사람은 없다. 그저 꾸미는 법을 모르는 사람이 있을 뿐이다. 못생겼다고 정의를 내리는 사람은 그 누구도 아닌 바로 자신이다. 스스로를 사랑할 줄 모르는 사람이 연애를 하게 되면 과연 상대를 사랑할 수 있을까?

지금 나는 사랑에 아파하고 힘든 연애, 지질한 연애를 하고 있는 사람들을 위해 내가 겪은 생생한 에피소드와 노하우를 담은 연애저서를 집필하고 있다. 사람들에게 더 나은 연애를 하는 방법을 알려 주는 강연을 하며 사람들을 위로하고 힘을 주고자 한다. 대한민국 1등 연애코치가 되어 사람들에게 인정받고 이루고 싶은 꿈을 이룰 것이다. 그러기 위해 내가 이루고 싶은 꿈들을 적어 보았다.

- 외제차 타고 다니기
- 세계여행 하기
- TV에 출연하기

- 다재다능한 사람 되기
- 사람들에게 인정받는 사람 되기
- 드림하우스 짓기
- 1인 사업가로 성공하기
- 베스트셀러, 스테디셀러 작가 되기

특히 남에게 인정받는 것은 정말 중요하다고 생각한다. 단순히 '일 잘한다'고 인정받는 것을 말하는 게 아니다. 직장에서 일을 잘해 자신의 가치를 인정받는 사람들이 많다. 하지만 목숨 바쳐 일했던 회사는 단지 일하는 순간에만 인정해줄 뿐이다. 퇴사와 동시에 영광은 사라진 채 그저 남은 인생을 어떻게 살아가야 할지 고민하는 자신만이 남는다. 여러 회사를 다니며 이 사실을 절감했다. 하지만 작가가 되는 것은 다르다. 자신의 이름으로 된 책을 펴내서 전문가로 인정받고 평생 퇴사 없는 현역으로 살아가며 사람들에게 깊이 기억될 수 있다.

자신이 이루고자 하는 꿈에 '드림 킬러'는 항상 존재한다. 나 역시 '내 주위에는 없겠지' 했지만, 아니었다. 자신의 꿈을 방해하는 자는 당당히 무시하길 바란다.

사람들은 누구나 하고 싶은 것을 하며 살기를 바란다. 외제차를 타고 자신만의 집을 가지고 해외여행도 다니면서 행복한 삶을 살기를 꿈꾼다. 하지만 대부분은 그저 꿈만 꿀 뿐이다. 하고 싶은 것이 있어도 성공하지 못할 거라는 두려움에 도전하지 못한 채 여전히 회사와 부당거래를 하며 살고 있다. 주말에 이틀, 그마저도 허락되지 않는다면 고작 하루를 쉬기 위해 매일 육체적, 정신적 피로를 느끼며 힘들게 하루를 보낸다. 내 주위에도 그런 사람들이 많다. 끼도 많고 하고 싶은 것도 뚜렷해, 하면 잘할 것 같은데 두려움이 너무 커 평범함을 선택한다.

하지만 나는 다르다. 〈한책협〉을 만나 내가 이루고자 하는 것을 꼭 이룰 것이라는 확신에 가득 차 있다. 돈을 떠나 매 순간을 즐기고 꿈을 향해 자신을 믿고 나아간다면 원하는 바를 반드시 이룰 수 있다. 자신이 이루고자 하는 목표가 있다면 생각에만 그치지 말고 노트에 적어 시각화하라. 그러면 그것은 반드시 이루어진다.

현재 나는 공저 1권을 낸 작가로서 이제 막 뜀박질을 시작했다. 계속 뛰기만 하면 힘들 테니 중간에 쉬기도 하면서 열심히 나의 꿈을 향해 나아갈 것이다. 하지만 절대 멈추지는 않을 것이다. 난 책 쓰기를 통해 '작가'라는 특별한 직업을 가졌다. 거기에 강연가, 메신저의 삶까지 누리면서 사람들에게 당당해질 것이다.

꼭 이루고 싶은 나의 꿈 나의 인생 2

13-23

박서진 김미정

이준희 김용일

임경현 양현진

임인경 이진아

박주연 김서진

지승재

13

마크 저커버그처럼 자녀 키우기

- 박서진

금융교육 강사, 투자 동기부여가, 주식투자 코치, 개인 재무상담가, 법인 절세상담가, 자기계발 작가

9년 차 재무설계사로 개인 재무상담, 법인 절세상담, 주식투자 강의, 금융교육 강의, 책 집필 등을 활발히 진행하고 있다. 주식투자를 하면서 배운 지식과 경험을 강의로 나누고 있다. 초보 주식투자자들이 실패하지 않고 성공적으로 투자를 할 수 있는 주식투자 방법과 관련된 개인저서를 집필 중이다. 저서로는 《버킷리스트13》이 있다.

- Email park_seojin@naver.com
- Blog blog.naver.com/park_seojin
- C·P 010.7723.4337

'저커버그 부부 딸 출산, 페이스북 지분의 99% 기부'

2015년 12월 페이스북 창업자 마크 저커버그는 딸이 태어나자 자신의 페이스북 지분 99%를 기부하겠다고 발표했다. 그 당시 그의 자산은 450억 달러(한화 52조 원)였다. 2017년 6월 기준, 560억 달러(한화 62조 원)의 재산을 소유해 세계부자 5위에 이름을 올렸다.

마크 저커버그는 유대인이다. 금융을 공부하면 자연스럽게 유대인에 대해 공부하게 된다. 유대인은 세계 금융을 지배하고 있다. 실물을 담당하는 월스트리트와 그곳을 관리·감독하는 재무부, 미국의 통화뿐만 아니라 세계의 통화를 관리하는 연방준비제도이사회의 대부분을 유대인이 차지하고 있다. 게다가 세계 경제 대통령으로 불리는 미국연방준비제도이사회 의장은 유대인이 40년간 장악하고 있다(12대 폴 볼커/ 13대 앨런 그린스펀 / 14대 벤 버냉키/ 15대 자넷 옐런).

유대인은 어떻게 세계 금융을 지배하게 되었을까? 유대인에겐 특별한 문화가 있다. 만 13세가 되는 생일날에 아주 성대한 성인식을 치러 준다. 이 의식은 '바르미츠바'라 불린다. 의식은 축복문을 낭송하는 걸로 시작된다. 랍비(유대교의 율법 교사)의 도움을 받아 미리 준비한 연설을 한다. 부모들은 책임감을 갖고 약속을 지키며 살라는 뜻에서 자녀에게 시계를 선물하는 경우가 많다. 또한 축하파티에 참석한 친척과 친구들은 돈을 모아서 부조금을 건넨다. 부조금은 평균 4,000~5,000만 원 정도 된다. 자녀의 경제적 자립을 위한 종잣돈을 선물하는 것이다. 이 돈은 자녀 이름으로 된 통장에 들어가고 예금이나 주식, 채권으로 운용된다. 그러고 나서 부모와 자녀가 함께 운용하거나 자녀가 직접 맡아서 운용하게 한다. 자연스럽게 실물경제나 금융에 대한 관심이 커지고 돈을 어떻게 운용해야 되는지 감각을 키우게 되는 것이다.

자녀가 대학을 졸업하고 사회생활을 시작할 때쯤이면 이 돈은 대략 2배 정도 불어나게 된다. 한화로 1억 원 상당의 종잣돈이 되는 것이다. 성인이 된 자녀는 '이 돈을 어떻게 활용하면 좋을까?'를 고민하면서 자연스럽게 창업을 떠올린다. 유대인 대학생의 80~90%가 창업을 희망한다고 한다. 페이스북 창업자인 마크 저커버그는 스무 살에 창업했고 델 창업자인 마이클 델은 열아홉 살, 구글 창업자인 세르게이 브린은 스물다섯 살, 스타벅스 창업자인 하워드 슐츠는 스물아홉 살에 창업했다. 대학을 졸업할 때 사업을 시작할 수 있는 종잣돈과 어려서부터 익힌 금융지식을 가지고 있는 유대인과 졸업하면 대기업에 들어가는 게 최고 목표이고 갚아야 할 학자금을 갖고 시작하는 우리나라 청년들은 사회생활의 출발부터 다른 셈이다.

나는 돈의 소중함을 몰랐다. 부모님이 농사를 지어서 대학교 학비까지 다 지원해 주셨다. 용돈이 부족하면 가끔 아르바이트를 해서 충당했다. 하지만 대학을 졸업할 때까지 돈의 소중함을 체감하지 못했으며 수중에 돈이 있어도 이를 어떻게 운용해야 되는지 잘 몰랐다. 직장생활을 하면서도 마찬가지였다. 스물여덟 살에 첫 직장생활을 시작할 때 연봉이 1,800만 원이었다. 세금 제하고 통장에 찍히는 한 달 급여는 138만 원이었다. 그간 받던 용돈의 5배가 넘는 돈이었다. 돈의 소중함을 몰랐던 나는 돈을 흥청망청 썼다. 친구들과 술을 먹으면 내가 다 계산하고 모범택시를 타고 다녔다. 사고 싶은 옷이 있으면 고민 없이 사들였으며 저축은 전혀 할 생각을 하지 않았다. 당시 매일 야근하던 직장생활 스트레스를 돈 쓰는 걸로 풀었던 것이다.

하루는 야근으로 피곤한 몸을 일으키지 못하고 침대에 누워 지난 1년을 생각해 봤다. 1년 동안 늦게까지 열심히 일했지만 모은 돈이 하나도 없었다. 이렇게 살면 미래가 없을 것 같은 불안감이 들었다. 직장생활 2년째 연봉은 2,400만 원으로 올랐다. 세금 제하고 나면 한 달에 178만 원이 통장에 입금되었다. 1년 뒤 1,000만 원을 모으겠다는 계획을 세웠다. 83만 원짜리 적금을 붓고 10만 원짜리 청약통장을 개설했다. 저축을 해서 돈 모으는 재미를 처음으로 느껴 봤다. 만기된 적금은 예금하고 매년 급여가 오르는 금액만큼 저축 금액을 늘렸다. 그렇게 3년 만에 5,000만 원을 만들었다.

종잣돈 5,000만 원으로 5,000만 원 전세가 끼어 있는 1억 원짜리 아파트를 샀다. 3년 보유 후 비과세가 되던 해에 1억 5,000만 원이 되어 100%의 투자 수익을 얻었다. 내 자본금 5,000만 원과 수익금 5,000만 원을 합하니 1억 원이나 되는 자본금이 생겼다. 이때부터 돈을 어떻게 운용해야 할지 감을 잡기 시작했다. 내 나이 서른 살 때다. 그 후 소액으로 아파트에 투자하고 3년 보유 후 매도하여 세금 없이 시세 차익을 봤다. 앞선 투자의 성공으로 자신감이 생겼던 나는 인천 뉴타운 지역의 오래된 빌라에도 투자했다. 하지만 2008년 금융위기가 온 탓에 사업이 지연되면서 결국 뉴타운이 해제되기에 이르렀다. 손해를 본 것은 말할 것도 없는 일이었다. 부동산 매매로는 수익을 내기 어렵다는 생각이 들었다.

아파트에 투자를 하기 시작하던 무렵에는 우연히 회사 동생이 주식을 알려 주어 투자를 하기도 했었다. 당시 대세 상승 시기였던 터라 투자하자마자 수익이 계속 났고 2년간 꾸준히 투자했다. 하지만 주식 역시 2008년 금융위기가 발생하면서 수익 금액뿐만 아니라 원금마저 잃게 되었다. 그때부터 경제 공부를 하기 시작했고 주식시장의 흐름을 배울 수 있었다.

아버지는 나에게 요리되어 있는 물고기를 먹기보단 직접 물고기를 잡는 방법을 알려 주기 위해서 대학교까지 보내 주셨다. 그래서 졸업하고 학자금 대출 없이 사회생활을 시작할 수 있었다. 하지만 그전까지 돈을 부려 본 적이 없으니 직접 돈을 벌어도 어떻게 운용해야 되는지 몰랐다. 나는 금융문맹이었다. 돈의 소중함을 몰랐던 1년간은 저축도 하지 않고 모든 돈을 썼다. 그 이후로도 금융지식이 없는 채로 주식과 부동산에 투자해서 성공과 실패를 여러 차례 맛봤다. 그리고 마흔 살이 되어서야 비로소 돈을 효율적으로 운용하는 방법을 알게 되었다. 현재는 주식투자와 부동산투자로 자산을 불려 나가고 있다. 내가 사회생활을 시작할 때 금융시장을 이해하고 돈을 어떻게 운용해야 되는지 알았다면 훨씬 많은 돈을 모았을 텐데, 하는 아쉬움이 든다.

내 자녀 시대에는 직장에 들어가기가 정말 어려울 것이다. 기계들이 일자리를 많이 대체할 것이고 양질의 일자리는 줄어들 것이다. 빈부격차도 갈수록 심각해질 것이고 금융을 모르면 살아가는 데 힘들 것이다. 나는 마크 저커버그처럼 자녀를 키우고 싶다. 사회생활을 시작하기 전에 창업할 수 있는 종잣돈을 마련해 주고 일찍이 금융을 가르쳐서 돈을 운용할 수 있는 능력을 키워 주고 싶다. 그래서 대학교를 졸업할 때는 창업해서 마크 저커버그처럼 성공한 CEO가 되었으면 한다. 성공해서 자산의 99%를 기부하는 멋진 삶을 살았으면 한다. 나의 구체적인 계획은 세 가지다.

첫째, 자녀가 사회생활을 시작할 나이인 스물네 살이 되면 창업할 수 있는 종잣돈을 마련해 준다. 첫째 아이는 이제 일곱 살이다. 첫째 아이를 위해 매달 100만 원씩 적립해서 연 6%의 수익률로 불린다면 17년 뒤 스물네 살이 되었을 때는 원금 2억 400만 원에 수익금 1억 455만 원을 합해 3억 855만 원이 된다. 현재 네 살인 둘째 아이를 위해 매달 83만 원씩 20년간 적립해 주고 연 6% 수익률로 불린다면 아이가 스물네 살이 되었을 때는 원금 1억 9,920만 원에 수익금 1억 2,000만 원을 합해 3억 1,920만 원이 된다. 창업을 위한 자본금이 될 것이다.

둘째, 어려서부터 자본주의 시스템을 알려 주고 싶다. 열세 살이 되면 종잣돈 운용을 같이 할 계획이다. 자녀가 쉽게 이해할 수 있게 그동안 배운 금융지식과 투자경험을 책으로 남길 것이다. 혹

내가 없더라도 아버지가 본인들을 위해 남겨 놓은 책을 보면서 도움을 받았으면 한다.

셋째, 지식보다는 지혜를 가진 아이로 키우고 싶다. 유대인들은 '남보다 뛰어나려 하지 말고 남과 다르게 되라'라고 가르친다. 아이의 개성과 재능을 발견하고 잘 성장하도록 돕고 싶다. 남들과 경쟁하지 않고 창의적인 생각을 할 수 있는 아이로 자랄 수 있도록 돕고 싶다.

14

1인 기업가로 성공하기

- 김미정

'은퇴1인창업연구소' 대표, (주)지강투자법인 대표, 1인 창업 전문가, 은퇴 상담전문가, 가치변화 메신저

자기계발을 통해 자신의 소명을 발견한 뒤 활기차고 행복하게 인생 2막을 준비하고 있다. 불안한 마음을 긍정적인 배움으로 떨쳐 버렸으며 성공자의 의식을 공유하는 가치변화 메신저와 '은퇴 1인 창업 연구소' 대표로 활동 중이다. 현재 네이버 카페 '은퇴1인창업연구소'를 운영하고 있다. 저서로는 《회사를 졸업하겠습니다》, 《버킷리스트8》, 《미래일기》, 《또라이들의 전성시대》 등이 있다.

• Email pre-retire@naver.com • Cafe www.rslab.co.kr
• C·P 010.2635.6429

회사를 졸업하고 할 수 있는 일에는 무엇이 있을까? 삶을 활기차고 행복하며 의미 있게 만들려면 어떻게 해야 할까? 이런 의문이 들기 시작하면서 서점에서 책을 파고들었다. '책 속에 모든 길이 있다'라는 말을 믿고 있었기 때문이다. 나도 모르게 손이 갔던 책에서 '누구나 책을 쓸 수 있다'라는 한 문장을 보았다. '그래. 나도 책을 쓸 수 있다'라는 희망이 보였고 책을 써 보자고 생각했다.

단번에 결정하고 시작한 일들이었지만 이제 나는 《회사를 졸업하겠습니다》의 저자다. 공동저서는 무려 8권이나 출간했다. 이 모든 일은 〈한책협〉 김태광 대표 코치의 탁월한 식견과 재능, 〈위닝북스〉 권동희 대표의 동기부여 덕분이다. 두 대표의 동기부여는 책을 쓴 작가에서 끝난 게 아니었다. 책을 쓰고 1인 기업가로 나아가는 것을 목표로 삼게 했다.

새로운 세상에 발을 내딛기 위해선 그 분야에 관한 공부가 선행되어야 한다고 생각했다. 책을 쓰기 위한 세상도 나에겐 새로운 도전이었기에 책을 쓰면서 공부를 병행하기로 했다. 내가 책 쓰기를 권유하면 대부분의 사람들은 책은 유명한 사람이나 쓰는 것이라며 만류하기 바빴다. 그러나 나와 함께했던 동기들도 책을 쓰기 전까지는 평범한 사람들이었다. 그래서 나는 책 쓰기 공부를 통해서 누구나 책을 쓸 수 있다고 자신 있게 말할 수 있다.

새롭게 배우는 다른 분야의 공부는 정말 신기하고 재미있었다. 전문가의 노하우를 조금씩 실습하면서 나의 글이 조금씩 간결해졌다. 자기계발서는 간결해야 한다. 읽기 쉽고 이해하기 쉽도록 쓰면 더욱 좋다. 건축할 때 먼저 설계 후에 틀을 세우고 벽체 마감을 하는 것처럼 책을 쓰는 것도 유사하다. 책의 제목과 장 제목을 정하고 목차를 완성한 다음 자신만의 방식으로 자신의 경험과 지혜를 풀어내는 것이다.

〈한책협〉의 〈책 쓰기 과정〉을 통해 꿈을 키워 온 나는 이제 1인 기업가로 재도약하기 위한 시간을 보내고 있다. 책 쓰기에만 머무르지 않고 강연과 코칭으로 1년의 스케줄이 빼곡히 채워지는 그날을 바라보며 하나씩 준비해 나가고 있다.

책을 쓰면서 많은 생각이 들었다. 꿈을 현실로 만들려면 먼저 꿈과 목표를 정하고 비전을 세워야 했다. 1년의 강의와 코칭 스케줄이 잡힌 1인 기업가로 발돋움하겠다는 꿈을 정하고 〈은퇴1인창업연구소〉를 브랜딩했다. 〈은퇴1인창업연구소〉의 비전은 회사를 졸업하기 전에 활기차고 행복하며 의미 있는 인생 2막을 함께 연구하면서 하나씩 만들어 가자는 것이다. 누구나 회사를 졸업해야 하는 시기가 오기에 그때가 되어서야 부랴부랴 앞길을 모색하지 말고 미리 준비를 해야만 한다. 정부에서도 책임지지 않고 자식들에게도 부담을 지울 수 없는 우리의 인생 2막을 독립적으로 준비해야만 하는 것이다.

독립 준비를 혼자서 하기에는 막연하다. 반드시 먼저 해 본 전문가와 함께해야 한다. 전문가의 코칭과 노하우는 공짜가 없다. 그만한 가치를 지불해야 한다. 물론 가치가 있는지 없는지는 나에게 달려 있기도 하다. 왜냐하면 가치 있는 코칭과 노하우를 받았다고 해도 내가 스스로 행동하고 실천하지 않으면 쓸모없는 것이 되기 때문이다.

M이 나에게 문자를 보냈다.

"지난번 들은 강의는 가성비가 높아요?"

나는 순간 가성비를 따지는 M이 우리의 일반적인 모습이라고 생각했다.

“교육을 받음에 있어 가성비를 따지는 것은 옳지 않다고 생각합니다. 잘 아시겠지만 무슨 교육이든 자신이 얼마만큼 행동하고 실천하느냐에 달려 있습니다.”

모범적인 답장을 보냈지만 나 역시도 이런 생각으로 실천하지 않았던 일들이 생각났고 반성하게 되었다.

반성을 통해서 또 깨달은 것이 있다. 그것은 내가 성장하기 위해서는 사람들과 교류해야 한다는 것이다. ‘인간은 사회적 동물이다’라고 한 아리스토텔레스의 주장처럼 사람들과 대화를 주고받지 않으면 자신의 생각 속에 갇히고 만다. 사람들과 자신의 생각들을 이야기하다 보면 좁은 내 생각의 범위를 좀 더 넓힐 수 있다.

2017년 7월 방송된 tvN 예능프로그램 〈알아두면 쓸데없는 신비한 잡학사전〉에서 유시민 작가와 정재승 박사가 나눈 토론 내용이다.

“처음에는 굉장히 단순하게 생각하고 대답하게끔 질문을 던져놓은 다음에 점진적으로 트랩으로 몰고 들어가서 빠지게 만든 거야. 그래서 나중에 내가 어느 순간 탁 느꼈는데 ‘아! 여기서 대답을 잘못하면 고집불통 아재가 되든가, 설득당해서 입장을 변경하는 사람이 되든가, 둘 중에 하나가 될 수밖에 없겠구나’라고 느끼고 한 10초쯤 생각해 본 다음에 후자를 택했지. 내 입장을 수정 했지."

"근데 사실은 약간 그 장면이 저한테는 감동적이었어요. 왜냐하면 보통은 고집을 밀고 나가거든요. 그 상황에서 '아, 이 사람이 무슨 얘기를 하려는지 이제 알겠다! 그럼, 내 생각을 요렇게 요렇게 바꾸면 적절하겠네'라는 얘기를 딱 하셔 가지고. 그렇게 유연한 사고를 하시는 분이 많지는 않거든요."

남다른 지식과 식견을 가진 두 분도 대화를 통해서 상대방의 생각에 귀 기울이며 의식을 더욱 확장시킨다는 사실을 알 수 있었다. 우리의 인생 2막에도 이처럼 다른 영역에서 인생 1막을 보낸 분들과 한 가지 관심사를 두고 대화해 보아야 한다. 대화를 하려면 만남의 시간을 가져야 하는 것은 당연한 것이다. 내가 생각하는 대화의 형태는 특정한 장소에서 시간을 가지고 관심사에 몰입하는 것이다. 다른 분야에서 활동하고 경험했던 이야기들로 서로 간에 대화가 이어지면 너무 흥미로운 나머지 화장실에 가는 것마저 미룰 때가 있다.

작은 목표를 달성하고 난 후 허전함에 우울한 적이 있었다. 목표는 달성했지만 나를 향해 축하해 주거나 위로해 줄 사람들이 없었기 때문에 더욱 성취감이 낮아지고 허전함이 그 자리를 메우던 때였다. 그런 경험으로 인해 다른 사람들에게 강력히 주장

한다. 인적이 뜸하고 풍경이 멋진 곳에 전원주택을 짓고 단독으로 지내는 것은 내가 추구하는 삶이 아니라고 말이다. 《회사를 졸업하겠습니다》에서도 언급했지만 사람들과 활기차게 교류하고 희로애락을 나누면서 인생 2막을 함께 만들어 가기를 권장한다.

같은 관심사를 가진 사람들을 만나기 위해 어디든 마다하지 않고 찾아갔다. 교통비와 교육비 등은 당연히 내가 1인 기업가로 나아가기 위한 밑천이라 생각했다. 주변에서는 먼 곳도 마다하지 않고 다니는 나를 걱정스럽게 쳐다보았다. 나는 그들을 만나는 일이 몸은 고될지 모르나 마음은 날아갈 듯 기쁘다고 말했다. 같은 관심사를 가지고 있는 그들의 생각과 행동들은 나를 고무시키기에 충분했다.

지금 이 순간에도 꼭 이루고 싶은 나의 꿈을 노트북에 적는다. 그리고 카카오톡 프로필에는 내가 좋아하는 문장이 적혀 있다. "Everything is helping my success(모든 것이 나의 성공을 돕고 있다)." 하나의 문장에 동기부여를 받고 시도했듯이 결과는 나중의 일이다. 내가 노력하는지 아닌지는 모든 사물이 알 것이다. 스스로가 포기하지 않고 꾸준히 목표를 향해 나아간다면 나의 성공은 멈추지 않는다. 성공은 성장하고 공유하는 것이니 말이다.

15

10층 규모의 빌딩 소유하기

- 이준희

동기부여가, 강연가, 성공학 메신저, 자기계발 작가

25년 차 직장인으로 자신만의 꿈을 찾아 특별한 삶을 살아가는 데 도움을 주는 사람을 모토로 삼고 있다. 책 쓰기를 통해 꿈맥을 찾고 이루고자 하는 가치 있는 삶을 살고 있다. 강연 활동과 꿈맥 친구들과의 교류를 통해 꿈을 가꾸는 삶을 지향한다. 현재 직장인을 위한 자기계발 개인저서를 집필 중이다.

• Email Ljunhee1@naver.com

자신이 생각하는 꿈을 노트에 지속적으로 적으면 꿈이 현실로 이루어진다고 한다. 내 주변에는 자신의 꿈을 향해 열심히 노력해 성공한 사람들이 많다. 인생을 변화시키고 더 멋진 미래를 만드는 사람이 되기 위해 40대 중반 《보물지도 7》에 나의 꿈의 목록을 적었다.

1. 자기계발 베스트셀러 작가 되기
2. 1인 기업가가 되어 연봉 10억 달성하기

3. 10층 규모의 빌딩 소유하기

4. 드림카 벤틀리 플라잉 스퍼를 타고 강연에 참석하기

5. 가족과 해외여행 가기, 크루즈여행 하기

'자기계발 분야의 베스트셀러 작가가 되어 내가 소유한 빌딩에서 성공학 강연을 한다'라고 생각하니 마치 가지고 싶은 장난감을 가진 아이와 같이 신나고 가슴이 벅차다. 내 꿈들이 언젠가 이루어질 것을 상상하며 지속적으로 노력하고 있다. 먼저 나의 책상 정면에 꿈 목록을 써서 붙였다. 또한 컴퓨터의 바탕화면에도 띄워놓았고 스마트폰 화면에도 저장해 두었다. 매일 보고 연습장에 적기도 하면서 열정이 식지 않게끔 노력한다. 이런 작은 행동들은 내 마음속의 열정이 더욱더 용솟음치도록 도와준다.

내가 빌딩을 소유하고 작가가 되어 강연을 할 거라고 말하면 주변 사람들은 다들 이상하게 쳐다본다. '회사생활만 계속하던 사람이 무슨 말을 하는 거야?'라고 생각하거나 농담하지 말라고 말한다. 이런 반응이 나오는 것은 많은 사람들이 나이가 들수록 꿈을 접고 살기 때문이다. 꿈이 없기에 절실히 노력할 것이 없는 것이다.

많은 회사원들은 자신의 업무에 대해서는 철저하게 계획을 세워 관리한다. 그렇지만 정작 자신의 꿈과 비전을 찾는 일에는 관심이 덜하다. 하지만 자신의 꿈과 비전을 찾는 일이 인생에서 제

일 중요하지 않을까. 평상시 당연하게 여기던 일에 호기심을 가지고 새로운 관점을 부여해 나의 꿈과 비전을 만든다. 꿈과 비전의 가치는 누구도 나를 대신해서 부여할 수 없다. 나만이 부여할 수 있는 것이다. 다른 누구도 아닌 '나'의 꿈이고 비전이기 때문이다.

꿈을 이루고 더 크게 성공하기 위해서는 의식 확장이 필요하다. 나는 책 쓰기 활동과 독서를 통해 지속적으로 의식을 확장하고 있다. 책 쓰기를 먼저 시작한 아내의 적극적인 도움을 받아 나의 개인저서를 쓰는 중이기도 하다. 그리고 멘토를 찾아가 공부하는 것을 게을리하지 않는다.

우리 부부가 함께 강연할 빌딩을 마련하기 위해 시간이 날 때마다 부동산 공부 모임에 참여해 이론과 실무를 익히려 노력하고 있다. 현장감을 배우기 위해 부동산을 방문하고 전문가들이 운영하는 카페나 블로그에 가입해 조금씩 간접적으로 경험해 나가고 있다. 전문가들은 자신의 노하우를 잘 말해 주지 않는다. 그렇지만 난 운이 좋아서 부동산 지식을 함께 나눌 수 있는 분을 만났다. 재능기부를 하시는 분을 만나 현장을 확인하고 요목조목 설명을 들어 가면서 공부할 수 있었다. 지금은 내가 아는 지식이 적기 때문에 당장 뭔가를 해 볼 수는 없다. 하지만 전문가의 지식을 지속적으로 습득하고 공부해 나간다면 나 또한 전문가가 될 수 있다고 믿는다.

공병호 박사는 저서 《10년 법칙》에서 "어떤 분야든 전문가가 되기 위해서는 10년 정도의 꾸준한 노력이 필요하다."라고 말했다. 나 또한 한 분야에서 25년 넘게 일하고 있기에 이 말에 충분히 공감했다. 그래서 새롭게 배우고 있는 분야에서도 꾸준한 노력이 필요하다는 것을 알았다. 꾸준히 준비하고 내가 직접 시스템을 만들어 실천해 볼 것이다. 모든 일들이 TV 드라마처럼 바로 이루어질 수는 없다. 좌충우돌 실패에도 한 걸음씩 나아가는 것이 중요하다. 내가 지금 하고 있는 모든 행동들이 나의 꿈을 이루기 위한 밑거름과 생명수가 되어 줄 것이라고 믿는다.

주변을 둘러보면 자신의 시간과 열정을 다른 사람과 함께 나누고자 하는 전문가가 많이 있다. 여유가 된다면 최고의 전문가에게 배우자. 만약 자금이 부족하다면 자신의 지식을 사람들과 함께 나누는, 재능기부를 하시는 분을 찾아서라도 배움을 놓지 말아야 한다.

카네기는 성공철학 열세 번째 원칙에서 다음과 같이 말했다.

"황금률을 적용하십시오. 황금률은 상대방의 마음에 유리하게 접근하는 것이 아니라 양심, 마음의 평안 등 건강한 성품에서 나오는 속성에서 출발합니다. 황금률을 최대한 이용하려면, 보상을 생각하지 않고 일하는 원칙과 결부시켜야 합니다. 이 두 가지가 결합될 때, 인격의 성숙과 함께 타인의 협력을 이끌어 낼 수 있습니다."

지식을 나누는 분들은 자신이 하고 있는 일에 대한 보상을 먼저 생각하기보다는 자신이 가진 재능과 지식을 공유한다. 더 많은 사람들이 성공할 수 있게 길잡이가 되어 주는 것이다.

살아온 경험에 비추어 당연시되던 일들에 의문과 호기심을 가지고 새로운 관점을 통해 사물과 현상을 바라본다면 어떤 일이 벌어질까? 흔히 말하는 고정관념을 버리고 새로운 시각이나 관점으로 바라보면 이전에는 보이지 않던 것들이 보일 수 있다. 거기서 나는 새로운 일을 만들거나 시작할 수 있다고 생각했다.

매일 출퇴근하는 길의 공터에 3대의 자동차가 주차해 있었다. 어느 날 주차금지 푯말이 붙었다. 10일 정도 지나니 그 작은 땅에 건물을 짓기 위해 토목공사를 하고 있었다. 한 달쯤 지나자 철골 구조가 세워졌다. 건물이 완전히 지어지기도 전에 '입주자 모집, 1층 상가 외'라는 홍보물이 부착되었다. 땅은 20평도 되지 않아 보였다. '이런 곳에 건물을 지을 수 있는 것인가? 혹시 불법 건축물인가?'라는 의문이 생겼다. 궁금한 것을 참지 못하는 성격이라 사진을 찍어 전문가에게 문의했다. 답변은 "10평만 있어도 건물을 지을 수 있다."라는 것이었다.

우리가 무심코 지나치는 아주 작은 땅에도 주인이 있고 그 땅에 건물을 신축해 부를 창출하는 사람들이 존재한다는 데 신기함을 금치 못했다. 누군가는 쓸모없는 자투리땅이라 여겨 무심코 팔아 버리지만 역으로 꿈과 비전을 가진 사람들에게는 아주 좋은 땅이 되는 것이다. 이 땅에 자신의 꿈을 심고 비전을 만들어 가고 있는 것이다. 나 또한 이런 경험을 통해 지속적으로 공부하고 무심히 넘기지 않으려 열심히 노력하고 있다.

내가 작은 성공을 이루어 나가고 그것이 모이기를 원한다면 이루지 못할 것이 없다. 꿈을 가지고 비전을 향해 나아가는 이의 가능성은 누구도 무시할 수 없다. 또한 무한하다. 그렇기 때문에 나의 꿈은 이루어질 것이다. 누군가의 꼬마빌딩이 향후 중심가의 큰 빌딩으로 발전하듯이 나의 꿈도 베스트셀러 작가에서 시작되었다. 그리고 그 꿈을 키워 우리 부부가 성공학 강의를 할 10층 빌딩을 가질 것이다. 결국 우리의 꿈은 현실로 나타날 것이다.

16

월 1억 원을 버는 메신저의 삶 살기

- 김용일

'인생강연코칭연구소' 소장, 삼성 라이온즈 아나운서, 대학교수, '드래곤 엔터테인먼트' 대표, '웨딩엔' 대표, 이벤트 · 방송 MC

프로 스포츠 응원단장에서 현재는 야구, 농구, 배구단의 장내 아나운서로서 활약하고 있는 대한민국 프로 스포츠 분야의 전문MC이자 아나운서이다. 대학에서 레크리에이션과 스포츠 마케팅, 이벤트 기획을 가르치고 기업과 관공서에서 특강 전문 강사로 활동하고 있다. 이벤트 기획사인 '드래곤 엔터테인먼트'와 웨딩 전문 업체인 '웨딩엔'을 운영하고 있다. 책 쓰기를 통해 성공학 코치와 동기 부여가를 꿈꾸며 최고의 메신저로서 살고자 한다. 저서로는 《보물지도7》, 《인생을 바꾸는 감사일기의 힘》, 《나는 책쓰기로 당당하게 사는 법을 배웠다》 등이 있다.

• Email kyi8943@naver.com • Blog blog.naver.com/kyi8943
• Cafe cafe.naver.com/bndotcom05

"따르릉, 일어날 시간이야. 벌써 아침인데 넌 뭐 하니?"

요즘 스마트폰의 알람소리는 각양각색이다. 아름다운 멜로디와 산새 소리, 아침을 밝히는 신비한 소리 등 폰 자체에 저장된 알람도 있고 멘트나 유행어가 나오는 알람도 있다. 하지만 일어나는 사람의 입장에서는 다 똑같은 '소음'일 뿐이다. 허겁지겁 옷을 입고 집을 나선다. 아침식사는 그냥 존재하는 단어일 뿐 나와는 아무 상관이 없다. 아침식사를 거르는 습관은 고3때 배웠던 습관 중 담배 다음으로 안 좋은 것이다. 이는 이 시대를 살아가는 현대인들의 일상적인 출근 레퍼토리다. 그래도 매일 지각이다. 만약 어제저녁에 음주까지 한 사람이라면 아침은 그야말로 악몽일 것이다.

점점 빠지는 머리카락, 굵어진 허리둘레, 훌라후프를 착용한 것처럼 보이는 뱃살, 한없이 가늘어진 두 다리는 대한민국 가장들의 슬픈 자화상이다. 이들을 구제할 방법은 없을까? 죽을 때까지 이렇게 살아야 될 운명인가? 이들에게 꿈이란 잠잘 때만 꾸는 것일까?

매년 반복되는 연봉협상 때 100만 원만 올라도 직장생활 할 맛 난다는 주위의 친구들을 보면 부럽기는커녕 측은함만 느낀다. 삶의 여유라고는 오로지 공휴일과 명절 연휴뿐이다. 그러나 몸은 편하지만 지갑은 가장 얇아지는 시기인 탓에 근심걱정은 더 쌓여만 간다.

"용일아! 오랜만이네. 니 야구장에서 오래 일하네. 나이가 40인데 괜찮겠나?"

"어, 나는 너무 재미있고 행복한데, 니 마이 늙었네. 회사 다닐 만하나?"

"죽지 못해 살고 갈 데 없어 계속 다니지!, 야구 보며 스트레스 풀고 술 마실라고 왔다 아이가? 오늘 고마 실컷 무뿔라고!"

"야구 잼나게 봐라. 갈 때 대리해서 가라, 야구장 앞에 단속 많다!"

야구장을 찾은 고등학교 때 친구와의 대화다. 이 친구는 내가 야구장에서만 일하는 줄 알고 상당히 무시하는 말투로 어깨에 힘을 준다. 하지만 이내 고개를 숙이고 신세타령이다. 언뜻 보기에도 50대 후반의 전형적인 동네 아저씨다.

이들에게 메신저란 어떤 느낌일지 상당히 궁금하다. 일하는 게 행복하다고 말하면 분명 "니 미친놈 아이가!" 이렇게 대답할 것은 불 보듯 뻔한 일이다. 하지만 나는 지금 메신저로서 행복하게 살아가고 있다. 20대부터 시작한 프리랜서 생활은 내게 행복함을 가져다 주었다. 나에게는 지금보다 좀 더 노력하면 시간적 자유와 경제적 자유 모두를 완벽하게 누릴 수 있다는 확신이 있다.

이것이 나의 목표이자 꿈이다. 나는 하루에 두 번 꿈을 꾼다. 잠잘 때 꾸는 꿈과 진정한 메신저가 되고자 하는 꿈이 바로 그것이다. 사실 내 또래들과 비교하면 현재 내가 1인 기업가로서 벌어들이는 수입도 결코 적은 것은 아니다. 하지만 '지금 생활에 만족하니 유지나 잘해야지'라고 생각하는 순간 도태되고 말 것이다.

메신저로서 월 1억 원을 벌겠다는 나의 프로젝트는 이미 시작되었다. 함께하고 싶다면 나를 찾아와라. 친절히 설명해 주겠다. 다만, 상당한 각오가 필요할 것이다. 돈을 빨리 벌 수 있는 방법에는 어떤 것이 있을까? 도박을 비롯해 부정이라고 간주되는 것들은 빠른 시간 안에 큰돈을 버는 방법일 수도 있다. 하지만 그렇게 돈을 번다면 떳떳할 수 있을까? 가족들에게 당당한 남편으로서,

당당한 아빠로서의 모습을 보여 줄 수 있을까? 게다가 대박을 기대하기에는 확률이 너무 떨어진다. 또한 사업을 시작하기에는 자본도 문제지만 경험이 없기에 실패할 확률이 높다. 그렇다면 도대체 방법이 있긴 한 것일까?

감히 말하지만 그 방법은 바로 '자신'이다. 자기 자신이 최고의 상품인 것이다. 글로벌화된 세상 속에 나를 알린다면 이것이야말로 '대박'인 것이다. 내가 가진 능력을 상품화하고 잘 포장해서 판매하는 것에 집중해 보라. 이른바 '1인 지식산업'이다. 아직도 공무원 시험과 임용시험에 에너지를 쏟고 있는가. 그렇다면 그 노력을 자신의 장점을 최대한 부각시킬 수 있는 게 무엇인지 고민하고 연구하는 데 기울여라. 그것이 당신만의 '제품'이 되어 줄 것이다. 꼭 물건을 파는 것으로 장사하는 시대는 지났다. 지금껏 살아온 경험과 연륜을 바탕으로 당신의 이야기를 전하는 메신저 사업에 대해 진지하게 생각해 보라.

월수입이 1억 원이 되면 무엇을 할까 아침마다 상상해 본다. 혼자 엷은 미소를 지으며 머리 위에 떠다니는 기회를 잡고자 오늘 하루도 즐겁게 최선을 다하고 있다. 여유로운 아침을 맞이하며 따사로운 햇살 속에서 커피 한 잔과 브런치를 먹는다. 그리고 오전 시간을 활용해서 자기계발에 몰두한다. 책을 읽기도 하고, 직접 책을 쓰기도 한다. 그러면서 자신의 가치를 높이는 일을 게을리하지 않는다.

내가 성공한 사람으로 인정받으면 또 다른 누군가의 '롤모델'이 될 수 있다. 그렇게 살고 싶지 않은가? 나처럼 되고 싶은 사람들을 만나 컨설팅해 주고, 내가 만든 교육 프로그램을 운영하면서 빠르게 성공할 수 있도록 돕는다. 이것이야말로 진정한 메신저의 삶이다.

무더운 여름에는 해외로 나가 휴가를 마음껏 즐기고, 추운 겨울에는 따뜻한 나라에서 나만의 시간을 보내는 삶은 결코 남의 얘기가 아니다. 마음먹기에 따라 모든 일이 가능하다. 내 이름을 딴 '아카데미'도 만들어 메신저들을 양성하는 데도 심혈을 기울이고 싶다. 함께 성장을 도모하고 이들 역시 주위의 어려운 분들에게 사랑을 나누어 주며 진정 행복한 삶을 세상에 퍼뜨리는 것이다. 메신저들은 이렇게 성공을 나누며 함께한다. 이것이 이 시대의 진짜 '리더'인 것이다. 현재 직장에 다니고 있다고 체념하지 말고 짬을 내어 준비하면 된다. 몇 십 년의 직장생활 경험이 남들이 가질 수 없는 당신만의 재산인 것이다. 그것을 어떻게 상품화하느냐는 당신의 몫이다.

재벌처럼 물질을 다 가진 자들이 행복까지도 모두 갖추었을까? 나는 절대 그렇지 않다고 생각한다. 세상은 가진 자에 대한 불만으로 가득하다. 자신이 처한 모습을 반추하며 그들을 일단 나쁜 사람으로 규정지어 버린다. 그렇다고 재벌들이 여유롭다고 할 수 있을까? 그들도 스케줄에 따라 움직이는 만큼 개인적인 시간을 내는 게 쉬운 일은 아니다.

그건 메신저로서의 삶이 아니다. 자! 이제부터 중요한 사실들을 말하겠다. 반드시 명심하길 바란다. 현재의 상태에서 무엇이든지 빨리 결정하고 바로 시작해야 된다. 경제적, 시간적 여유는 한 살이라도 젊을 때 누려야 참맛을 느낄 수 있기 때문이다. 비행기도 탈 수 없을 만큼 노쇠한 상태에서 수천 억 원이 있어 봐야 말짱 도루묵이다. 지금 이 순간이 가장 중요하다. 망설이지 말고 현재의 위치에서 뭐든지 당장 시작하라.

당신의 이름이 불리는 설렘을 떠올리며 새롭게 시작하면 된다. 절대 늦지 않았다. 필요하다면 내가 기꺼이 도와주겠다. 성공은 함께 나눠야 빨리 오는 것이다. 월 1억 원을 버는 메신저의 삶을 살면서 어릴 적부터 꿈꿔 왔던 모든 것을 하나씩 이루고 싶다.

진정한 메신저로서 나만의 버킷리스트를 모두 정복하는 그날을 기다리며 오늘도 멈추지 말고 달리자. 행복이 바로 눈앞에서 우리를 기다리고 있다.

17

가상화폐를 현실화폐처럼 사용하기

- 임경현

㈜TAMS 자산관리회사 대표, 국내외 주식 · 파생상품 운용 및 자문, Forex Exchange, 해외선물사 설립 자문

프랜차이즈를 운영하며 프랜차이즈 개발에 대한 컨설팅을 하고 있다. 최근 프랜차이즈에서 사용하는 가상화폐를 개발하고 있다.

- Email timeisgold777@naver.com • Blog blog.naver.com/timeisgold777
- Cafe cafe.naver.com/coinall.cafe

2010년 가을 친한 후배에게서 전화가 왔다. "오빠 어디세요? 밥 한번 먹어요." 대한민국에서 가장 흔히 쓰이는 말. 언제 밥 한 번 먹어요. 별 생각 없이 일주일이 지났을까. 후배에게서 다시 전화가 왔다. 진심이었던 모양인지 오랜만에 후배와의 저녁식사 자리가 마련됐다.

"요즘 뭐 하니?"

"마이닝(mining, 채굴)해요."

"마이닝?"

"네."

"뭘 캐는 거야?"

"비트코인이요."

"비트코인?"

"선배도 하나 사 두세요."

이렇게 시작된 비트코인과의 인연. 그런데 가상화폐라는 말에서 오는 느낌처럼 가상이란 단어에 친근감이 없었다. 진짜 화폐도 아니고 가상화폐에 돈을 투자할 수는 없었다. 코인이라고는 하지만 실제 동전도 아니다. 비트코인이란 동전 모양을 하고 있는 일종의 코드로, 물리적인 형태가 존재하지 않는 온라인 디지털 화폐이다.

'이런 걸 정말 사용한다고? 손으로 만질 수도 없는 것을?' 그 당시에는 비트코인이 화폐라고 생각하기 어려웠다. 그래서 굳이 먼저 위험 선두주자가 되고 싶지도 않았다. 특히 은행처럼 누구도 관리하지 않는 곳에 투자하기는 상식적으로 어려웠다.

그런데 비트코인이 50만 원을 넘어섰다는 소리가 들렸다. 또 한 번 보니 75만 원! '우와, 사야겠다'라는 생각보다 '이거 거품이다', '이제 폭락하면 투자자들 어떻게 하지?' 이런 걱정이 앞섰다. 그런데 시간이 지날수록 가상화폐에 대한 비판의 소리보다는 차세대 보안기술이라고 할 만한 블록체인 기술을 이용한다든지, 현실세계에서도 화폐로 인정한다든지, 이런 소식만 들려오는 것이었다. 최신 정보와 최신 투자 기법을 운용하고 있다며 자부하고 있던 나는 이를 무시하고 있을 수가 없었다. 이 상황에 비트코인에 투자하지 않는 것은 왠지 시대에 뒤떨어지는 것 같아서 본격적으로 연구하기 시작했다.

화폐는 가치와 신뢰가 있어야 한다. 일반 통화는 금이든 은이든 일정 가치에 대한 교환가치로 통용되어 왔다. 금을 가지고 다니기 힘드니까 금 보관 증서를 만들어 주고 이를 주고받고 하던 것이 화폐인 것이다. 현재 미국에서는 나라의 신용으로 약속어음같이 달러를 찍어 낸다. 즉, 화폐는 가치 대용이거나 누구나 믿을 수 있는 신뢰가 있어야 한다. 하지만 가상화폐는 그런 가치가 없다. 어느 날 종이가 될 수도 있는 것이다. 실제로 어느 날은 대폭락하기도 했다. 그런 일이 몇 번 있었다. 이런 것을 화폐로 쓸 수 있을까? 이에 대한 대안이 바로 '누구나 신뢰할 수 있는 보안'이다.

가상화폐는 블록체인이라는 기술에 근거를 두고 있다. 10분마다 일어나는 일을 기록한 블록을 시간분으로 기록하는 것이다. 블록체인에 참여하는 모든 사람의 거래를 이런 식으로 기록한다. 따라서 모든 사람이 신뢰하게 된 것이다. 예를 들어, 은행에서 적금을 들었다고 하자. 그러면 통장거래내역이 은행에 보관되어 있다. 그리고 은행은 해킹에 대비해서 보안을 철저히 한다. 해커들은 끊임없이 해킹을 시도하고 은행은 이를 막기 위해 엄청난 노력과 비용을 들인다.

반면에 가상화폐인 비트코인은 모든 사람이 모든 거래 내용을 공유한다. 만약 1,000명이 참여자라고 한다면 어떤 한 명이 거래장부를 변경한다고 해도 999명의 거래장부에 있는 내용과 비교했을 때 그 내용이 다르면 인정되지 않는 것이다. 정말 해킹을 원한다면 최소한 과반수인 501개의 컴퓨터를 해킹해야 하는 것이다. 혹자는 현재 비트코인을 해킹하려면 슈퍼컴퓨터 2만 대의 성능을 보이는 컴퓨팅 파워가 필요하다고 얘기하기도 한다. 현실적으로 해킹은 어렵다. 따라서 보안 측면에서도 안전하다고 볼 수 있다.

처음에는 각국 정부에서 가상화폐를 불법으로 규제했다. 그러다가 최근에는 영국·미국·일본 등을 비롯한 각국 정부에서 가상화폐를 인정하기 시작했다. 블록체인 기술을 기반으로 화폐를 개발하는 입장으로 바뀌고 있다.

2017년 11월 비트코인의 가치는 800만 원이다. 7년 만에 80배가 오른 것이다. 삼성전자 주식은 75만 원에서 현재 275만 원으로 약 4배가 올랐다. 이쯤 되니 비트코인을 새로운 투자 수단으로 생각해 봐야 하지 않을까 조심스럽게 검토해 봤다. 그럼 어떤 방식으로 투자하면 될까?

먼저 주식처럼 트레이딩을 하는 방식이 있는데 이건 국내 주식과 선물, 해외외환선물이 더 좋은 조건이라 나에게는 맞지 않았다.

두 번째 방법은 거래소 상장이다. 최근에 우리나라의 최대 거래소인 빗썸에 상장한 Zcash라는 가상화폐는 2016년 10월에 오픈할 당시 15억 6,777만 원이던 시가총액이 2017년 10월에는 7,458억 358만 원이 되었다. 1년 동안 470배가 오른 것이다. 매번 각국 거래소에 상장되면서 3배 정도씩 올랐다. 그래서 Zcash가 상장될 것을 알고 투자를 진행하려 했지만 계좌 개설에서 입금까지 시간이 너무 촉박해서 매입을 하지 못했다. 그런데 상장 당일이 되자 가치가 2.5배 상승했다. 2주일에 250%의 수익, 이것은 놓쳤지만 2017년 10월 20일에 상장한 QTUM에는 고객들과 함께 2.5억 원을 투자해서 7,500만 원을 벌었다. 일주일 동안 30%의 수익을 낸 것이라 고객들이 매우 만족해했다.

세 번째는 ICO(Initial Coin Offering, 가상화폐공개)를 하는 것이다. 주식의 IPO(Initial Public Offering, 주식공개상장) 같은 것이다. 즉, 코인이 만들어지면 ICO 전에 프리 세일을 한다. 그럼 비상장 주식처럼 할인할 때 사서 ICO 후 상장하면 판매하거나 보유하고 있는다. 그러다가 오르면 매각하는 것이다. 현재 몇몇 회사가 60% 할인 프리 세일에 참여해 코인을 보유 중이다. 지금은 고객들과 1월 상장 계획인 코인을 지켜보고 있다.

그런데 이런 화폐를 단순히 투자의 수단으로 사용하는 것을 넘어서 현실세계에서 사용할 수 있으면 어떨까? 이런 생각이 들었다. 가상화폐는 현실세계에서 사용하기가 힘들다. 주식처럼 거래소에서 매도하고 현금화해야만 쓸 수 있다. 다양한 가상화폐를 디지털화폐로 변환해 현실세계에서 바로 사용할 수는 없을까? 신용카드처럼 커피숍이든 식당에서 바로 쓸 수 있다면 어떨까? 가상화폐가 아닌 현실화폐로. 그렇게 사용하는 시스템을 만들려고 한다.

현재 운영 중인 프랜차이즈 본사와 협약해서 전국적으로 이용할 수 있게 하고, 온라인 쇼핑몰을 운영하는 사람도 국경을 넘어서 사용할 수 있게 한다. 가맹점에도 혜택이 있다. 일반 카드의 경우 3~7일 정도 후에 결제를 받을 수 있는 반면, 가상화폐를 쓰면 즉시 입금이 되고 누락이 되는 경우가 없다.

여기에 적합한 가상화폐를 만들어 ICO를 하고 거래소에 상장하는 것이다. 필명을 사용하고 있는 비트코인의 창시자 사토시 나카모토가 보유하고 있는 코인의 현재 가치는 3조 원으로 추정되고 있다. 내가 만든 코인이 전국, 전 세계에 통용되어 가치가 오르면, 현재의 비트코인보다 현실세계에서 먼저 사용된다면 나카모토보다 더 큰 금액을 소유하게 되지 않을까?

그렇게 된다면 보람을 느끼는 동시에 막대한 부 역시 가질 수 있을 것 같아 상상만 해도 뿌듯하다.

18

외국인과 자유롭게 영어로 대화하기

– 양현진

아빠육아 전문가, 자기계발 작가, 강연가, 동기부여가, 정보보안 전문가

포스코건설에서 IT업무를 담당하고 있으며 세 아이와 행복한 일상을 누리는 아빠다. 현재 육아 코칭을 주제로 강연활동을 하고 있다. 저서로는《아빠 육아 공부》,《인생을 바꾸는 감사일기의 힘》,《보물지도9》,《꼭 이루고 싶은 나의 꿈 나의 인생》,《또라이 전성시대2》,《실전 정보보호 개론》등이 있다.

• Email lufang3@naver.com
• Blog blog.naver.com/lufang3
• Cafe gpplab.co.kr

중학교 1학년 때 학교에서 처음으로 영어를 배웠다. 처음이라 그저 신기하기만 했다. 이렇게만 공부하면 외국인과 대화할 수 있을 것이란 기대감에 차 있었다. 복습을 철저히 한 결과 영어와 수학은 항상 100점을 받았다. 그러나 2학년으로 올라가면서부터 상황이 변했다. 공부에 흥미를 잃은 것이다. 게다가 소극적인 성격에 반장을 하게 되면서 스트레스도 점점 심해졌다. 선생님은 반장인 나에게 많은 책임을 부여했다. 하지만 아이들이 생각보다 따라 주질 않아 힘들었다. 반장은 공부를 잘해야 된다는 압박감도 부담으로 작용했다.

고등학교, 대학교를 졸업하고 나자 더욱 영어를 사용할 일이 없어 흥미가 점점 떨어졌다. 가끔은 유창하게 외국인과 대화하는 사람들이 부러웠다. 그렇지만 나 자신이 열심히 영어를 공부할 생각은 없었다. 어차피 나중에 기술이 발달하면 기계가 대화를 번역해 줘서 외국어를 배울 필요가 없을 것이라는 자기합리화를 했다.

회사 면접 때는 영어로 자기소개를 했다. 면접관들은 만족해 하는 눈치였지만 사실 그 전날 달달 외운 영어였다. 다행히 영어로는 별다른 질문을 하지 않아서 무사히 합격할 수 있었다. 그래서 스스로도 온전히 나의 영어실력이라고 보기 어려웠다.

토익 같은 시험을 위한 영어공부는 하기 싫었다. 토익시험 점수는 높지만 외국인을 만나면 한마디도 못 하는 사람이 많다. 영어를 한다면 이왕이면 실전영어를 하고 싶었다. 외국인과 유창하게 영어로 대화하며 스스로의 생각을 전달하고, 상대방의 생각을 듣고 이해하고 싶었던 것이다.

그러던 중 내 의도와 딱 맞는 학원을 발견했다. 이미지를 연상해 영어를 공부하는 학원이었다. 주말을 반납하며 3개월간 열심히 학원을 다녔다. 이미지, 팝송, 영화 등을 통해 즐겁게 공부하며 기본기를 다졌다. 하지만 이마저도 내가 지속적으로 하지 않아 금세 열정이 식어 버렸다. 시간이 여의치 않아 다른 학원을 알아보고 온라인 수강을 했지만 3개월 듣다가 개인사정으로 중단할 수 밖에 없었다. 이러다가는 영원히 영어의 늪에서 빠져나오지 못할 것 같았다.

그래서 전화영어를 신청했다. 전화영어는 대부분 필리핀에서 걸려 왔다. 한번 선생님이 정해지면 특별한 경우가 아니라면 계속 유지되었다. 처음 통화할 때는 말 한마디 못했다. "웰… 암… 어…." 하면서 시간만 보냈다. '내가 지금 뭘 하고 있는 건가'라며 스스로 자책하기도 했다. 분위기에 조금씩 익숙해지면서 하루에 15~20분씩 교재를 이용하거나 일상적인 대화를 했다. 이때 인연이 된 필리핀 선생님 몇 명은 아직도 문자로 연락을 하곤 한다. 그런데 어느 순간, 항상 하는 말만 반복하다 보니 영어실력이 향상되고 있다는 느낌이 들지 않았다. 그래서 1년 넘게 하던 전화영어를 그만두었다. 단지 전화영어라도 한다는 마음의 위안만 삼고 있었던 것이다.

결국 지인에게 부탁해 외국인 선생님을 직접 만나게 되었다. 국적은 미국이지만 멕시코 출신인 '안젤리카'였다. 일주일에 한 번 만나 3시간씩 대화하며 과제를 수행하는 방식으로 수업을 진행했다. 안젤리카가 내 편의를 봐 줘 집 근처 카페에서 만났다. 처음 수업 때는 머리가 터지는 것 같았다. 말을 하고 싶어도 단어가 생각나지 않아 계속 브레이크가 걸리는 느낌이었다. 말을 하다 중간에 휴대전화로 단어를 찾고 다시 대화를 이어 나갔다. 첫 수업이 끝나고 집에 가는 내내 내 머리는 과부하로 매우 뜨거웠다. 하지만 외국인과 대화한다는 것이 그렇게 신기하고 재미있을 수가 없었다.

안젤리카는 미국 대학교에서 한국 역사를 공부하면서 한국에 흥미를 가지게 되었다고 했다. 그래서 한국에 와서 학생들에게 영어를 가르치며 한국 생활을 즐기고 있었다. 그 때문인지 안젤리카는 나보다 한국의 역사를 더 잘 알고 있었다. 부끄러운 이야기지만 우리나라 역사를 오히려 안젤리카를 통해 배우기도 했다. 사실 학교에 다닐 때 역사 과목은 시험 전날 벼락치기로 외우고 바로 잊어버려 머리에 남아 있는 것이 없었기 때문이다.

어느 날은 이순신에 대한 이야기가 나왔는데 안젤리카는 별 관심이 없었다. 이순신 장군의 업적을 설명하고 싶었지만 입이 떨어지질 않았다. 내 이야기에 흥미를 보이지 않는 외국인과 대화하는 것은 또 다른 어려움이었다. 나중에라도 기회가 된다면 자세하게 설명해 주고 싶다.

안젤리카를 만나 공부하면서도 내 영어실력은 여전했지만 브레이크 횟수는 조금씩 줄어들었다. 하지만 문제는 따로 있었다. 안젤리카는 내가 이해하기 쉽게 간단한 문장으로 쉬운 단어만 골라 천천히 말하고 있었다. 그리고 한국식 발음에도 익숙해져 있어서 나의 잘못된 발음에도 이해하고 그냥 넘어갔다. 영어와 친해지는 과정이라고 생각은 하고 있었다. 하지만 이런 실력으로는 본토에 사는 외국인과는 대화가 통하지 않을 것 같았다. 그리고 여전히 어휘는 내 생각을 표현하기에는 부족했다.

더군다나 수업을 시작하고 6개월 되는 시점에 안젤리카가 미국으로 가게 되었다. 이제 막 영어공부를 제대로 시작하려는 나로서는 아쉬울 따름이었다. 안젤리카는 미국으로 돌아가면서 문자로 계속 연락하며 스스로 연습하는 것이 중요하다고 강조했다. 하지만 그것으로 나의 영어공부도 중단되었다. 강제로라도 만나 공부하던 시스템이 없어지다 보니 혼자 할 수 있는 에너지도 바닥났기 때문이다.

영어에 관심을 가지려고 계속 시도는 해 봤지만 지속성의 문제로 시작과 중단이 반복되었다. 회화에 100점은 없겠지만 영어로 대화하는 것은 여전히 어렵다. 영어가 목적은 아니지만 내 꿈을 위한 수단이기는 하다. 영어를 통해 이루고 싶은 꿈이 몇 가지가 있다.

첫째, TED에 출연해 영어로 유창하게 강연하고 싶다. TED(Technology, Entertainment, Design)는 미국의 비영리재단에서 운영하는 강연회다. 기술, 오락, 디자인 등 다양한 분야의 강연회를 개최한다. TED를 보면 다양한 분야의 전문가들이 영어로 강연을 한다. 그 자리에 내가 서 있고 싶다.

둘째, '세계 기억력 대회'에 참가해 챔피언이 되고 싶다. 기억력 대회는 두뇌 회전을 요구하는 마인드 스포츠다. 기본적으로 기억력을 겨루는 스포츠인 것이다. 예를 들어, 얼굴과 이름, 이진수, 무작위 숫자, 이미지 등 열 가지 종목이 있다. 정해진 시간 안에 많이 외우는 사람이 승리한다. 한국에서도 열린 적이 있지만 외국에서 개최하는 대회에 참가하고 싶다. 영어로 챔피언이 된 수상 소감을 말하는 내 모습을 상상하면 행복하다.

기분 좋은 영화를 보면 주인공은 시련을 겪지만 결국 마지막에는 해피엔딩으로 끝난다. 영화의 결론이 정해져 있기 때문에 주인공이 힘들어하는 장면이 나와도 마음은 편하다. 지금 나도 몇 번의 실패를 맛보았지만 이 과정이 성공으로 가는 길이라 믿는다. 영화처럼 나의 영어공부도 유창한 회화실력을 갖추게 되며 해피엔딩으로 끝날 것이다.

19

40대에 찾은 버킷리스트 이루기

- 임인경

엄마성장 멘토, 육아 멘토, 자기계발 작가, 동기부여 강연가

두 아들을 엄마표로 키워 보겠다는 신념을 꾸준히 지켜 온 열혈 직장맘이다. 독서와 창의성, 자기주도적인 습관 기르기를 키워드로 한 육아를 펼치고 있다. 누구의 엄마, 누구의 아내로만 남는 것이 아니라 '진정한 나'를 찾고자 도전하고 있다. 현재 엄마의 성장과 육아를 다룬 개인저서를 준비 중이다.

• Email smiling102@naver.com • Blog blog.naver.com/smiling102
• Instagram imingyeong1866

'나는 그동안 어떤 꿈들을 꿨었지? 그 꿈들은 어떻게 되었더라?'

진정한 나의 꿈을 찾겠다고 나선 40대에 지난날의 꿈들을 되짚어 보았다. 책을 쓰겠다는 결심을 하기 전까지는 막연한 꿈만 꾸며 살아왔다. 나에게는 꿈을 이루고 싶다는 간절함이 없었다. 현실에서 감히 이룰 수 없는 거라고 치부해 왔기 때문이다. 그리고 하늘은 내 초라한 소망을 그대로 응답해 주셨다.

25년 전 여고생이던 나는 미래의 배우자에 대해 나름대로 확고한 기준을 세웠었다. 바로 돈이 없더라도 자상하고 내가 존경할 만한 남자였다. 존경할 수만 있다면 돈 같은 건 필요하지 않다고 생각했다.

친정아버지는 늦은 나이에 얻은 막내딸을 무척이나 예뻐하셨다. 소작농인 데다 종손이셨지만 동네 사람들에게 인품만큼은 인정받는 지혜로운 분이셨다. 그런 아버지가 어린 나에게는 세상에서 최고로 멋진 남자였고 존경의 본보기셨다. 내 나이 열세 살에 돌아가신 아버지의 부재는 허전함과 그리움으로 내 나이테를 키웠다. 나는 하늘에다 우리 아버지와 같은 남자를 달라고 빌었다. 하늘이 내 소원을 들은 것일까? 서른이 넘어가며 지칠 때쯤 지금의 남편을 만나게 되었다. 남매처럼 꼭 닮았다는 주변 사람들의 말에 천생연분을 떠올렸다. 우린 그렇게 꿀이 떨어지는 행복한 신혼생활을 시작했다. 하늘은 내 바람을 그대로 들어주셨다.

'친정아버지를 닮은 남자!' 하지만 '없는 살림에 갚아도 갚아도 줄지 않는 2억여 원의 빚을 안고 있는 남자!'

'돈은 없지만….'이라는 기도 대목이 이렇게 후회될 수가. 아이를 키우고 살다 보니 돈은 가족의 행복을 지켜 주는 파수꾼이라는 걸 깨달았다. 꿀 같던 잠깐의 신혼생활은 한여름 밤의 꿈과 같았다. 빚의 노예로 10여 년을 보내고 나니 마흔은 몸과 마음의 무력감으로 시작되었다.

결혼 전 구입한 내 첫 애마는 올드 마티즈다. 내게 두 발의 자유를 주었고 여유로운 외곽도로에서 드라이빙의 재미를 선물해 주었다. 그리고 결혼 7년 동안에도 쭉 우리 집 애마로 군림했다. 혼자일 때는 사랑스러웠던 애마. 결혼하고 아이 둘을 낳아 키우다 보니 이제는 부끄러워 숨기고 싶은 고물단지가 되어 버렸다. 주인이 미워하는 걸 어떻게 알았는지 나의 애마는 잦은 잔병치레를 하기 시작했다. 하지만 나는 정을 떼고 싶었다. '제발 더 크고 좋은 차를 주세요'라고 먼지 없는 하늘을 향해 기도했다. 내 기도를 들어주시리라 믿고 새 차 견적을 받았다. 마티즈보다 크기만 하면 된다던 작은 소망이 점점 욕심을 내고 있었다. 소망이 커지고 커지다 결국 나의 두 번째 애마가 낙점되었다. 반짝반짝 빛나는 하얀 그랜드 카니발! 감개무량했다. 하지만 이번에도 기쁨은 딱 거기까지였다. 나의 바람, 딱 그만큼이었다.

그 후로 그 큰 핸들은 나를 종일 그리고 평일 내내 여기저기로 끌고 다녔다. 눈이 오나 비가 오나, 감기 몸살을 앓고 무릎이 쑤셔도 쉬지 않고 나를 굴려 먹었다. 영세 학원을 운영하는 남편 덕에 학원차량 기사로 고용된 것이다. 신기함과 후회가 같이 생겨나는 순간이었다. 그건 내 재정 상태에선 도저히 나올 수 없었던 큰 새 차가 생긴 신기함과 좀 더 구체적으로 멋진 차를 능력 있는 멋진 내가 모는 꿈을 꿨더라면 하는 후회였다.

난 남자들의 세계가 여자들의 세계보다 편하다고 생각한 적이 있었다. 친정에는 오빠가 셋이 있다. 대학교 다닐 땐 남학생들과 우정을 다짐했었다. 전자회사에 취업해 연구원으로 일했던 나는 그곳에서도 새침한 여직원들에게 어느 정도는 방어막을 치고 살았다.

그렇게 남자들이 편하다고 세뇌하던 내게 결혼 후 하늘은 두 아들을 선물로 주셨다. 똘망똘망 까르르 웃는 두 아들의 미소는 삶의 환희였다. 아장아장 발을 내딛어 호기심 어린 눈으로 세상을 바라보는 천사 같은 두 아들! 정말 남자들이 편하다는 내 입버릇을 하늘은 이번에도 무시하지 않으셨다. 다시 한번 생각과 말의 신기함을 느끼는 순간이었다.

그런데 기쁨도 잠시. 지칠 줄 모르는 에너지와 장난으로 무장한 두 아들은 육체적으로나 정신적으로나 감당하기가 쉽지 않았다. 아이들을 돌봐 주실 양가 부모님이 가까이 계신 것도 아니었다. 남편의 영세사업도 나아질 기미는커녕 빚만 늘어 가고 있었다. 어린이집과 유치원도 홈스쿨링을 핑계로 그만 다니게 했다.

'어차피 배 속에 있을 때부터 내 손으로 키우기로 원칙을 세웠잖아. 티처 보이는 만들지 말자. 힘을 내!'

홈스쿨링의 장점을 합리화하며 아들 둘과의 전쟁을 선포했다. 직접 놀이로 한글을 가르치고 영어 노래를 불러 주고 책을 읽어 주고 수시로 공원에 나가 뛰놀게 했다. 상황이 나아져 아이들이 다시 유치원에 다니고 초등학교에 들어갈 때까지는 몰랐다. 우리 아이들이 튄다는 것을! 주변 엄마들이나 선생님들은 아들 둘을 '독창적이다, 창의적이다'라고 말해 주었다.

'독창성과 창의성. 그거면 됐다. 미래에는 분명히 인성과 이 둘이 큰 힘을 낼 거야!'

나는 아들과의 전쟁에서 상처만 얻은 것이 아니라 영광과 명예도 함께 얻은 것이라고 위로하며 감사해 했다. 이렇게 작게나마 이루어진 꿈들과 달리, 심지어 이루어지리라는 확신조차도 갖지 못한 꿈들도 있었다.

20대 때 나는 꿈만 많은 청춘이었다. 한비야 작가의 세계여행기를 읽으며 '언젠가는' 나도 세상의 모든 아침을 맞고 싶은 소망을 가졌었다. 그리고 내 눈에 비친 아름다운 세상을 캔버스에 담아 보고 싶기도 했다. 외로웠던 젊은 날을 재즈음악이 위로해 줄 땐 '다음 세상에 다시 인간으로 태어난다면 재즈 가수가 되고 싶다'라고 현실을 부정적으로 바라보는 소망도 있었다. 내가 정한 가난이라는 한계 속에서 이 모든 건 '언젠가는 하고 싶다. 할 수 있을까? 어렵겠지….'로 끝났다. 절실함이 없었고 20, 30년 후를 내다보는 계획이나 다짐조차도 없었다. 내겐 이루어질 수 없는 먼 얘기일지도 모른다고 한계 짓고 있었다. 자존감은 바닥이었다. 밤새 써 내려간 깊은 우울의 청춘은 일기장에 갇힌 채 괴로워하고 있었다.

그러나 쳇바퀴 돌 듯 육아와 일에 치인 30대를 넘어 두 아들을 초등학교까지 입학시키고 나니 그 청춘의 한숨이 미련을 만들어 냈다. 내 안의 내가 꿈틀대기 시작했다. 지친 일상에서 여유를 찾고 싶을 땐 다른 작가들의 여행서나 여행다큐멘터리를 보며 대리만족을 했다. 멋진 그 모습들이 '언젠가는 떠나 보자'라는 막연한 희망으로 변하고 있었다. 지루한 차 안에서 이젠 아이들을 위한 동요나 학습을 위한 영어스토리 대신에 나를 위한 재즈음악을 틀었다. 내 안에서 차츰 나를 더 변화시켜야 한다는 목소리가 들렸다.

'빚의 구렁텅이에서 10년을 뒹굴었으면 됐다. 이제 빚 독은 비었으니 그 안에 나를 채우자!'

두 아들을 더 잘 키워야겠다는 생각에 육아책을 꾸준히 읽으니 아이들의 미래가 밝게 그려졌다. 여러 성공한 사람들의 책을 읽으며 그동안 내가 얼마나 부정적인 인간이었는지 깨달았다. 성공의 키를 잡는 순간이었다. 내 앞에 세상이 환하게 펼쳐졌다.

'이제는 긍정으로 40대를 다시 쓰자! 나는 아직도 청춘이며 나의 꿈들은 살아 있어!'

꿈의 크기 또한 한정할 필요가 없으며 마음껏 크게 꾸고 정성을 들여야 한다는 것도 알게 되었다. 결혼한 여자, 한 남자의 아내, 두 아이의 엄마 그리고 경제적인 궁핍은 나에게 더 이상 한계가 아니며 또 다른 축복이었다. 나는 20대, 30대보다 더욱 단단해졌고 좋아하는 것에 미쳐 보자는 열정도 생겨났다. '시간이 없다'는 말은 시간의 효율성에 대한 무지와 내 의지의 부재임을 김태광 작가의 《출근 전 2시간》이라는 책을 읽고서 알게 되었다. 나는 지금 새벽 4시에 나의 버킷리스트를 명상으로 끌어당기며 내 청춘을 열정으로 다시 쓰고 있다.

40대에 새로 찾은 나의 꿈!

- 사람들에게 삶의 가치를 심어 주는 작가와 강연가 되기
- 우리 가족이 세상의 아침을 맞으며 느낀 여행기 출간하기
- 평범한 아줌마의 재즈 즐기는 법을 담은 대중서 출간하기
- 우리 아들들 세상이 원하는 글로벌한 인재로 키우기
- 멋진 친구이자 꿈 파트너인 내 남편과 알콩달콩 행복하게 살기

나는 매일 이 버킷리스트들이 이루어진 상상을 하며 어제보다 나은 오늘, 오늘보다 나은 내일을 살 것이다. 이 꿈들에 하나씩 하나씩 또 다른 꿈들을 더해 가며 그 꿈들에 정성을 다하며 살 것이다.

'꿈과 열정이 있는 나는 행복하다!'

20

나의 꿈을 이루어 줄 기적의 책 읽기

- 이진아

책 쓰는 초등교사, 동기부여가, 희망 메신저

아이들과 소통하며 즐거운 수업을 하기 위해 매일 고민하고 노력하는 10년 차 초등교사다. 책, 음악, 미술, 여행, 배움을 사랑하고, 언제나 다방면에 관심이 많은 호기심쟁이다. 공동저서로 《또라이들의 전성시대2》가 있으며, 현재 개인저서를 준비 중이다.

• Email blacks2angel@naver.com • Blog blog.naver.com/blacks2angel

"언니는 부부싸움도 책으로 해결해?"

신혼 초 꿈같이 달콤할 것만 같았던 결혼생활이 내가 생각한 것과는 많이 다르다는 것을 알게 되었을 때 나는 절망할 수밖에 없었다. 운전하는 도중에도 눈물이 터져 나오던 그 당시의 나는 평생을 이렇게 살 수 없다는 생각에 무엇이든 붙잡을 것이 필요했다.

그러다 찾게 된 것이 책이었다. 게리 채프먼의 《5가지 사랑의 언어》, 최광현 작가의 《가족의 두 얼굴》, 이의용 작가의 《내 인생을 바꾸는 감사일기》를 읽으면서 나는 서서히 변하기 시작했다.

내 안에 존재하는 어린 자아의 상처를 보듬어 주고, 남편과 나의 다름을 인정하고 좋은 면만을 보기 위해 노력했다. 무엇보다 '가족과 함께 행복한 삶 살기'라는 나의 소망을 이루기 위해 부단히 애썼다. 어떤 이들은 부부싸움 후에 책을 읽으며 마음을 추스르는 나를 보며 신기하다고 했다. 하지만 나에게는 책 읽기야말로 문제를 해결하는 가장 빠른 방법이었다. 책 읽기는 부부관계뿐만 아니라 내 삶에도 많은 영향을 끼쳤다. 내 꿈을 이루기 위한 최고의 디딤돌이 바로 '책'이었던 것이다.

김수영 작가의《멈추지 마, 다시 꿈부터 써봐》. 지금도 생생하게 기억난다. 오랜만에 신문을 펼쳐 든 나의 시선이 히말라야를 등정한 여성의 사진이 크게 실려 있는 페이지에 머무르던 그 순간을. '73개의 꿈을 쓰고 세계에 도전한다'라는 타이틀로 소개된 김수영 씨의 사연을 꼼꼼하게 읽어 나가며 나는 알 수 없는 이끌림을 느꼈다. 그래서 김수영 씨에 대해 검색하게 되었고, 그녀가 곧 책을 출간한다는 소식을 접하게 되었다.

책을 읽으면서 나는 내 머릿속에 뭉게구름처럼 몽글몽글 뭉쳐 있던 내 꿈들에 대해 생각하게 되었다. 그리고 그녀처럼 내 꿈의 목록을 만들어 갔다. 일명 버킷리스트를 만들면서 내가 원하는 삶에 대해서 좀 더 구체적으로 생각하게 되었다. 그리고 그 꿈들이 하나둘씩 이루어져 가는 걸 볼 때면 마치 신기한 마법에 빠진 것만 같았다.

'호주에서 코알라 만져 보기'라는 꿈을 이루기 위해 망설이기만 했던 호주행 티켓을 끊었다. '컴퓨터그래픽스운용기능사 자격증 따기'라는 꿈은 '컴퓨터그래픽스운용기능사'뿐만 아니라 '웹디자인기능사', 'GTQ 포토샵1급' 자격증까지 획득할 수 있게 해 주었다. '내 이름으로 된 책 쓰기'라는 꿈은《또라이들의 전성시대 2》라는 공저로 그 시작을 알리게 되었다. 이루어진 꿈들 중 가장 특별한 것은 '서른 살에 엄마 되기'였다. 서른한 살이 되기 20일 전인 12월 11일에 아기를 출산하게 된 나는 버킷리스트의 기적을 몸소 체험했다. 이 밖에도 종이에 적힌 수많은 꿈들은 글자로 남아 있지 않고 현실이 되어 나를 행복하게 해 주고 있다.

그렇게 버킷리스트로 내 삶을 이끌어 가던 어느 날 김새해 작가의《내가 상상하면 꿈이 현실이 된다》를 읽었다. 그러면서 내 서재에 있는 모치즈키 도시타가의《보물지도》라는 책을 다시 꺼내 들게 되었다. 그 책을 보며 내가 원하는 삶을 시각화해 줄 수 있는 사진들을 찾기 시작했다. 그리고 일주일이라는 시간에 걸쳐서 나만의 보물지도를 완성하게 되었다.

보물지도에는 수많은 사람들에게 선한 영향력을 미치기 위해 강연하는 나의 모습과 근사하고 예쁜 나만의 작업실에서 글을 쓰고, 그림을 그리며, 노래하는 나의 모습이 붙여져 있다. 또한 뮤지컬 무대에서 나의 끼를 마음껏 발산하고, 온 가족이 스쿠버다이빙을 하며 세계를 여행하는 사진이 함께하고 있다. 다시 한번 버킷리스트와 보물지도를 점검하면서 나의 가장 궁극적인 꿈은 가족들과 함께 경제적, 시간적 자유를 누리는 것이라는 것도 깨달았다. '지금 이 정도면 그냥저냥 살 만하지'라며 현재의 삶에 안주하면서 스스로 한계를 짓는 바보짓은 하지 않으리라는 다짐도 하게 되었다.

오로지 악착같이 돈을 벌기 위해 노력하고, 사치하려는 마음이 아니다. 우리 가족의 꿈을 이루기 위한 도구로서 경제적 자유가 필요한 것이다. 꿈을 이루기 위해 하고 싶은 것을 하고, 갖고 싶은 것을 가질 수 있게 하는 힘이 돈이라는 것을 인정해야 한다. 그리고 돈을 소중히 여겨 내 편으로 만들어야 한다. 또한 가족과 보내는 시간과 나 혼자 누리는 시간을 소중히 여기는 나에게는 시간적 자유도 경제적 자유 못지않게 중요하다. 이 멋진 꿈들을 이루기 위해 매일매일 버킷리스트와 보물지도를 사랑스러운 눈길로 바라보며 머릿속으로 주문을 외운다. '모두 이루어져라, 얍!'

임원화 작가의 《한 권으로 끝내는 책쓰기 특강》. 도서관에서 대학원 입학시험을 준비하던 나는 잠시 쉴 겸 도서관 서가를 기웃거렸다. 그러다 운명처럼 어떤 책을 발견하게 되었고, 단숨에 그 책을 읽어 나갔다. 그러곤 중환자실 간호사였던 그녀의 책 쓰기에 대한 치열한 열망에 감동받은 나머지 작가가 활동하는 카페에 가

입까지 하게 되었다. 버킷리스트에 적혀 있던 '내 이름으로 된 책 쓰기'와 보물지도에 붙어 있는 '베스트셀러 작가가 되어 사인회를 하고 있는 내 모습'이 이젠 이루어질 차례라고 속삭이는 것 같았다. 그런 강렬한 이끌림에 홀려 〈한책협〉의 〈1일 특강〉을 듣게 되었고, 공동저서 활동에 참여하게 되었다.

초등학교 교사이면서 블로거 생활을 하다 보니 이런저런 일로 글을 쓴 적이 많았다. 하지만 책을 내기 위해 글을 쓴 적은 처음이었다. 새벽 5시에 일어나 고요한 가운데 책을 쓰기 위해 타닥타닥 치는 타자 소리를 듣고 있으려니 '지금 이 순간이 현실인가' 하는 생각마저 들게 되었다. '책 쓰기'라는 꿈은 뭔가 좀 더 준비가 되고, 경험이 많이 쌓이고 전문가가 되어야 이룰 수 있는 줄로만 알았다. 그런데 이렇게 빨리 이루어질 줄이야. 비록 공동저서이지만 지금의 첫걸음을 시작으로 빠른 시일 내에 나만의 책이 세상에 나올 것 같은 기분 좋은 생각이 든다. 지금도 두 번째 공저의 원고를 쓰고 있으니 점점 더 꿈에 가까워짐을 느낀다.

큰 창 너머로 푸르른 나무들이 보이는, 직접 인테리어한 근사한 작업실 책상에 앉아 따뜻한 코코아를 마시면서 내 이름으로 된 세 번째 책을 쓰고 있을 내 모습을 상상한다. 그 책을 가만히 들여다보면 내가 그린 그림과 직접 찍은 사진들도 수록되어 있다. 《꿈꾸는 다락방》의 이지성 작가도 초등학교 교사 시절 자신이 원하는 모습을 생생히 상상했다고 한다. 그 결과 베스트셀러 작가로서 승승장구하고 있다. 책을 쓴다는 것은 특별한 사람만이 할 수 있는 일이 아닌 특별해질 사람만이 해낼 수 있다는 것을 임원화 작가를 통해 알게 되었다. 그래서 오늘도 나는 멋진 작가가 된 내 모습을 상상해 본다.

수많은 책들이 내 가치관과 인생을 바꿔 놓았다. 아이의 마음을 읽어 주고 이해하기 위해 서천석 교수의 《하루 10분, 내 아이를 생각하다》를 읽었다. 서점에서 우연히 발견한 이석현 작가의 《돈 버는 취미 사진》을 보고 스톡사진으로 소소한 용돈도 벌고 있다. 또한 엠제이 드마코의 《부의 추월차선》은 부에 대한 내 머릿속 한계를 없애 주었다. 쨍쨍의 《여행이 그대를, 자유롭게 하리라》는 아이와 함께할 여행에 대한 영감을 주었다. 우리 가족이 서로를 배려하고 사랑하면서 경제적, 시간적 자유를 누리며 더 행복해지도록 무수히 많은 책들이 자신을 읽어 달라며 기다리고 있다. 책과 함께 성장하게 될 나의 눈부신 미래가 기다려진다.

21

돈으로 살 수 없는 나의 꿈에 도전하기

- 박주연

대학교 영어강사, 기업 영어강사, 영어코치, 자기계발 작가

프랑스 및 미국 University of North Carolina at Chapel-hill 대학을 졸업했다. 대한민국 영어교육부문 대상 수상, EBS 외국어 강좌부문 강사 등의 다양한 경력이 있으며 여러 대학의 초청을 받아 강연했다. 미국 주립대, 연세대, 고려대 외 다수 대학과 신라호텔 외 다수 기업에서 영어강사로 활동 중이며 프리랜서 통·번역가로도 활발하게 활동하고 있다. 저서로는 《토익스피킹 DNA》가 있으며 현재 개인저서와 공동저서를 준비 중이다.

• Email jpark82699@naver.com • Cafe cafe.naver.com/bluegraytfh80
• C·P 010.7529.7719

'꿈은 있지만, 어떤 노력도 도전도 시도하지 않은 잠꾸러기에게….'

도전하고, 시도하자! 꿈은 쉽게 이루어지지 않는다. 쉽게 이루어지는 꿈은 없다. 꿈을 포기할 수밖에 없는 상황일지라도 결코 꿈을 포기해서는 안 된다. 당신이 할 수 있는 최선을 다하자! 언젠가 당신이 꾸고 있던 꿈이 당신의 삶에 찾아올 것이다.

사람들은 묻는다. 어떻게 이 많은 것을 다 할 수 있었느냐고.

나는 강의하는 것을 사랑한다. 열정적으로 강의할 때 시간 가는 줄 모른다. 난 지칠 줄 모르는, 꿈이 많은 강사다. 게다가 학생들의 성적이 오르고 만족하는 모습을 보면 강사로서 책임감과 보람을 느낀다. 사실 나에게는 달란트가 있는데 바로 '말을 잘하는 능력'이다. 목소리가 예쁘다는 말을 많이 듣곤 한다. 목소리 하나로 대학 강의를 멋지게 진행하고, 온라인 영상강의도 자신감 있게 진행한다. 이 점에 있어 부모님께 감사드린다.

몇 년 전, 고려대학교 외국인 교수님 30명을 모시고 '학생들을 어떻게 가르쳐야 하는가?'에 관한 영어강연을 했었다. 처음 강의 제의를 받았을 때는 '내가 과연 할 수 있을까?'라는 두려움이 앞섰다. 그러나 막상 영어강연을 하면서 외국인 교수님들이 극찬하고 긍정적인 평가를 내리자 자신감을 얻게 되었다. 그러곤 한발 더 나아가 대한민국의 최고의 영어전문가가 되자는 소망을 갖게 되었다.

영어책을 출판한 후 3년에 걸쳐 나의 인생은 빠르게 변화되었다. 현재 《토익스피킹 DNA》의 저자로, 공동저서를 쓴 작가로, 강연가로 활동하고 있다. 더 나아가 대학교와 대기업의 1:1수업 및 임원진 수업을 맡고 있다. 감사하게도 최근 EBS 외국어강좌 듣기 영역에서 영상 강좌를 촬영했다. 오후에는 마이스터 고등학교에서 영어를 즐겁게 강의하고 있는 영어강사다. 또한 프리랜서 통·번역가로서 나의 꿈에 한 걸음 더 다가가고 있다. 오늘도 꿈을 향해 전진하고 있는 것이다.

대우건설 김 과장님, 스위스계 회사의 배 과장님, 그 밖에 영어에 관심이 많은 임원진분들에게 1:1 및 그룹으로 강의하고 있다. 심지어 내가 영어강사라고 말씀드렸더니 유명 연예인 MC분께서도 영어공부를 잘하고 싶다며 내 전화번호를 물어보았다. 어떻게 하면 영어를 잘할 수 있는지 고민이라고 토로하면서. 그분들의 고민은 한결같이 영어를 잘하는 것. 그것이 목표고 꿈이었다. 그리고 나는 현재 그분들을 최선을 다해 돕고 있다.

나 역시 어릴 때부터 꿈이 있었다. 외국 명문대학을 졸업하고, 영어를 유창하게 말하는 것이었다. 그 꿈은 내가 여덟 살이 되던 해에 생겼다. 위층에 새로 이사 온 미국의 금발머리 소녀가 나에게 늘 질문했다. "Where are you from?", "What is your name?" 외국인을 처음 보게 된 나는 마냥 신기하기만 했다. 파란 눈에 금발머리를 한 그 친구가 얼마나 예뻐 보이던지. 말을 걸고 싶었지만 영어를 몰랐던 난 그 친구와 대화할 수 없었다. 그때 결심하게 되었다. '언젠가 영어를 유창하게 말하고 말 거야'라고. 그리고 지금 그 꿈은 현실이 되었다.

나는 평생소원이었던 유학의 꿈을 이루기 위해 어렵게 아버지를 설득했다. 그리하여 만 16세 때 프랑스 파리에서의 1년을 거쳐 미국으로 유학을 가게 되었다. 그렇게 기쁠 수가 없었다. 매일 프랑스어와 영어로 수업을 받을 수 있다는 현실이 나를 행복하게 만들었다.

어느 날이었다. 생각지 못한 위기가 찾아왔다. 마지막 4학년 학비를 보내 주실 수 없다는 아버지의 전화였다. 당장 2주 후에 학비를 내야 했는데 아버지가 그 이야기를 너무 늦게 말씀해 주신 것이다. 기간이 너무 촉박했던 탓에 나로서는 학비를 벌기 위해 아르바이트를 해야겠다는 엄두조차 나지 않았다. 하지만 꿈을 포기할 내가 아니었다. 미국의 아이비리그(하버드·예일·프린스턴 등)는 어마어마한 학비로 유명한 데 비해 비아이비리그 명문대인 우리 학교 채프힐의 등록금은 그나마 저렴했다.

나는 이때부터 작든 크든 미국에 있는 모든 은행들의 문을 두드리기 시작했다. 동양에서 온 소녀, 박주연-Julie Park, 코리안인 나에게 대출을 해 달라고. 하지만 이구동성으로 하는 말은 "우리가 동양인인 네게 왜 대출을 해 주어야 하느냐?"라는 것이었다. 가는 은행마다 거절당하니 낙심이 밀려왔다. 무모한 도전이었을까…. 그런 내가 안타까웠는지 한 분이 대출을 받을 수 있는 학교의 재정관련부서로 가 보라고 하셨다.

지푸라기라도 잡는 심정으로 재정관련부서로 달려가 한 직원분을 만날 수 있었다. 그분은 열변을 토하는 나의 사정을 쭉 듣더니, 고개를 끄덕였다. 나를 돕고 싶다며 내가 이 상황을 해결할 수 있는 딱 한 가지 방법이 있는데 해 보지 않겠냐고 물었다. 당연히 나의 대답은 "Yes"였다. 해답은, Salli Mae라는 회사를 통해 미국인 보증인을 세우면 된다는 것이었다. 말은 쉬워 보였다. 하지만 과연 누가 나를 위해 3,000만 원이 넘는 내 학비의 보증을 서 줄 수 있을지 의문이 들었다.

그러나 나는 결코 좌절하지 않았다. 칠전팔기의 정신으로, 죽기 아니면 까무러치기로 내가 아는 모든 미국인 가정의 집 문을 두들기고 또 두들겼다. 자초지종 내 사정을 이야기하면서. 기적적으로, 문을 두드리다 만난 나의 천사 'Mrs. Stanley'께서 나의 학비의 보증인이 되어 주셨다. 뿐만 아니라 필요하면 본인 차를 마음껏 쓰라며 자동차 열쇠까지 내 손에 꽉 쥐어 주셨다. 꿈같은 현실이, 말도 안 되는 상황이 내게 벌어졌다. 도무지 꿈인지 생시인지 믿기지가 않아 볼을 꼬집었다. 이 상황에 정말 감사했다. 그 밖에도 에피소드가 정말 많다. 산전·수전·공중전까지 꿈을 이루기 위해 겪은 이야기를 쓰자면 너무도 많다.

최근 내가 인상 깊게 보았던 방송에 유럽 최연소 앱 개발자 조던 케이시가 출연했다. 그가 한 말이 참 기억에 남는다. "꿈이 있다면 따르세요. 나이는 장벽이 되지 않아요." 그가 요즘 내게 도전장을 던진다. 나이를 뛰어넘어 앱 개발이란 멋진 꿈으로 성공한 어린 소년. TED에서 강연도 하며 자신과 같은 나이 또래의 유럽 학생들에게 나아가 전 세계 사람들에게 꿈을 심어 주는 이 소년을 보며 큰 감동을 받았다. 그렇다. 나이는 장벽이 되지 않는다. 내가 가지고 있는 꿈이 나이를 뛰어넘는다!

내가 가장 먼저 이루고 싶은 것의 목록을 적어 보았다. 꿈에 우선순위를 매기고, 우선순위별로 꿈에 하나씩 하나씩 도전한다! 과연 이 꿈을 적는 나의 3~5년 후는 어떤 모습일까? 기대가 크다!

첫째, 내가 출간하는 저서를 단 한 권이라도 베스트셀러로 만들기

둘째, 대한민국 최고의 영어 강사·전문가로서 영어를 잘할 수 있는 특급 비법 컨설팅해 주기

셋째, 책 100권 쓰기

넷째, 대형서점에서 사인회 하기

다섯째, TV 라디오에 출연하기

이 글을 쓸 수 있는 것에 감사함이 크다. 이렇게 컴퓨터 앞에 앉아서 글을 쓸 수 있는 행복은 아마 글을 써 본 자만이 느낄 수 있지 않을까. 나의 인생 제3막에는 더욱더 의미 있는 글을 쓰는 사람으로 살고 싶다.

최근, S대학원 MBA 수업을 비롯해 여러 곳에서 통역하면서(주한대사관, 필리핀 차관, 유엔 각국 대사, 보건복지부 국립재활원 통역 등등)

또 다른 꿈이 생겼다. 내가 요새 새로운 매력을 느끼고 있는 일은 바로 이 통역 일이다. 강의하는 것도 즐겁지만 통역하는 것은 강의와는 또 다른 즐거움을 준다. 통역이 끝나면 틈틈이 영문 번역도 한다. 영어와 관련된 모든 일들이 내 심장을 뛰게 한다.

백 번의 다짐보다 한 번의 행함이 소중하다. 늦었다고 생각할수록 목표를 세밀하게 세우고 준비해야 한다. 그러다 보면 '최소의 시간으로 최대의 결과를 만들 수 있는', 돈으로 살 수 없는 꿈이 현실이 될 것이라 믿어 의심치 않는다.

리처드 바크는 이렇게 말했다.

"우리가 무언가를 하고 싶다는 것은 우리에게 그 일을 할 능력이 있다는 뜻이다."

22

대한민국 최고의 부동산 경매투자 강연가 되기

- 김서진

'한국경매투자협회' 대표, (주)W 인베스트 대표이사, 부동산 투자그룹 서진 회장, 한서대학교 외래교수

부동산 투자분석 실무전문가이자 공·경매투자가다. 공·경매투자 경험을 바탕으로 20~30대 젊은 직장인들에게 실전 투자 노하우를 체계적으로 가르치고 있다. 공·경매를 통한 투자뿐만 아니라 부동산 임대사업과 기업 강연에 이르기까지 다양한 주제로 활동 중이다. 네이버 카페 〈한국경매투자협회〉에서 교육 프로그램을 운영하고 있으며 부동산 경매로 자동화 시스템을 만드는 노하우를 전수하고 있다. 저서로는 《돈이 없을수록 부동산 경매를 하라》 외 1권이 있다.

- Email hkuniv@naver.com
- Cafe hkuniv.co.kr
- Blog hkuniv.kr
- C·P 010.6637.2358

"나와서 발표해 볼 사람 손들어!"

학창시절, 나는 늘 선생님의 시선을 피하기에 급급했다. 뿐만 아니라 사람들 앞에 나가 말하는 것 자체에 공포심이 컸다. 말수가 적은 데다 자신감은 바닥을 달리는 아이였다. 특히 국어 과목이 가장 싫었는데 시를 읊거나 문장의 속뜻을 해석해야 하는 일은 그야말로 고통이었다. 대학을 졸업하고 사회생활 초기까지 이런 상황은 이어졌다. 클라이언트에게 브리핑을 하는 일은 나에게 커다란 심리적 압박감을 안겨 주곤 했다.

부동산 경매 교육을 처음 시작하면서 부산 '경매 콘서트'에서 강연을 하게 되었다. 실수하지 않으려고 며칠 동안 강연할 내용을 외운 기억이 생생하다. 그 후로 크고 작은 강의와 프레젠테이션을 수없이 하게 되었다. 그 과정에서 깨달은 것은 틀리지 않으려고 할수록, 멋져 보이려고 할수록 사람들의 공감대와는 멀어진다는 것이다.

실제 대본을 외워서 했던 강연은 만족도가 현저히 떨어졌다. 중요한 것은 나의 노하우를 가감 없이 쉽고 재미있게 전달하는 것이다. 교육의 목적 또한 일방적인 가르침이 아니라 절로 고개가 끄덕여지는 깨달음을 주는 데 있다는 것을 알게 되었다. 그 이후로 대본 없이 참석한 사람들의 연령층에 따라 전달하는 언어의 수준을 조절하기 시작했다. 그리고 강연이 반복될수록 두려움과 공포는 사라져 갔다.

2017년 5월, 여의도 CGV에서 2시간 동안 강연하게 되었다. 100여 명의 사람들이 가득 들어찬 영화관은 당시 경매에 대한 관심이 얼마나 뜨거운지 말해 주었다. 기업에서 진행했던 다소 딱딱한 분위기가 아닌, 영화를 관람하듯 가볍게 즐기고 갈 수 있는 강연이 되었으면 하는 바람이었다. 경매에 관련된 다양한 사례들을 스토리로 엮어 설명했고 질의응답 시간을 가지며 소통하려고 노력했다. 요즘에는 삼성동 무역센터에서 대기업 퇴직자분들을 대상으로 일반 부동산 컨설팅과 부동산 경매 교육을 정기적으로 실시하고 있다.

매번 같은 교육이 되풀이되지만 참석자들의 분위기에 따라 말하는 순서나 뉘앙스, 제스처들이 달라진다. 다소 무겁고 침체된 분위기일 경우 지식 전달보다는 가벼운 이야기부터 시작한다. 점심식사 후 졸릴 만한 시간에는 실습을 통해 분위기를 살린다. 강의를 하면서 느낀 점은 내가 전달하고자 하는 내용만 얘기하면 끝나는 것이 아니라는 것이다. 단지 내가 준비한 말을 다 했다고 해서 끝나는 것이 아니라 받아들이는 입장에서 어떻게 이해했으며 얼마만큼 받아들였는지가 중요하다.

나는 무엇이든 단순한 것을 좋아한다. 말하는 내용도 단순하고 집중하는 목표도 단순하다. 20세기에 유행했던 미니멀리즘을 사랑할 정도다. 커뮤니케이션에서도 미니멀리즘은 절실하다. 상대방에게 너무 많은 것을 전달하려고 하다 보면 정작 중요한 내용이 무엇인지 방향을 잃어버리기 쉽다. 메시지는 단순하고 간결해야 한다. 그래야 쉽게 머릿속에 또렷이 자리 잡힌다. 하지만 이런 단순함에도 약점이 있다. 폭넓은 대인관계를 형성하는 데 치명적인 단점이 될 수 있다는 것이다. 낯선 사람들과의 만남에서 서먹한 분위기를 풀어내기 위해서는 군더더기가 많은 수다도 필요할 것이다.

"하루하루를 인생의 마지막 날처럼 살아라. 그러면 언젠가는 의인의 길에 서 있게 될 것이다."

이 명언에 감명을 받은 한 사람이 있었다. 바로 아이폰과 아이패드를 전 세계에 보급한 애플의 창립자 스티브 잡스다. 그는 17세 때 이 명언을 듣고 50세가 될 때까지 매일 스스로에게 물었다고 한다. '지금 하려고 하는 일을 할 것인가?'라는 질문에 만약 '아니요'라는 대답이 나온다면 다른 것을 해야 한다고 생각했다.

1년 전, 한 번도 도전할 엄두조차 내지 못했던 꿈을 그렸다. 바로 1,000명이 넘는 사람들 앞에서 나의 경험과 투자에 대한 스토리를 2시간 동안 강연하는 것이다. 나는 매일매일을 마지막인 것처럼 치열하게 살고 있다. 다른 사람과 경쟁하지 않았다. 단지 오늘 해야 할 일에만 집중했다. 그렇게 준비하다 보면 기회는 늘 살며시 내 곁으로 찾아왔다. 40대 중반으로 치닫고 있는 지금이 나에게는 마지막 기회라고 생각하고 최선을 다할 것이다.

대부분의 사람들은 약점을 감추려고 애쓴다. 약점을 극복하려는 노력보다 감추는 것이 더 쉽기 때문이다. 인생에서 스펙을 쌓는 일보다 더 중요한 것은 나만의 진짜 무기를 만드는 것이다. 무기를 갈고닦는 데는 꽤 오랜 시간이 필요하다. 그저 바로 코앞의 미래에 집착하는 것은 '단견(短見)'이다. 시간을 갖고 내가 가진 장점과 단점을 어떻게 활용할 것인지 생각해 봐야 한다.

말수가 적던 내가 사람들과 소통할 수 있었던 비결은 많이 들고자 하는 성격에 있었다. 말이 없다 보니 상대방의 말에 맞장구를 쳐 주며 들어 주는 시간이 많았다. 단순하게 말하다 보니 내용의 본질도 정확히 전달되었다. 누구나 단점은 있다. 하지만 단점을 이용해 보려고 시도하는 사람은 많지 않다. 나는 나만의 방법으로 나만의 무기를 만드는 데 전력을 다하고 있다. 강의를 통해 더 많은 경험을 쌓고 투자를 통해 더 많은 노하우를 쌓아 가고 있다. 직장인들에게 동기부여를 해 주는 메신저로 거듭나는 것이 수많은 꿈들 중 하나다.

당신에게 묻고 싶다.

'지금 하려고 하는 일을 할 것인가?'

23

꿈 너머 새로운 꿈을 꾸기

- 지승재

'약선당 한의원' 원장, '뇌과학육아연구소' 대표, 뇌과학 육아 강사, 육아 상담 코치, 청소년 학습 상담 코치, 청소년 동기부여가, 2017 서울교육멘토, '박문호의 자연과학세상' 이사

한의사로 일하면서 4차 산업혁명 시대에 올바른 육아는 어떤 모습일지 고민한다. 뇌과학과 15년 임상 노하우를 바탕으로 최적의 육아법을 집필, 강연, 코칭, 컨설팅하고 있다. 또한 청소년 특강을 통해 '열정' 동기부여가로 활동하고 있으며, 육아 학교 'brainphilo academy'를 설립하여 세계적인 부모교육 기관으로 키우고자 한다. 저서로는 《보물지도10》, 《또라이들의 전성시대2》 등이 있다.

- Email wlehfud76@hanmail.net
- Blog blog.naver.com/fantasy96
- Cafe www.brainphilo.com
- C·P 010.8792.1075
- Kakaotalk wlehfud76

중학생 때의 나의 꿈은 한의사였다. 그리고 25년이 지난 지금 한의사로 살고 있다. 그런데 다시 반문한다. '내가 100% 원하던 꿈이었나?'라고 말이다. 아마도 내가 원하는 모습의 삶보다는 부모님의 기대, 담임선생님의 기대, 지인들의 기대 등이 나를 여기로 이끈 느낌이 든다. 물론 지금 한의사 일을 잘하고 있고 즐기고 있기도 하다. 내 천직으로 생각할 정도로 말이다. 앞으로도 시간이 지나면 지날수록 더 잘하고 있을 것이다. 하지만 40대가 된 지금 다른 뭔가를 해 보고 싶은 마음이 꿈틀거린다.

그 이유는 내가 일을 하면서 느꼈던 즐거움과 행복이 어디서 왔는지 알기 때문이다. 바로 사람과의 대화다. 대화를 통해 사람의 마음이 바뀌고 생각이 바뀜을 느낄 때 희열을 느낀다. 바뀌는 주체에는 상대방뿐만 아니라 나도 포함된다. 인간의 뇌는 사회생활을 위해 진화했다. 다른 사람의 마음을 알기 위해 발전했다는 말이기도 하다.

일의 특성상 수험생, 직장인, 사업가, 어린이, 노인 등 각계각층의 사람을 만나는 행운을 갖는다. 묻고 대답하는 과정에서 사람들의 처한 상황과 마음을 이해할 수 있는 시간을 갖는다. 15년째 이 일을 하니 사연을 듣고 있으면 이렇게 하면 해결되겠다는 비책이 떠오를 때도 있다. 대화를 통해 공감하고 나의 해법을 전달하는 데 큰 매력을 느꼈고, 내 경험과 노하우를 살려 이루고 싶은 꿈이 생겼다.

첫 번째 꿈은 육아학교를 설립하는 것이다. 학생과 학부형을 직접 만나면서 대한민국 교육체계의 생생한 문제점을 보게 된다. 천편일률적인 초등, 중등, 고등, 대학과정을 보낸 아이들을 기다리는 건 기약 없는 취업준비생이다. 게다가 4차 산업혁명을 운운하는 현실임에도 교육은 동일하다. 인공지능과 직업을 놓고 경쟁해야 하는 아이들에게 대입을 위한 국어, 영어, 수학을 가르치는 것이 시대 흐름에 맞는 것인가 생각해 본다. 나도 아이를 키우는 입장이라 아이들을 어떻게 교육해야 할지 많은 고민을 하고 있다. 한 가지는 분명하다. 지금 시행되는 것들을 피해 가야 한다는 것이다.

아이가 태어난 기쁨과 어떻게 키워야 하나의 걱정은 모든 부모가 맞닥뜨리는 딜레마다. 많은 육아서와 교육학 책들이 있지만 우리 아이에게 딱 맞는 책은 존재하지 않는다. 유독 내 아이만 별나게 느껴지는 것은 나만의 고민이 아니다. 경험에 의해 뇌세포가 발달하기 때문에 각기 다르게 성장하는 것이다.

선천적인 것은 어쩔 수 없다 하더라도 후천적인 능력은 발전시킬 기회가 있다. 뇌 발달은 임계시기를 갖기 때문이다. 임계시기는 특정 행동을 습득하는 데 있어 최고의 효율을 갖는 때를 의미한다. 예를 들어, 언어 습득은 12세까지가 임계시기다. 12년 안에 언어 자극에 노출되어야 말을 할 수 있다. 기능에 따라 이 기간이 짧기도 하고 성인까지 지속되기도 한다. 이때 적절한 자극을 주고 아이의 반응을 살펴야 한다. 그리고 기다려야 한다. 그러면 아이들은 기대 이상의 능력을 발휘하고 발전해 간다.

그런데 지금은 기저귀를 찰 때부터 고등학교를 졸업할 때까지 학원 교육을 받기 때문에 아이들의 개성이 사라진다. 기나긴 대입 준비에 의해 감정이 메마르고 의욕이 사라진다. 초등학생만 되어도 영·유아기 때처럼 처음 보는 물건을 눈이 휘둥그레져서 쳐다보는 집중력과 관심은 이미 없다. 아이들의 피곤하고 졸린 눈과

축 처진 어깨만 있을 뿐이다. 학부형을 붙잡고 교육법, 공부법을 설명해 봤지만 당장 눈앞의 중간, 기말고사를 위해 학원에 보낼 수밖에 없다고 한다. 현실의 벽을 뛰어넘기가 참 힘들다.

그래서 아이를 육아할 때부터 어떻게 하는 것이 좋은지를 교육해야 함을 느꼈다. 앞에서 말한 육아학교는 바로 엄마 아빠를 대상으로 한 것이다. '아이들에게 어떤 자극을 주어야 하나?' 혹은 '아이들의 욕구를 어떻게 끌어낼 것인가?'를 진지하게 고민해야 할 때다. 특성을 잘 이해해야만 내 아이를 잘 키울 수 있다. '무엇을 머리에 넣을 것인가?'보다 '아이가 표현할 수 있는 상황을 어떻게 만들어 갈 것인가?'를 고민해야 한다. 이런 노하우가 곧 육아학교에서 공개될 것이다.

두 번째 꿈은 부자가 되는 것이다. 구체적으로 3년 안에 자산 30억 원이 목표다. 그 이유는 경제적 자유를 통해 시간의 자유를 얻고 싶기 때문이다. 40대에 들어오면서 정말 시간이 빨리 가는 것을 느낀다. 하고 싶은 일이 많기에 시간이 점점 아깝다는 생각이 든다. 많은 부모들에게 육아법을 강의하기 위해서는 시간의 확보가 필요하다. 시간을 효율적으로 쓰기 위해 경제적 자유가 필요함을 강렬히 느낀다.

부자의 꿈을 이루기 위한 롤모델이 있다. 바로 〈한책협〉의 김태광 대표 코치다. 그는 200여 권의 저서와 책 쓰기 코칭을 통해 많은 작가들을 키워 냈다. 람보르기니를 타는 작가로도 유명하다. 단지 많은 부를 얻었다는 것만으로 모델로 삼고자 함은 절대 아니다. 그는 유산을 받은 적도, 로또에 당첨된 적도 없지만, 20년 동안 200여 권의 책을 지독하게 써낸 결과 100억대 자산가의 위치에 올랐다. 한 가지 일을 집중력과 지구력을 잃지 않고 지속한다는 것이 쉽지 않음은 누구든지 알고 있을 것이다. 꿈을 향한 그의 끊임없는 노력과 의지 그리고 간절한 소망을 배운다. 힘든 역경이 와도 오히려 이를 기회로 삼는 열정을 본받고 싶다. 그 강한 열망을 롤모델로 삼고자 한다.

세 번째 꿈은, 내 이름을 브랜드화하는 것이다. '지승재'라는 이름을 들으면 '육아학교'를 떠올리게 말이다. 이를 위해 뇌과학과 육아를 주제로 한 책을 곧 출간할 예정이다. 큰애가 태어났을 때의 기쁨과 동시에 밀려왔던 육아에 대한 부담감을 털어 내기 위해 많은 일을 했다. 그중 하나가 뇌과학을 공부한 것이다. 뇌과학이 육아에 완전히 접목됨은 두말할 필요가 없다. 육아 자체가 우리 몸의 모든 신경회로를 이해하는 것과 같다. 뇌를 이해하면 육아가 수월해진다. 말 못하는 아기들을 훨씬 잘 이해할 수 있다. 그리고 건강하고 똑똑하게 그리고 충분히 감성적으로 키우는 것이 가능하다.

뇌의 발달에 따라 아이들에게 적정한 자극을 주어야 하는 것도 중요하다. 그리고 더 중요한 것은 아이들의 반응을 기다려 주는 것이다. 즉, 뭔가 하고 싶다는 느낌을 아이 스스로 가질 수 있다면 부모가 아이의 미래를 위해 걱정할 것은 더 이상 없다고 생각한다. 자발적 동기는 성취가 빠르다. 충분히 성취감을 느끼면 다음 그리고 그다음을 설계해 가면서 살아갈 수 있다. 나만의 생각으로 써 나가는 내 인생이 있다면 얼마나 행복할까? 내 아이들이 그런 멋진 인생을 살았으면 한다.

네 번째 꿈은 강철 체력을 갖는 것이다. 육아학교 설립, 강연, 집필 그리고 한의원 진료 등등의 일을 해내려면 엄청난 힘이 필요하다. 지금 이대로라면 일을 중간에 포기해야 할지도 모른다. 체력을 키우기 위한 가장 기본은 뛰는 것이다. 그래서 마라톤 풀코스 완주를 목표로 운동을 시작하려 한다.

둘째 아이가 태어나기 전 3개월 동안 10km를 뛰는 연습을 했었다. 주 2회였지만 몸의 균형이 잡히고 웬만한 일에는 지치지 않을 정도로 체력이 향상되는 것을 느꼈다. 3개월이 지나니 50분 내에 소화할 수 있을 정도가 되었다. 10km 코스 대회에서 1위를 하는 사람들의 기록이 30분대라고 하니 조금 더 연습량을 늘려야 한다. 3~6개월 꾸준히 연습한다면 기록 단축이 가능할 것이다. 이를 밀어붙여 2018년에 풀코스에 도전하는 것이 목표다.

어릴 때 꿈은 이루어졌다. 나름대로 보람을 갖고 잘해 나가고 있지만 내 가슴이 시키는 일들이 새롭게 생겨나고 있다. 일을 하면서, 다른 사람들과 만나면서 사람들이 바뀌고 내가 바뀌는 변화에 희열을 느낀다. 메신저의 삶을 꿈꾸는 것이다. 다가올 미래 사회에 대한 걱정보다 어떻게 대비해야 할까에 대한 해답을 육아에서 찾았다. 어릴 때부터 교육을 어떻게 하는 것이 인간의 욕구를 살려 가며 능동적인 사람으로 키울 수 있는지에 대한 생각을 많은 부모들과 공유하고 싶다. 육아학교 설립을 목표로 하는 이유다. 이를 위해 더 열정적으로 나를 단련하며 살아가겠다. 꿈을 넘어 더 큰 꿈을 꿔 본다. 저자, 강연가, 메신저, 코치의 삶을 살아가는 꿈 말이다. 그리고 나를 향해 다짐한다.

'나는 3년 안에 멋지게 해낸다! 파이팅!'

꼭 이루고 싶은 나의 꿈 나의 인생 2

24-33

최현정 이미경
김영숙 이채명
정인성 김유나
정성원 서명식
신상희 강동혁

24

대한민국 1호 위로 전문가 되기

- 최현정

Im&im 대표, '최현정감정조절연구소' 대표, 위로 전문가, 청소년 상담사, 직업코칭 전문가, 자기계발 작가, 강연가

한때 위기청소년으로 삶과 죽음의 기로에서 방황하며 살았다. 놓치고 싶지 않은 꿈을 만나서 인생의 진정한 가치를 배운 뒤 어려움을 겪는 이들을 위로하고 있다. 자신과 더불어 많은 사람들을 밝고 빛나고 풍성하게 살아갈 수 있도록 진심으로 돕고자 한다. 성공은 감정에 달려 있음을 알리기 위해 '최현정감정조절연구소'를 설립했고, 감정과 관련한 개인저서를 준비 중이다.

- Email julreyet@gmail.com
- Blog blog.naver.com/julreyet
- Cafe cafe.naver.com/rosianet
- Instagram hyunjung.rosia
- Facebook hyunjung.rosia

"내가 당신을 위로해 드릴게요. 위로만큼은 저에게 맡기세요. 저는 대한민국 1호 위로 전문가 최현정입니다."

2017년 10월 나의 꿈 목록을 다시 수정하고 나서 좋아하는 정장을 꺼내 입었다. 화장도 하고 머리도 단정히 한 뒤 거울을 보며 오프닝 멘트를 연습한다. 미국에는 오프라 윈프리가 있다. 그리고 대한민국에는 최현정이 있다.

어려운 가정환경은 성공으로 향하는 데 장애물이라고 생각했었다. 그러나 오프라 윈프리의 과거를 듣게 된 날 그 생각을 백팔

십도 바꾸게 되었다. 오프라 윈프리의 삶에는 희망이라고는 찾을 수가 없었다. 이혼가정과 흑인이라는 선입견 속에서 성폭력까지지도 당했다. 그 와중에 임신을 해서 미혼모의 삶까지 살았다. 약물에 의존하지 않고서는 도저히 삶을 이어 갈 수가 없었다. 그녀는 차라리 죽는 게 나을 것 같다는 생각에 죽음을 결심하고 자살 시도도 몇 번이나 했었다. 하지만 삶이 윈프리를 놓아 주지 않았다. 그녀는 살아 내기로 마음먹었다. 살아 있음에 진심으로 감사하고, 매일같이 감사 일기를 썼다.

"오늘은 소스가 정말로 맛있는 토마토 스파게티를 먹었어요. 감사합니다."

윈프리의 감사 일기를 보는 순간 눈물이 핑 돌았다. '시련을 겪어도 포기하지 않는다면 결국 성공을 만들어 내는구나….' 나 역시 감사 일기를 쓰며 하루하루를 살아가고 있었다. 희미하게 상처가 남아있는 나의 두 손목을 살며시 어루만졌다. 잠깐 느슨하게 잡고 있었던 나의 꿈을 놓칠세라 다시금 손에 힘을 꽉 주었다.

나는 놓치고 싶지 않은 나의 꿈을 집필하면서 네 번째 꿈을 이루고 있는 중이다.

2001년 열아홉 살, 가정폭력에 시달리던 나는 독립하여 한 평 남짓한 고시원 생활을 하고 있었다. 그 당시 광화문 서점에서 나폴레온 힐의 《놓치고 싶지 않은 나의 꿈 나의 인생》이라는 책을 만났다. 책을 읽어 내려가는데 심장이 터질 것 같았다. 투 잡, 쓰리 잡까지 하면서 지독하게 살았던 20대였다. 그때 만들어 놓은 사명선언서는 나의 일기장 맨 앞과 드림보드 벽면에 붙어 있다.

1. 나는 나의 비전과 경험담, 성공을 이루는 요소들을 빠짐없이 기록해 두고, 이를 책과 강연으로 전파할 것이다.
2. 나는 신념과 꿈이 담겨 있는 책을 출판한다.
3. 나는 진정한 마음으로 봉사를 한다.
4. 나는 나 자신을 지배한다.
5. 나는 오늘을 마지막처럼 살 것이다.

그때의 사명선언서가 지금의 나를 있게 만들었다. 사명선언을 한 이후에도 매서운 삶의 폭풍은 나를 무인도에 데려다 놓았다. 때로는 어두컴컴한 동굴에도 갇히게 되었다. 하지만 나는 결코 움츠러들지 않았다. 20대 후반이 지나고 최현정이라는 이름으로 나의 삶을, 생각을 표현할 때면 사람들은 나에게 다가와 손을 잡아 주거나 안아 주거나 위로의 말을 아끼지 않았다.

"진짜 고생했다. 책만 쓰면 되겠네. 책 써라. 너의 이야기를."

그래서 쓰고 있다. 나의 이야기, 나의 책을 말이다. 개인저서를 집필하면서 공동저서의 기회 역시 찾아왔다. 그것도 나의 인생의 길잡이가 되어준 책의 제목으로 말이다. 나 역시 누군가의 꿈이 되고 싶다. 그들의 꿈 동지가 되어 주기 위해 책을 쓰고 있다.

위기가정에서 방황하는 청소년기를 보냈다. 가난이라는 핑계로 내 꿈을 외면해야 했다. 부모님의 험난한 삶은 갓 스무 살인 나에게 신용불량자라는 경험도 제공했다. 경제적으로 겪을 수 있는 위험들은 다 겪은 듯했다. 어머니는 뇌출혈로 쓰러지셨으나 기적같이 살아나셨다. 삶의 매 순간이 마치 드라마와도 같았지만 그럼에도 나는 포기하지 않고 살아 냈다. 마음속에 품은 꿈과 하나뿐인 남동생이 나를 살게 했다.

나는 책을 읽으며 닥치는 대로 모든 것을 공부했다. 무언가에 몰두하지 않으면 삶의 고단함이 나를 찾아내곤 했다. 성공한 사람들을 책으로 혹은 강연으로 접하면서 나도 그들처럼 되기를 꿈꿨다. 이미 이룬 것처럼 당당하게 한 걸음 한 걸음 당차게 걸었다.

나는 유아교육, 청소년교육, 관광학을 공부했고, 현재 전문가로 살아가고 있다. 눈빛이 반짝이고 사랑 많은 세 아이들과 나를 목숨과 같이 사랑하는 남편과 행복하게 살고 있다.

내 청소년기의 방황을 돌아보며 그들과 함께 하기로 마음먹고 시작한 공부는, 결국 나를 치유하기도 했다. 세 아이를 직접 키우면서 많은 결핍 속에 자란 최현정도 다시금 보듬어 주고 사랑해 줘야 했다. 그리고 이제는 내가 아닌 다른 이들까지 위로하리라는 생각을 하게 되었다.

나는 욕심이 많았다. 승부욕이 있어 이기지 못하면 속이 아프고 며칠을 힘들어할 정도였다. 그만큼 감수성이 예민했고 상상력도 풍부해서 그저 홀로 생각만 하면서 밤을 지새운 적도 많았다. 그런 나에게는 글을 쓰는 것이 가장 쉬웠다. 쉴 새 없이 떠오르는 상상을 정리하면 그것이 곧 글이 되었다. 학창시절 글쓰기와 관련된 상은 모두 내 차지였다. 나는 상상으로 살아왔다. 힘든 삶의 각본이 쥐어졌던 과거의 나에게 행복한 미래에 대한 상상이 없었다면? 내 삶 역시 끝났을 거란 상상을 해 본다.

나는 작가다. 내가 글을 쓴다는 건 숨을 쉬는 것처럼 자연스러운 일이다. 나의 상상은 나를 움직이는 나의 전부다. 내가 상상하는 것들이 살아나서 생명의 옷을 입고 독자에 의해 재탄생된다.

또한 나는 강연가로도 살아가고 있다. 지금껏 항상 앞에 나가서 이야기했고, 강연하거나 교육하기 위해 강단에 설 때 긴장감에 목이 타 들어갈 것 같다가도 강단에 오르는 순간이면 내 안에 평온이 찾아온다. 나를 바라보고 있는 사람들의 눈빛이 좋다. 온몸에 전율이 흐르고 카타르시스를 느낀다. 사람들이 나의 말에 공감하며 고개를 끄덕인다. 그때는 많은 사람들이 같은 상상을 하며 같은 공간에서 하나 됨을 경험한다.

이제는 내 삶에서 고생은 끝이라고 생각하고 산다. 그래, 진짜 끝이 났다. 그동안 나를 힘들게 했던 그 고통은 다른 이를 도울 수 있는 경험적 자산이 되었다. 그래서 적어도 나와 같은 경험을 한 사람에게는 진심으로 위로의 말을 전할 수 있다. 물론 내가 건넨 위로를 받아들이는 것은 상대방의 마음에 달려 있다. 하지만 진심이 전해지는 위로의 말은 그들의 마음에 살포시 안착하여 생명을 불어넣을 수 있다.

죽음이 줄 수 있는 평안함보다 삶을 살아 내면서 겪는 기쁨이 더 크다고 자신 있게 말할 수 있다. 청소년에게 혹은 아이를 키우는 주부들에게, 사업에 실패한 누군가가 있다면 나는 진심으로 위로해 줄 수 있다. 앞으로도 나는 우리나라의 사람들을 위로할 것이다.

대한민국 1호 위로전문가로서 오프라 윈프리를 만날 것을 그려 본다. 나는 약속했다. 나를 믿어준 누군가에게 그리고 나를 보며 위로를 삼을 누군가에게 이 말을 전하고 싶다.

"힘들고 슬픈 삶으로 힘드셨나요? 제 마음에 당신만의 나무를 만들어 놓을게요. 언제든 쉴 수 있는 아주 크고 편안한 나무예요. 당신의 마음에 공간이 생기면 옮겨 가도 괜찮아요. 오늘도 살아 내느라 애썼어요. 고마워요. 당신은 누군가에게 참 소중한 사람이니까요."

25

부를 동반한 직장인의 메신저 되기

- 이미경

직장생활 코치, 직장생활 동기부여가, 직장생활 희망멘토

현재 공무원으로 재직 중이다. 37년간의 직장생활을 통해 얻은 경험과 노하우를 바탕으로 후배들에게 동기를 부여해 줄 수 있는 직장생활 멘토·강연가를 꿈꾸고 있다. 저서로는《보물지도9》가 있다.

올해 들어 두 번째 병원생활이 시작되었다. 병원생활은 정말 모든 생활을 피폐하게 만든다. 먼저는 심한 얼굴통증으로 병원 신세를 졌다. 거의 한 달간을 입원했었다. 벚꽃이 흐드러지게 피는 초봄에 병원생활이 시작되었다. 퇴원할 때쯤에는 온 산이 파스텔톤의 옅은 녹색으로 물들어 있었다. 나는 병명도 모르는 통증을 견디며 내외적으로 많이 성숙해졌다.

두 번째 병원생활은 온 산야가 예쁜 단풍으로 울긋불긋 물들어 가는 가을에 시작되었다. 아버지께서 폐암 진단을 받아 입원생활을 하게 된 것이었다. 아버지 본인은 아직 모르시는 상황이다. 여동생하고 둘이 교대로 밤을 지새운 지 10여 일. 이젠 고통스러워하시는 모습을 지켜보는 것도 너무 아프고 힘겹다. 거의 열흘간을 계속해서 검사 중이니 정말 안타깝기 그지없다. 폐가 안 좋으시니 호흡도 힘드시고 사방에 관을 삽입하고 있으니 자세가 너무 불편하셔서 고통스러워하신다.

환자나 간호하는 사람이나 밤을 지새워야 한다. 차라리 내가 아팠던 쪽이 나았다는 생각이 든다. 나는 얼굴에 온통 고름이 끼어 정말 죽을 만큼 아프면서도 잘 참아 냈다. 아이들을 바라보면 아프다는 내색을 할 수 없어 많이 참았던 기억이 새삼 아리게 다가온다. 아버지는 17년 전 엄마를 먼저 천국으로 보내셨다. 그동안 당신이 못 해 드린 것만 되뇌시며 많은 눈물을 흘리고 사셨다. 그런데 인생의 마지막 순간까지 이렇게 아프고 고통스러우셔야 하는 건지, 그 생각을 하면 마음이 너무 아프다.

나는 앞으로 2년 후면 퇴직한다. 그래서 그동안 소홀히 했던 효도를 다하리라 마음먹었다. 아버지께서 좋아하시는 맛집 투어, 좋은 옷 사 드리기 등 호강시켜 드리려고 많은 것을 계획했다. 원하시는 대로 모두 해 드리려고 했는데 저렇게 편찮으셔서 너무 가슴이 아프다. 시골에서 자란 나는 부모님의 소원대로 교사는 못 되었지만 공무원이라 부모님 모두의 자랑이었다. 나 역시 안정된 직장만 있으면 시간 가는 대로 월급 오르고, 연금 오를 것이니 언젠간 진정 자유로운 생활을 할 것이라고 여기며 살아왔다.

그러나 올해 초 퇴직이 눈앞에 다가오니 왠지 불안한 생각이 들었다. 다른 분야의 명장이나 명인들은 10년이나 20년간 한 가지 기술을 익히면 누구도 범접할 수 없는 훌륭한 기술인들이 된다. 그러나 나의 직업인 공무원은 40년이 다 되도록 근무해도 허무하기만 했다. 누구나 할 수 있는 문서 지시에 따라 업무를 처리할 뿐이다. 나는 나름대로 퇴근 후나 주말에 자기계발을 한다고 다양한 분야의 독서나 강연을 들으러 다녔다. 하지만 남는 것은 없고 시간이 흐를수록 허탈감만 남았다. 그래서 올 초부터 구체적이고 적극적으로 퇴직 후에 할 일을 연구했다. 이럴 때 나의 오감을 자극하는 책 한 권을 발견했다. 임원화 작가의 《한 권으로 끝내는 책쓰기 특강》이었다.

그녀는 저서에서 "직장생활을 하며 월급이 꼬박꼬박 나올 때 자기계발을 하며 돌파구를 찾고 나만의 무기를 갈고닦아야 한다. 나만의 이야기를 만든 뒤에 '책'을 써서 스스로를 브랜딩하는 것이 일반인이 접근할 수 있는 안전하고도 빠른 최상의 방법이다. 지식과 경험을 나누는 메신저로서의 소명을 가지고 새로운 시스템에 맞춰 나아갈 수 있다면 당신은 세상의 유일무이한 1인 기업가가 될 수 있다."라고 했다.

이 얼마나 내가 갈망하던 책이란 말인가? 20대 초반부터 직장생활을 하면서 40대 중반부터 많은 시련을 겪었다. 공무원이면서 구조조정도 당해 보았다. 40여 년을 다니다 보니 많은 풍파가 있었다. 그럴 때마다 억울하고 힘들었던 나의 경험을 책으로 한번 써 보고 싶었다. 그러면 가슴이 후련해질 것 같았다. 그러다가 우리나라 여러 곳을 여행하면서부터는 퇴직하면 포구 기행 에세이도 써 봐야지, 하며 작가의 꿈을 가지게 되었다. 그러나 치열하게 직장생활을 하면서 글을 쓰기란 쉽지 않았다. 모든 꿈을 퇴직 후로 미루며 차근차근 자료들을 모아 준비하고 있었다.

임원화 작가의 책을 읽으면서 〈한책협〉이라는 카페를 알게 되었다. 카페에 가입하고 들어가 보니 거기에는 신세계가 펼쳐져 있었다. 내가 오랫동안 꿈꾸던 작가가 되는 길이 거기에 있었다. 책 쓰기에 입문하기 전에 〈책 쓰기 1일 특강〉을 신청해 들었다. 6시간 동안 나의 꿈을 생각하며 혼자 희열을 느꼈다. 이제라도 나의 꿈이 이루어지려나 보다, 라고 생각했다.

〈한책협〉에는 신과 같은 존재 김태광 대표 코치가 있었다. 한 장의 프로필을 가지고 개인의 장점을 찾아 주고 세상을 바라보는 관점을 바꿔 주며 작가로서의 자신감을 심어 주는 모습을 보고 있노라면 정말이지, 신 같았다. 특강 중간에 상담을 요청하고 〈책 쓰기 과정〉에 등록했다. 천군만마를 얻은 듯, 나는 벌써 저자가 된 것처럼 감동했다. 의욕이 앞서 금, 토, 일요일을 모두 〈한책협〉

에서 의식을 확장하며 작가로서 살을 찌워 나가고 있었다.

나는 마음이 여려 남의 말에 잘 휘둘리는 편이다. 무슨 일이든 이성적으로 판단하는 여동생의 눈에는 이런 점이 마뜩지 않아 보였는지 내게 핀잔도 자주 하곤 했다. 그런데 〈1일 특강〉을 들으면서 나에게는 미래를 설계하는 일이나 꿈을 계획하는 일에 관해서는 목표를 향해 밀고 나가는 추진력과 아무리 힘들다 한들 버텨 내는 지구력이 있다는 걸 깨달았다. 김태광 대표 코치와 임원화 수석 코치를 믿고 따라가며 책 쓰기 과정을 이수하는 동안 나의 꿈 근육이 단단해지는 것을 느꼈다. 이제는 40여 년의 직장생활을 정리하며 나의 꿈을 향해 한 발 한 발 전진해 가는 중이다.

지금까지는 스스로에게 많은 한계를 짓고 나를 작은 세상에 가두며 살았다는 생각을 많이 한다. 〈한책협〉의 꿈맥들을 보며 나는 과거에 흘려 보낸 시간들이 너무 아깝다는 생각을 자주 한다. 조금 더 일찍 시야를 넓히며 살았어야 했는데, 라는 후회가 든다.

〈한책협〉의 꿈맥들은 어떻게 20대 초반부터 본인들의 꿈을 찾아 스마트하게 살아갈 수 있었던 걸까? 어린 꿈맥들에게서 많은 것을 배운다. 나 또한 이제부터라도 직장 후배들이 나와 같은 전철을 밟지 않도록 코치해 주는 멘토 역할을 하고 싶다.

브렌든 버처드의 《메신저가 되라》에는 이런 문장이 나온다.

"누구든 인생을 살아가면서 뭔가를 먼저, 혹은 뛰어나게 성취한 경험이 있다. 그 과정에서 배운 교훈은 다른 사람들에게 도움이 되며 소중하다는 점을 기억하라. 아픈 가족을 돌보는 법, 블로그를 만드는 법, 체중을 관리하는 법, 연설을 잘하는 법 등 (중략) 차분하게 앉아서 이때까지 살아오면서 배우고 경험한 모든 것의 목록을 작성해 본다면 당신은 자신이 매우 많은 것을 알고 있다는 사실을 깨닫게 될 것이다. 어쩌면 그 목록의 길이를 보고 놀랄지도 모르겠다. 당신은 이미 '성과 기반 메신저'다. 성과 기반 메신저란 이미 어떤 것을 '경험해 보고 성취해 본' 사람이며 이제 그것을 다른 사람들에게 가르칠 수 있는 사람을 말한다."

이 글은 나에게 많은 것을 생각하게 했다. 그리고 자신감을 가지게 했다. '나도 잘할 줄 아는 게 많은데…' 하며 구체적으로 꿈을 각인해 본다. 공무원 생활을 한 40여 년 동안 직장 동료나 후배들에게 모범이 될 수 있도록 노력하며 살아왔다. 또한 사이사이에 독서나 문화생활을 하며 나름대로 최선을 다해 지식을 쌓아왔다고 자부한다. 직장생활을 하며 겪은 모든 경험이 메신저의 밑거름이 될 것이라고 믿는다.

흔히들 '직장생활만 해서는 평생 부자로 못 산다'라는 말을 한다. 하지만 나는 이 말에 고개를 끄덕이고 싶지 않다. 나는 퇴직할 무렵이나마 '책 쓰기'를 통해 많은 독서와 공부를 시작했다. 부동산 공부, 주식 공부 등을 하다 보니 직장에 다니면서도 얼마든지 부를 창출할 수 있다는 것과 더불어 경제적 자유가 삶을 윤택하게 한다는 진리를 깨달았다.

요즘은 직장인들도 부를 누리기 위해서 부동산 투자, 경매, 주식 등 다양한 시스템에 뛰어들어야 하는 시대다. 나는 오랫동안 직장생활을 한 선배로서, 직장에만 의지하면 안 된다고 강조하고 싶다. 언젠가는 그만둬야 할 날이 오기 때문이다. 이제부터는 직장인들도 꿈을 하나씩 키워 가며 평생 현역으로 살아갈 계획을 세워야 한다. 오늘날을 흔히 '100세 시대'라고 한다. 퇴사 후 제2의 인생을 화려하게 맞이하려면 현직에 있는 바로 지금, 틈새시간 활용에 최선을 다해야 한다.

나는 이제부터라도 직장인들이 평생 활용할 지식과 부를 축적하며 보람 있는 직장생활을 할 수 있도록 도와주는 멘토 및 메신저가 되고 싶다. 직장인들도 얼마든지 부자로 잘살 수 있다는 확신을 심어 주고 싶다. 부를 창출할 나만의 방법을 찾는 것이 빠르면 빠를수록 진정한 인생의 자유인이 된다는 것을 강조하고 싶다. 부를 동반한 직장인의 메신저로 살아갈 나를 꿈꿔 본다.

26

부동산 월세 수입으로 여유로운 노후 보내기

- 김영숙

교육행정 공무원, '덧셈육아연구소' 대표, 워킹맘 육아 멘토, 직장인 글쓰기 전문가, 자기계발 독서 전문가, 자기계발 작가, 동기부여가

엄마 경력 9년 차로 두 아이를 키우는 평범한 워킹맘이다. 현재 아이들과 공감대를 형성하고 아이들의 롤모델이 되기 위해 열심히 공부하고 있다. 저서로는 《내가 두 아이를 키우면서 배운 것들》과 공저 《미래일기》, 《부모님께 꼭 해드리고 싶은 39가지》 외 5권이 있다.

• Email iamgod100_@naver.com • Blog blog.naver.com/iamgod100_
• Cafe cafe.naver.com/cubeadvice

며칠 전 신문을 통해 《과로노인》이라는 책을 알게 되었다. '평생 단 한 번도 제대로 쉬지 못한 보통사람들의 정해진 미래'라는 부제목이 내게 충격으로 다가왔다. 여태까지 나는 막연하게 '직장생활을 하면서 열심히만 살면 나중에는 편안한 노후를 살겠지' 라고 단순하게 생각하면서 살아왔다. 그러나 이 책은 보통사람인 우리의 미래를 적나라하게 파헤친다. 아니, 알고 싶지 않을 만큼 심하게 표현하고 있다. 책에는 죽기 전까지 일하지 않고는 살아갈 수 없다는 이야기가 나오는데 남의 이야기가 아니었다. 바로 보통

사람인 나의 미래였다.

나는 젊었을 때 열심히 일했지만, 자식을 키우느라 노후를 준비하지 못한 사람들을 많이 봤다. 그들은 심지어 젊었을 때보다 노년에 더 힘들게 산다. 아이들이 어렸을 때는 교육비에 쓰느라 모을 틈이 없고, 아이들이 다 자라 결혼할 때가 되면 살고 있는 집을 줄여서 전셋집이라도 마련해 주고자 한다. 노후 준비를 하려야 할 수가 없는 상황이 되고 마는 것이다. 그쯤 되면 선택의 여지가 많지 않다. 파지를 줍는다든지, 전철 택배 배송업무를 한다든지 그도 아니면 편의점에 취직해 생활비를 벌어 근근이 살아가기 바쁘다. 편하게 쉬어야 할 시기에 부족한 노후 자금 때문에 고용시장으로 다시 내몰리고 있는 현실이다. 최근 보험연구원의 보고서에 따르면 은퇴 전 중산층이던 가구의 52.9%가 빈곤층으로 이동한 것으로 분석됐다고 한다. 이것이 우리나라 직장인들의 미래이다. 은퇴 후 직장에서 받던 월급이 끊기고 노후 준비도 하지 못한, 이 시대를 살아가는 직장인들의 미래의 모습이다.

직장에 다니면서 근로소득만으로 생활할 경우, 은퇴하고 나면 노후가 불안해진다. 사람은 경제적인 자유가 있어야 진정한 의미의 자유를 가졌다고 말할 수 있다. 돈이 없다면 나의 시간을 근로소득으로 바꾸는 방식으로 살아갈 수밖에 없다. 경제적으로든 시간적으로든 여유롭게 보내야 할 노후에 고용시장으로 향해야 하는 아픔을 겪게 된다.

이제는 편히 쉬고 싶은데도 경제적인 여건으로 인해 그럴 수 없다. 경제적으로 어렵다는 것은 자유가 없다는 것을 의미한다. 나이 먹어서 편하게 쉴 자유, 노후를 여유롭게 누릴 수 있는 자유가 없다는 것이다. 자본주의 사회는 한마디로 돈이 있어야 살아갈 수 있는 세상이다. 그래서 누군가는 '자본주의'를 '자돈주의'라고도 말한다.

나는 직장에 다니면서 열심히 저축하기만 하면 돈은 자연스럽게 모을 수 있다고 생각했다. 자본주의 사회에 살면서도 금융지식이라고는 하나도 알지 못했다. 남들이 주식이나 펀드를 하며 수익을 낼 때도 나는 오로지 원금 확보를 해야 한다는 원칙을 가지고 저축만을 고수했다. 그 당시에는 부동산이나 주식을 하는 사람이 이해가 되지 않았다. 주식이나 부동산은 경제 상황에 따라 돈을 벌 수도 있지만 원금마저 확보하기 어려운 불확실성이 싫었다. 난 무조건 원금 확보가 중요했기 때문이다. 이자가 많든 적든 투자한 돈만큼은 확보하자는 생각이었다.

나는 주변 사람들이 원룸이나 다세대 주택을 가지고 있는 것을 부러워하지 않았다. '관리하려면 힘들고 머리 아프겠네'라고 생각했을 뿐이었다. 현재까지도 나는 경제 개념 없이 살고 있다. 남들은 동탄 2신도시나 광교에 아파트를 분양받을 때 나는 그쪽은 거들떠보지도 않은 채 언니가 살고 있는 같은 라인의 아파트를 샀다. 여기에 집을 사는 것은 다들 미친 짓이라고 했지만 나의 귀에는 들리지 않았다. 직장생활을 하는 나에게는 긴급한 상황에서 도움을 받을 수 있는 언니가 있어 천만다행이라고 생각했기 때문이다.

그러나 불과 몇 년 되지 않았는데 광교나 동탄 2신도시의 집값은 최소 억대 이상 올랐다. 그제야 나도 이대로 있으면 안 되겠다는 생각이 퍼뜩 들었다. 나는 마음이 다급해져서 하루라도 빨리 부동산시장에 뛰어들어야 할 것 같은 느낌이 들었다.

나의 미래도 지금의 상황으로서는 보통의 다른 사람과 다르지 않다는 보장이 없기 때문이다. 지금 상황에서 나도 노후에 경제적인 여유를 누리면서 살아갈 뾰족한 방법이 없다. 지금처럼 월급받아 사는 시스템으로는 도저히 답이 나오지 않는다. 현재도 버는 돈보다 나가는 돈이 더 많은 상황인지라 노후를 준비하기는커녕 매달 근근이 살아가고 있는 실정이기 때문이다.

상황이 이렇다 보니 부동산에 투자할 수 있는 돈은 더더욱 없었다. 그러던 중 로버트 기요사키의 《부자아빠 가난한 아빠》를 읽게 되었다. 거기에서 로버트 기요사키가 자기 돈을 들이지 않고 부동산을 사고팔아서 이익을 남기는 내용을 접하게 되었다. 내 돈이 아닌 남의 돈으로 투자를 한다는 자체가 신선한 충격이었다. 카드 대금도 돈이 있으면 결제일이 되기 전에 미리 납부하곤 했던 나로서는 대출을 한다는 것은 상상도 하지 못했다.

부동산 투자는 돈 많은 사람이나 하는 것으로 생각했다. 그래서 부동산에 더 관심을 갖지 않고 살게 되었던 것 같다. 그런데 이 책을 통해서 부동산 투자는 꼭 내 돈을 가지고 하는 것이 아니라는 유연한 생각을 할 수 있게 되었다.

다들 부동산으로 돈을 버는 시대인데 어떤 사람은 실행을 하고 어떤 사람은 알면서도 실행하지 않는 이유는 뭘까? 아마도 그건 부동산으로 돈을 벌 수 있으리라는 확신이 없고 실행할 용기가 부족하기 때문인 것 같다. 요즘 나는 부동산으로 돈을 벌 수 있다는 확신을 가지고 행동에 옮기고 있다.

부동산 공부를 하면서 나는 수익형 부동산으로 월세를 받으면서 노후를 여유롭게 살아가고 싶다는 꿈이 생겼다. 월세 2,000만 원을 받으면서 여행도 다니고, 경제적 시간적 자유를 누리는 것이다. 그동안 고생한 나에게 멋진 벤츠를 선물하고 멋진 차를 기대하고 있는 남편에게도 원하는 차를 선물해 주는 명품 인생을 살아가고 싶다.

21세기에는 노동력으로 확보한 근로소득만으로 사는 데 한계가 있다. 기하급수적으로 오르는 물가를 월급으로는 따라잡을 수 없기 때문이다. 직장생활을 하면 월급이 나오지만 직장을 다니지 않으면 더 이상 돈이 들어오지 않는다. 그렇기 때문에 우리는 한 살이라도 젊을 때 돈을 벌어들이는 시스템을 만들어야 한다. 그 시스템이 구축되면 내가 일하지 않더라도 꼬박꼬박 돈이 들어온다. 그러기 위해서는 나만의 머니트리를 만들어야 한다. 내가 하루에 단 한 시간을 일하더라도 돈이 들어오고 설사 일을 하지 않더라도 고정적인 수입을 가져다줄 돈나무 말이다. 나는 나만의 머니트리를 부동산으로 만들었다. 결국 나는 부자라 불리며 월세 2,000만 원을 받아 노후를 여유롭게 보내는 사람이 될 것이다.

27

꿈 친구 1,000명 만들기

- 이채명

'행복드림연구소' 대표, 동기부여 강연가, 새터민 인생코치, 자기계발 작가

2004년 탈북한 새터민이다. 고향을 떠나 절망 속에서도 희망의 끈을 놓지 않은 결과 지금은 자유의 땅 대한민국에서 하고 싶은 일, 꿈 너머 꿈을 꾸고 있다. 자기계발 작가로, 1인 기업가로, 사람들에게 희망을 전하는 동기부여가로 행복한 삶을 살아가고 있다. 나아가 희망학교 설립을 목표로 하고 있다. 인생의 빅픽처를 그려 갈 사람들에게 희망을 주고자 강연, 코칭 프로그램을 준비 중이다. 저서로는 《내 생애 단 한 번 희망을 가지다》, 《보물지도10》, 《또라이들의 전성시대2》 등이 있다.

- Email success1734@naver.com
- Blog blog.naver.com/lee2005ok
- Cafe cafe.naver.com/jymspc

내 마음이 안내하는 길을 용기 내어 걸어왔더니 나의 꿈이 하나씩 이루어지고 있다. 작가, 강연가, 1인 기업가, 코치. 이 모든 것은 현실이 되어 가고 있다. 행동이 아닌 생각에만 그치면 그것은 꿈이라고 할 수 없다. 시간이 지나면 생각은 희미해지기 때문이다. 그래서 꿈은 늘 생각날 때 바로바로 행동해야 한다. 2017년은 나의 꿈, 나의 인생을 찾은 기적 같은 해였다. 나는 간절하게 원하는 꿈을 종이 위에 쓰고 행동으로 옮겼다.

나는 고향인 북한에서 20년 넘게 살았다. 북한에서는 꿈과 희망에 대해 들어 본 기억도 없었고 내 꿈이 무엇인지조차 알 수 없었다. 신처럼 받들어야 하는 김 부자 가정. 모든 것이 김 부자의 가정을 중심으로 이루어지는 독재 체제에서 꿈은 감히 상상할 수 없었다. 아직도 지구상에 자유가 없는 나라가 존재하는 것이 안타까운 현실이다. 나는 지금 대한민국 자유의 땅에 와서 나의 꿈을 하나씩 이루어 가고 있다. 처음에는 평범한 삶을 선택하기도 했다. 하지만 자본주의 경쟁사회에서 평범함은 누구나 원하는 것이었다. 그래서 나는 평범함이 아닌 또 다른 모험을 선택하고 싶었다. 지금까지 늘 그래 왔듯이 나는 외진 길, 남들이 가지 않는 길을 선택했다. 목숨을 걸어야 하는 탈북뿐만 아니라 중국에서 라오스를 거쳐 한국에 오기까지 힘든 장벽이 끊임없이 내 앞을 가로막았다. 높은 장벽이 막아서도 나는 오직 장벽을 넘어설 방법만을 생각했다.

지치고 힘든 순간이 찾아올 때면 잠시 그 자리에 앉아서 인생은 정말 힘들다는 생각도 해 봤다. 부모 형제에 이어 자식까지, 내가 사랑하는 모든 사람들과 이별해야 하는 기로에 섰을 때도 나는 늘 앞으로 한 걸음 전진하는 길을 선택했다. 이러한 선택은 나를 강하게 만들어 주었다. 때로는 삶을 포기하고 싶은 생각도 들었지만 그때마다 내게 찾아온 것은 죽음이 아닌 삶이었다. 스물한 살의 어린 나이에 상상을 초월하는 비극 같은 삶이 나를 덮쳤을 때도 정신력 하나로 버텼다. 죽음 아닌 삶을 선택하기 위해 내가 지켜야 할 것은 오직 정신력 하나뿐이었다. 강한 정신력이 아니었다면 나는 벌써 우울증으로 세상과 이별했을지도 모른다.

처음 한국에 왔을 때 나는 그냥 내 앞에 주어진 일을 하며 안정적으로 살길 원했다. 그렇지만 안정적인 삶은 나에게 아무것도 줄 수 없다는 것을 깨달았다. 그래서 내 꿈에 한 걸음 더 다가가게 되었고 지금은 그 꿈을 하나씩 이루어 가고 있다. 꿈이란 오로지 나의 노력으로 이루어 내는 것이다. 목표를 가지고 내 꿈과 함께 앞으로 나아갈 때만이 또 다른 세상과 길이 보인다. 할 수 있다는 용기와 자신감을 가지고 세상이라는 큰 무대로 나아갈 때만이 내 안에 잠자고 있는 또 다른 나를 깨울 수 있다.

인생은 모험이라고 했다. 오로지 도전할 때만 꿈 친구가 생기고 같은 곳을 바라보는 사람들과 함께 세상을 뚜벅뚜벅 걸어가게 될 것이다. 한낮 커피숍에 앉아 자신이 아닌 남을 평가하고 시기·질투해서는 결코 발전할 수 없을 것이다. 자신을 지켜 주는 꿈과 함께라면 누구나 오늘보다 더 멋진 내일을 살아갈 수 있다. 자신의 꿈에 날개를 달고 용기 있는 행동을 이어 나간다면 그것이야말로 최고의 오늘을 살아가는 힘이다. 과거에 내가 살아왔던 하루하루가 모여 현재가 된다. 오늘 잠자리에 들면서 지난날의 나의 모습을 떠올려 보자. 지난날의 안 좋은 습관들이 오늘날까지 이어진다면 과감히 그 습관들을 버려야 한다. 그리고 새로운 나, 즉 자기 자신을 찾아 떠나야 한다.

현재를 살고 있는 우리의 모습은 진정한 자신의 모습이 아니다. 항상 누군가의 시선을 의식하고, 내가 아닌 다른 사람이 나를 어떻게 생각할까 괴로워하며 행동하는 모습 말이다. 하지만 지금 우리에게 이런 모습은 이미 습관이 되어 버렸다. 끌어당김이 아닌 밀어냄으로 늘 자신의 삶을 방치하고 있다. 그러면 삶은 어디론가 계속 달아나려 하고 내 옆에 머무르지 않는다. 내가 좋아서 찾아온 나의 삶을 외롭게 하지 말자. 꿈과 희망을 안고 늘 긍정적으로 생각하자. 꿈을 이루는 과정에서 힘든 일이 생길 때마다 "나는 할 수 있다.", "나는 할 수 있다."라고 외쳐 보자. 내 꿈을 이루는 과정에서 누군가의 따가운 눈총을 받아도 그것을 상처로 생각하면 안 된다. 그러면 괜히 주눅이 들고 세상에 나아갈 용기가 없어지게 된다. 누군가의 찌르는 듯한 말 한마디가 나를 더 성장시켜 준다. 우리 함께 이제 꿈을 가져 보자.

내가 원하는 정상이 있다면 정상을 향해 한 걸음씩 나아가면 된다. 마치 등산하는 사람이 정상이라는 목표를 향해 묵묵히 걸음을 옮기는 것처럼 말이다. 꿈도 그렇다. 내가 이루고자 하는 것이 있다면 목표를 정하고 행동하면 된다. 그것이 꿈이다. 꿈은 갓 태어난 어린아이와도 같다. 아이가 태어나면 엄마의 세심한 손길이 하나하나 필요한 것처럼 꿈도 마찬가지다. 갓 태어난 나의 꿈에 새로운 엄마가 되어 보면 어떨까. 꿈을 따뜻하게 품어 주고 키워 준다면 꿈은 자라서 보석처럼 소중한 자식이 되어 줄 것이다.

나는 내 꿈을 하나씩 키우고 있는 과정에 이 글을 쓰게 되었다. 실제 이루어지는 것을 눈앞에서 보면서 꿈은 내가 노력하면 반드시 이루어진다는 것을 100%, 아니 그 이상 공감하게 되었다. 그래서 나는 '꿈 친구 1,000명 만들기 캠페인'을 벌여 그들과 함께 꿈을 키워 갈 것이다. 꿈이 있는 사람이라면 누구나 함께 서로를 응원하는 꿈의 푸른 숲을 만들고자 한다. 누군가 이 책을 읽으며 새로운 꿈이 생긴다면 용기 내어 도전하길 바란다. 누가 봐도 미쳤다고 할, 또라이라고 할 정도의 큰 꿈을 가져라. 자신만의 인생지도를 그려라. 그러면 당신의 인생 2막에는 정말 멋진 삶이 펼쳐질 것이다. 꿈을 이루기에 너무 늦은 나이는 없다는 말도 있다.

나는 강연장에서 70세 되신 분들이 자신의 꿈을 당당히 키워가는 모습을 자주 본다. 정말 멋진 삶이 아닌가. 그러니 누구라도 당당하게 자신만의 숨겨진 경험과 노하우를 전하는 꿈과 희망을 가져라. 내가 누군가의 꿈이 되고, 또 그 사람이 또 다른 누군가의 꿈이 된다면 이것이 바로 우리가 살아가는 희망이다. 꿈이 나에게 어떤 질문을 할 때 당당히 대답할 수 있는 사람이 되자. 꿈과 나라는 현실 사이에서 균형을 잃지 않고 명확한 목표를 세우는 것이 중요하다.

우리는 항상 할 수 있는 것 그 이상도 이룰 수 있다. 단지 내 마음의 불안한 감정이 그것을 막고 있을 뿐이다. 감정이 불러오는 두려움을 깰 수 있는 용기를 키운다면 어떤 두려움도 이겨 낼 수 있다. 꿈의 현실 속에 들어가서 다시 한번 자신만의 꿈을 찾길 바란다. 꿈을 찾기 위해 먼저 무엇을 해야 할까? 바로 나 자신이 누구인지를 아는 것이다.

거울 속에 비치는 자신의 모습을 볼 때 당신은 어떤 생각을 하는가? 여자라면 그냥 예쁘게, 남자라면 멋지게 보이려 하는 것이 아닌, 진정 마음속 자신을 들여다볼 수 있어야 한다. 그냥 세상이라는 곳에 태어난 존재라서 살고 있다고 생각하면 삶에 아무런 성장이 없다. 꿈으로 자신의 인생을 디자인하고 그것을 현실화해서 멋진 삶의 주인공이 되자. 깨지기 쉬운 작은 꿈이 아니라 한 번 깨져도, 깨진 조각을 다시 주워 모을 수 있는 큰 꿈을 가져 보자. 자신에게 '할 수 없다'는 한계를 짓지 말고 뭐든 할 수 있다는 자신감을 가져라. 꿈을 향해 나아가는 사람들과 함께 어울리며 동행하길 바란다. 겨울에도 늘 푸른 소나무처럼 우리의 꿈도 늘 푸르고 풍성하게 가꾸어 가자.

오늘도 나는 '꿈 친구 1,000명 만들기 캠페인'이란 나의 꿈을 이루기 위해 끊임없이 나 자신과 싸우고 있다. 꿈을 향해 가는 길에서 잠시 하는 방황은 아름다운 방황이다. 꿈이 있어 행복하고, 꿈이 있어 멋진 인생을 살아갈 것이다.

28

생각한 대로 말한 대로 글로벌 아티스트 리더 되기

- 정인성

'마인컴퍼니' 대표, 예술가, 여행가, 자기계발 작가, 동기부여가

국내외 기업들과 함께 상품 개발·디자인을 하는 회사에서 디자이너 겸 대표로 재직 중이다. 딸이 큰 꿈을 꾸기를 바라는 마음에서 계획한 '딸과 함께 세계여행 하기' 프로젝트를 5년째 계속하고 있다. 또한 긍정적인 생각과 말로 내면 의식을 바꾸는 것을 목표로 하는 '리치마레 아카데미' 설립을 준비하고 있다. 현재 도전과 희망이라는 키워드로 개인저서를 집필 중이다.

• Email richmare@naver.com

2018년 1월에는 내 생애 최고의 한 해를 안겨 줄 서막이 펼쳐졌다. 바로 나의 책이 출간된 것이다. 아무도 상상할 수 없던 놀라운 일들이 나에게 펼쳐졌다. 책 쓰기는 나에게 새로운 모험과 도전이었다. 두려움과 떨리는 감정이 섞여 있었지만 오로지 '하면 된다'라는 신조로 열심히 글을 썼다. 그렇게 출간된 내 책은 보란 듯이 전국 서점과 온라인 서점을 장식했다. 얼마나 설레는 순간이었던가. 나는 아직도 그 순간을 잊지 못한다. 그 짜릿한 성취감과 기분 좋은 떨림은 마치 첫사랑을 시작한 소년의 감정처럼 사랑스러운 것이다. 나의 책을 읽은 사람들은 많은 격려와 응원을 보내 주었다.

나는 많은 이들에게 용기를 주는 메신저가 되었다. 이 모든 것은 '착한 생활 노예'로 살던 20년 동안에는 상상도 할 수 없었던 일이다. 오래도록 가슴속에 품어온 겨자씨만 한 어릴 적 나의 꿈이 나를 도전케 하고 내 가슴을 뒤흔들었다.

나는 조각을 전공했으며 또한 예술을 열정적으로 사랑했다. 하지만 나는 꿈을 이루지 못했다. 마음 한구석에 꿈을 숨겨 둔 채 내가 속한 현실에서 최선을 다해 살았다. 참 많은 시련과 실패를 겪었다. 그렇게 마흔이 넘어가자 숨겨 두었던 겨자씨의 싹이 조금씩 꿈틀대기 시작했다.

"그래, 내가 있는 이곳이 어차피 지하 5층 밑바닥이라면 가장 원하고 사랑하는 일을 먼저 시작해 보자. 죽기 살기로 해 보자. 세상에 안 되는 건 없으니까!"

무모하게 보일지라도 무작정 도전하기로 했다. 그러고 나서 가장 먼저 하고 싶은 것을 생각해 봤다. '그래, 나는 다른 사람들보다 특별한 경험을 많이 했어. 그걸 책으로 쓸 수 없을까? 꼭 성공해야만 책을 낼 수 있는 건가?'라는 의문이 들었다. 자신이 가고자 하는 길이 있다면 길은 열린다고 신은 말했다.

그 무렵 나는 〈한책협〉을 만났다. 그리고 꼭 성공해야 글을 쓰는 것이 아니라는 것을 알게 되었다. 그건 나에게 큰 용기와 동기 부여가 되었다. 유능하신 김태광 대표 코치와 멘토가 되어 주신 수많은 코치들 덕분에 나는 결국 책 쓰기에 성공해 책이 출간되는 기쁨을 누렸다. 아직도 첫날 수업의 열정, 자신감, 뜨거운 에너지가, 그 순간이 무한 에너지로서 나에게 작용하고 있다.

나의 가치는 책 쓰기를 하고 책이 나오면서 더 높은 곳으로 끌어올려지게 되었다. 선하고 영향력 있는 사람이 되었고, 많은 사람들의 희망이 되었고, 열정의 에너지를 나눠 주는 사람이 되었다. 그리고 드디어 많은 강의 요청을 받아 강단에 서게 되었다. 이 얼마나 가치 있는 일인가. 이것은 교수가 되어 강단에 서는 것보다 더 가치 있는 일이다. 겨자씨만 하던 나의 작은 꿈이 깊은 땅속에서 싹을 틔우고 큰 생명나무가 되었다. 그로 인해 생활은 점점 윤택해졌고 풍요로운 삶을 살아가고 있다.

이제 세계로 나아가는 것이 나의 새로운 꿈이다. 나는 최선을 다해 도전할 것이다. 나의 가치로 인해 빚에서 빛으로 변한 삶을 살고 있다. 나의 새로운 삶은 신나고 기분 좋고 행복하며, 매일이 기적이다. 그동안 나를 비난하던 드림 킬러들은 지금 모두 나를 부러워하며 후회하고 있다. 용기가 없는 그들은 아직도 생활 노예로 궁핍하게 살고 있다. 내가 어려울 때 더욱 열심히 했던 것은 내가 다니는 교회 어린이 선교팀에 물품을 지원하는 일이었다. 가장 힘들 때 더 어리고 약한 아이들의 꿈을 위해 내가 가진 것의 반쪽을 내어 주며 나는 행복했었다. 이제는 나의 수입이 점점 늘어나서 지원 물품의 물량이 많아지고 있다. 물품 지원이 많아지면 많아질수록 나는 흐뭇했다. 풍성한 행복과 사랑이 나에게 다시 행복으로 돌아와 큰 선물이 되었다. 나는 계속 더 큰 지원을 할 것이며 더 많은 아이들이 꿈을 키우고 더 넓은 세상으로 나아가길 바란다.

또한 다시 조각 공부를 시작했고, 2018년 10월 파라다이스홀에서 개인전을 열었다. 못 이룰 것 같았던 아티스트의 꿈 또한 이뤄 나가고 있다. 늦깎이 복학생이지만 학생들의 예술 멘토 역할도 톡톡히 실천해 나가고 있다. 나는 생각하고 말한 대로, 꿈꾸는 대로 한 발 한 발 즐겁게 해내고 있다.

꿈만 같았던 내 안의 보물지도가 현실로 이뤄졌다. 파란색 롤스로이스 컨버터블을 계약하고 그 자리에서 스마트 뱅킹으로 대금을 이체했다. 나와의 약속을 지킨 스스로에게 멋진 선물을 해줬다. 실로 마법 같은 순간이 내게로 왔다. "말하는 대로 살게 된다고 계속 주문처럼 말하더니, 정말 저 차가 우리 차가 됐네! 엄마는 마법사 같아!" 딸이 기뻐하는 모습에 나까지 벅찬 행복함을 느꼈다.

나는 늘 생각하고 또 생각했다. 또한 하루도 빼놓지 않고 미래

그림을 그렸다. 그 도화지에는 나를 방해하는 사람도 없고 시기·질투하는 사람도 없으며 오로지 행복만 가득했다. 처음 시작은 매우 힘들었다. 하지만 나는 굴하지 않고 꾸준히 1년, 3년, 5년, 10년 후의 미래를 그려 나갔다. 그리고 어느 순간 그 꿈들이 하나씩 현실로 나타나기 시작했다. 존경하는 좋은 사람들이 내 주변에 넘쳐 났으며, 나의 책들은 전 세계로 멀리 퍼져 나갔다. 그리고 지금 나는 메신저가 되어 수많은 사람들에게 감동을 주며 찬사를 받고 있다.

또한 나의 회사 마인 컴퍼니는 다시 회복되어 나와 함께 성장하고 있다. 중국 사업도 빅 히트를 쳐서 중국 쌍시 유한공사 공동대표 장진용 대표로부터 매달 대금이 입금되고 있다. 중국의 장진용 대표는 좋은 파트너로서 글로벌 기업으로 함께 성장해 나가자고 다짐했다. 나의 두 번째 회사 리치 마레 트레이딩 스쿨은 〈한책협〉과 MOU를 체결해 많은 독서 프로그램과 코치 양성 프로그램을 협업하고 있다. 그리고 그것을 통해 많은 수강생과 멘탈 코치들을 양성하고 있다. 이제 곧 전국적으로 체인화시킬 것이다.

은인인 김태광 대표 코치와 많은 멘토 코치들께서는 나의 성장에 아낌없는 응원과 사랑을 보내 주신다. 그러면서 세계로 함께 나아가자고 말씀하신다. 축하와 격려를 아끼지 않으셨으며 자식이 잘되어 성공한 모습을 보는 부모님 심정으로 나를 따뜻하고 흐뭇하게 바라보셨다. 나는 더욱 자신감과 에너지를 받고 더 높게 멀리 날 것을 마음속 깊이 새겼다.

꿈에 그리던 이태리 HRD아카데미와 MOU 체결을 눈앞에 두고 있다. 한국 독점으로 나의 회사와 계약할 것이다. 최고의 멘탈 코치로 세계적으로 명성을 드높이고 있는 HRD 회장은 이태리 멘탈 코치 양성 과정 중의 일부인 두바이 프로그램 협업을 함께할 것을 직접 약속했다. 또한 출간되었던 내 책의 이태리 독점 출판을 제안했다. 그리고 두 달에 한 번 정도 이태리 아카데미에서 세미나 강연을 해 줄 것을 요청했다. 회장은 나의 강연비를 한화로 시간당 약 1억 원을 제시했다. 나는 그 자리에서 당연하다는 듯이 "Yes!"라고 대답했다. 1년 전 그토록 바랐던 꿈이 성취되는 순간이었다. 사실 내가 책 쓰기를 시작한 계기는 바로 HRD 회장이었다. 1년 전 우연히 회장을 알게 된 뒤 그에게 영감을 받아 한국에 도착하자마자 미친 듯이 책 쓰기를 검색했다. 그리고 운명처럼 〈한책협〉을 만나 초고속으로 출판 계약을 했으며 나의 책을 출간했다. 내가 그린 미래 그림이 현실로 이루어진 그 순간은 정말 꿈만 같았다.

이제 나는 부정적인 생각은 절대 하지 않는다. 그저 마음만 바꿨을 뿐인데도 내 인생은 백팔십도로 바뀌었다. 지금 나는 영향력 있는 사람이 되었다. 글로벌 리더로 성장해 가고 있으며 유능한 아티스트로 나아가고 있다. 이 모든 것을 가능하게 했던 것은 꿈에 대한 나의 끊임없는 도전, 열정, 에너지 그리고 간절함이었다.

이와 더불어 정말 좋은 멘토를 만났기 때문에 나는 더욱 성장할 수 있었다. 그랬기에 지금의 아티스트 리더인 내가 탄생할 수 있었다. 김태광 대표 코치와 임원화 수석 코치의 열정으로 나는 새롭고 강인한 최고의 리더로 탄생되었다. 모두에게 감사드린다. 나를 성장케 한 모든 이들에게 나의 사랑과 감사와 축복을 보내 드린다. 앞으로 미주지역과 독일, 프랑스, 영국으로 더 멀리 나아갈 것이다. 모든 것은 마음먹기에 달렸다.

29

내 마음의 관찰자가 되어 세 가지 변화 이끌어 내기

- 김유나

동기부여가, 라이프 코치, 자존감 코치

9년 차 직장인에서 벗어나 1인 지식창업을 시작했다. 끝없이 떨어졌던 자존감을 치유한 경험을 바탕으로 개인저서를 집필 중이다. 선한 영향력으로 사람들에게 꿈과 희망을 주는 메신저로서 행복한 행보를 내딛고자 한다. 진짜 소중한 것을 잃어버린 사람들을 위해 삶의 방향을 제시하는 강연을 준비 중이다.

"누군가 나를 지켜보고 있다는 암시만으로도 커다란 변화가 일어난다."

최근 《왓칭: 신이 부리는 요술》이라는 책을 재미있게 읽었다. 김상운 작가가 MBC방송에서 20여 년간 기자 생활을 하며 깨닫게 된 우주의 원리를 체험한 후 쓴 책이다. 정신분야 서적으로 분류되어 있고 30만 부 이상 팔렸다. 전작의 인기에 힘입어 최근 출간된 《왓칭2》도 베스트셀러가 되었다. 이 책에서는 '관찰자 효과'를 이야기하고 있다. 관찰자가 되어 자신의 감정을 마음속 공간에 띄워 놓고 바라본다면 부정적인 것들이 힘을 잃고 스스로 사라진다고 한다. 처음 읽었을 때는 '제3자의 눈으로 스스로를 바라보는 것이 가능할까?'라고 생각했었다. 책에 나와 있는 방법대로 관찰자의 눈으로 나를 바라보려 했지만 마음처럼 되지 않았다. 그래서 스스로를 관찰자의 시점으로 볼 수 있을 만한 상황을 떠올려 보았다.

일상 속에서 쓰레기 투기는 인적이 드문 곳에서 행해진다. 보통은 CCTV가 있거나 많은 사람들이 왕래하는 곳에서는 쓰레기 투기를 꺼리게 된다. 누군가 나를 지켜보고 있다고 생각되는 순간, 본인도 모르게 스스로를 남의 눈으로 바라보게 되고 의식하게 되기 때문이다. 이미 일상 속에서 나도 모르게 관찰자 효과를 행하고 있는 것이다. 의식하고 행하느냐, 무의식적으로 행하느냐의 차이일 뿐.

내가 변하고 싶은 부분을 떠올려 본다. 관찰자의 눈으로 스스로를 관찰한다. 나의 행동을 객관적으로 평가한다. 그 뒤 내가 변한 모습을 떠올린다. 여러 명이 함께 바라보는 이미지를 그리면 변화가 더욱 가속화된다. 이 방법을 통해서 긍정적인 방향으로 변할 것이다.

나는 가끔 자신에 대한 불만을 표출할 때가 있다. 특히 SNS를 할 때, 다른 사람들은 풍요롭고 재미있게 잘 사는데 나만 다른 삶을 사는 것 같아서 패배감과 위화감을 느낄 때가 있다. 단편적인 정보만을 보고 그에 따라 나의 삶을 단정 짓고 왜곡한다. 그런 뒤 스스로를 깎아내리고 있는 나를 발견하곤 깜짝 놀란다. 상대적 박탈감을 느끼는 것이다.

생각해 보면 나도 SNS에 행복한 일상을 올리지, 불행한 일상이나 부정적인 것들을 올리지는 않는다. 어쩌면 나도 누군가에겐 상대적 박탈감을 주는 사람일 수 있다. 이것은 SNS에 사진을 올리는 사람들의 문제가 아니라 스스로의 문제다. 스스로를 왜곡하지 않아야 한다. 또한 다른 이의 정보에 자극을 받을 때는 나를 발전시킬 수 있는 에너지로 이용해야 한다. 그리고 높은 자존감을 위해 본인을 객관적으로 바라보고 칭찬할 것은 칭찬해야 한다. 왓칭을 실천하며 기대하는 첫 번째 변화는 나를 사랑하는 것이다. 앞으로 나는 왜곡해 비교하는 습관을 고치고, 정보를 있는 그대로 받아들이고 공감할 것이다.

내가 꿈꾸는 두 번째 변화는 손톱을 물어뜯는 습관을 떨쳐버리는 것이다. 이것은 나의 좋지 않은 습관 중의 하나다. 대체적으로 이런 행동을 하는 이유로는 스트레스 또는 불안감을 해소하기 위해서라고 알려져 있다. 평소에 사진을 찍을 때는 손이 나오지 않도록 가리고 찍었다. 못난 내 손이 너무 싫었기 때문이다. 이 습관을 고치기 위해 네일 아트도 받아 보고 손장난감도 가지고 놀아 봤다. 심지어 주위 사람들과 손톱을 물어뜯지 않기로 약속했는데 지키지 못해 벌칙을 수행한 경우도 있었다. 하지만 습관은 쉽게 고쳐지지 않았다.

계속해서 실패하는 이유가 무엇일까, 분석했다. 항상 부정적인 결과를 떠올리면서 고치려 했던 게 원인이었다. '나는 역시 안 되나 봐' 하면서 자포자기했다. 스스로의 가능성을 부정적인 생각 안에 가둬 두고 있었다. 생각이 자신을 만든다던데 이 얼마나 탄식할 일인가? 모두에게는 각자의 개성과 무한한 가능성이 있다. 작게 보면 손톱을 물어뜯는 습관이지만 크게 보면 한계 짓는 습관이 몸에 배어 있었던 것이다.

또한 좋은 습관을 들이려는 노력을 하지 않았던 것도 문제였다. 억압하던 나쁜 습관이 표출될 때 스스로를 탓하는 것은 무의미하다. 이 과정은 오히려 본인에게 스트레스만 쌓이게 하고 포기하게 만들 뿐이다. 대신 좋은 습관과 상상으로 이 습관을 대체해야 한다. 마음에 드는 네일 아트를 받고 예뻐진 손을 올리고 사진을 찍는 장면을 떠올리는 것이다. 다른 사람들이 내가 받은 네일 아트를 보고 "너무 예쁘다. 손톱이 기니까 이런 것도 하네?"라고 말하는 모습을 상상한다.

나쁜 습관을 행한 날은 스스로를 탓하기보다는 무엇 때문에 스트레스를 받았는지 자신과의 대화를 통해 알아 가야 한다. 근본적인 해결 없이 억지로 하지 못하게 하는 것은 악습관을 계속 반복시킬 뿐이다. 앞으로 나는 긍정적인 결과에 대한 이미지를 떠올리며 나쁜 습관을 좋은 습관으로 대체할 수 있게 스스로를 독려할 것이다. 마음의 관찰자가 되어 노력하고 있는 내 모습을 응원해 줄 것이다.

이루고자 하는 세 번째 변화는 가족들에게 화내지 않는 것이다. 밖에서와 다르게 나는 집에서 별것 아닌 것에도 화를 내는 경우가 많다. 부정적인 상황이 생기면 모든 것들을 부정적인 것에 연결해 크게 화를 낸다. 감정이 가라앉은 후에 후회하는 경우가 종종 있다.

정신의학자 카바트 진 박사는 갑자기 올라온 부정적 감정·생각의 자연적 수명은 90초라고 말한다. 90초면 사라지는 부정적인 감정에 계속해서 내 생각을 더하면서 풍선처럼 크기를 키워 나간다. 이러한 상태에서 벗어나기 위해서는 객관적인 상태를 유지해야 한다. 하루아침에 모든 것이 완성될 거라는 기대를 버리고 인내해야 한다. 박사는 자신에 대한 믿음을 가지고 모든 것을 있는 그대로 받아들이고 내려놓는다면 마음에 평화와 안정을 되찾게 된다고 말했다.

타인과의 관계에서는 부정적인 감정이 들면 상황을 냉정하게 분석하려고 한다. 하지만 가족들과의 관계에서는 이것이 잘되지 않는다. 내 편이라는 믿음 때문에 행동을 억제하지 못하게 되는 것 같다. 앞으로 가족들의 인생을 이해해 봄으로써 내 부정적인 감정을 절제하려 노력할 것이다. 내 화가 가족들에게 매우 나쁜 영향을 준다는 것을 자각하고 조심할 것이다. 왜 화가 나는지 돌아보는 5분 명상 시간을 가질 것이다.

책을 쓰기로 결심하고 사고를 확장하면서 나 자신과 대화를 많이 하게 되었다. 지난날의 난 다른 사람의 사생활은 그렇게나 궁금해하고 알고자 했다. 하지만 정작 나 자신에 대해선 궁금해하지 않았다. 스스로에게 무관심했던 나의 태도를 반성했다. 그리고 달리 살고자 결심했다.

내가 꿈꾸는 세 가지 변화의 중심은 '나'다. 낮은 자존감 때문에 주변에 쉽게 흔들리는 모습, 손톱을 물어뜯는 나쁜 습관, 부정적인 감정을 확장하는 좋지 않은 태도. '관찰자 효과'를 통해서 변화에 속도를 내고자 한다. 큰 꿈도 좋지만 무의식적으로 나타나는 나의 작은 부정적 습관들부터 순차적으로 고쳐 나가고 싶다.

100억 자산가 되기, 한 달에 한 번 해외여행 다니기, 외제차 사기, 주택 지어 살기 등 스케일이 큰 버킷리스트에 비해 나의 꿈은 소소해 보일 수도 있다. 하지만 작은 변화로 나의 내적 힘이 증가한다면 앞의 버킷리스트를 이루는 것이 더욱 쉬울 것이다. 있는 그대로의 나도 사랑하지만 더 긍정적인 방향으로 변하는 내일의 나는 더더욱 사랑스러울 것이다. 오늘보다 내일이 더 나은 사람이 되고 싶다.

30

일주일에 10시간만 일하는 뉴 리치 되기

- 정성원

'한국취업코칭협회' 대표, 취업 컨설턴트, 대한민국 청춘 멘토, 동기부여 강연가

'한국취업코칭협회'의 대표다. 그는 수백 통이 넘는 불합격 통지서를 받으며 깨달은 취업의 노하우를 취준생들과 공유하고 있다. 인생을 즐기는 동시에 존중받으며 사는 법을 알려 주는 '대한민국 청춘 멘토'의 꿈을 향해 달려가고 있다. 저서로는 《취업하려고 이력서 1,000번 써봤니?》, 《인생을 바꾸는 감사일기의 힘》, 《나는 책쓰기로 당당하게 사는 법을 배웠다》, 《꼭 이루고 싶은 나의 꿈 나의 인생》, 《보물지도9》, 《또라이들 전성시대2》 등이 있다.

- Email qktp3@naver.com
- Cafe vjob.co.kr
- Blog blog.naver.com/qktp3
- C·P 010.5025.5022

"오늘이 내 인생의 마지막 날이라면, 그래도 오늘 하려던 일을 하고 있을까?"

2005년 미국 스탠퍼드 대학 졸업식에서 스티브 잡스가 한 말이다. 대부분의 사람들은 오늘의 모습에 만족하지 못하고 더 나은 내일을 꿈꾼다. 물론 나도 그중 한 사람이다. 평범한 삶보다는 남들과는 다른 특별한 삶을 살고 싶다.

과연 오늘이 내 인생의 마지막 날이라면 무엇을 하고 싶을까?

가족들과 집에서 조촐한 치킨파티를 할까? TV 예능 프로그램을 볼까? 아니면 빨간 해가 저무는 모습을 볼까? 인생의 마지막 날이라는 사실을 아는 순간 당장 하고 싶은 일을 할 것이다. 하지만 불행하게도 우리는 오늘이 인생의 마지막 날이 아니라는 것을 잘 알고 있다. 때문에 이토록 일상에 충실한 채 평화롭기 그지없는 나날을 보내고 있다. 강렬한 문구를 보았음에도 왜 많은 사람들은 어제와 같은 평범한 하루를 보낼까? 아니면 평범하게 보내기 싫지만 현실적으로 불가능한 것일까? 고민을 거듭한 끝에 나는 중요한 두 가지를 갖지 못했기 때문에 평범하게 살고 있다고 결론지었다. 돈 그리고 시간.

얼마 전 《나는 4시간만 일한다》라는 책을 읽었다. 이 책은 나에게 메가톤급 충격을 줬다. 왜냐하면 돈과 시간을 남들이 상상할 수 없을 만큼 충분하게 가지는 방법이 적혀 있었기 때문이다. 4시간이라는 시간도 하루의 4시간이 아니다. 일주일 동안 일하는 시간이다. 단 4시간만 일하며 수개월 동안 해외여행을 즐기고 원하는 운동을 배우는 작가의 삶이 고스란히 녹아 있는 책이다. 책에서는 현금보다 중요한 것은 시간이라고 강조하며 시간을 만들어 내는 방법을 알려 주었다.

수능을 열흘 앞두고 사촌 동생이 내게 상담을 요청했었다. 원하는 만큼 성적이 나오지 않을까 봐 불안하다는 것이었다. 대한민국 입시 준비생이라면 누구나 한 번쯤 하는 고민이었다.

"원하는 대학을 못 가면 어떡하지? 점수에 맞춰서 지방에 있는 대학을 가야 하나? 아니면 재수를 해야 하나?"

"수험생들 모두 똑같은 생각으로 불안해하고 있을 거야. 긴장하지 말고 평소 준비했던 대로만 하면 잘할 수 있어. 긍정적으로 생각해. 원하는 대학에 분명 입학할 수 있어. 너무 불안해하지 마."

나는 사촌 동생이 얼마나 열심히 준비했는지 잘 알기 때문에 자신 있게 말해 줄 수 있었다. 또한 좋은 대학교를 가지 않아도 얼마든지 성공할 수 있다. 심지어 대학을 나오지 않아도 성공한 인생을 살 수 있다고 이야기해 줬다. 분명하게 말하고 싶었던 '재수는 하지 마라'라는 이야기를 거듭 강조했다. 1년 더 준비해서 더 좋은 학교에 입학한다고 해서 인생이 달라질까? 이 질문에 대한 내 대답은 '글쎄'다. 1년이라는 시간, 더구나 스무 살이라는 꽃다운 나이에 재수라니?! 좋은 대학을 나오면 바라보는 사회적 시선이 달라지는 점은 맞는 말이다. 하지만 그것이 전부가 아니라는 말을 하고 싶다. 스무 살의 1년을 돈으로 환산한다면 과연 얼마일까? 1,000만 원? 1억 원? 10억 원? 그 얼마가 됐건 간에 나는 돈보다 시간에 더 큰 가치를 두고 싶다.

나의 2년 전 모습과 1년 전 모습은 크게 다르지 않았다. 달라진 점이라면 연봉이 약 200만 원 높아졌고 나이가 한 살 더 많아진 것이다. 똑같이 하루에 8시간 이상씩 일했고 주말마다 친구들을 만났다. 그리고 1년에 한 번씩 해외여행을 갔다. 딱 그뿐이었다.

하지만 1년 전의 내 모습과 오늘의 내 모습은 비슷한 듯 다르다. 연봉이 약 200만 원 높아졌고 나이를 한 살 더 먹은 것은 예전과 같다. 하지만 예전부터 상상했던 꿈을 이뤘고 더 큰 꿈을 꾸고 있다는 점에서 확실히 다르다. 책을 쓰는 작가가 되고 싶다던 꿈을 이루었고 대학교에 특강을 가서 학생들에게 동기부여를 해 주겠다던 꿈도 이뤘다. 경제신문사와 인터뷰도 했으며 곧 칼럼도 연재할 예정이다. 곧 이루어질 나의 더 큰 꿈은 3~6개월 동안 해외여행을 떠나는 것이고 세계 최고의 명차를 소유하는 것이다. 빌딩 건물주가 되어 스타벅스로부터 월세를 받겠다는 꿈도 있다.

가장 절실한 꿈은 시간적 자유를 얻는 것이다. 상상만으로도 히죽히죽 웃음이 난다. 아침 8시에 도쿄 시내의 숙소에서 잠을 깨고 눈을 뜨자마자 커피를 한 잔 내린다. 커피 원산지는 종류별로 있지만 나는 오묘한 과일향의 케냐 커피를 즐겨 마신다. 커피 한 잔을 마시고 좋아하는 음악을 틀고 오늘은 무엇을 할지 고민한다. 그러다 어제 마무리하지 못한 일본어 공부를 한다. 잘 외워지지 않는 문장을 수첩에 적고 중얼중얼 외우며 클라이밍 연습장에서 운동을 한다. 홀더 하나하나를 잡으면 집중력은 최고에 다다른다. 어제보다 3개의 홀더나 더 멀리 나갔다. 그렇게 온몸에 땀이 나도록 운동을 하다 보니 어느덧 점심시간. 어제는 스테이크를 먹었으니 오늘은 초밥으로 간단히 배를 채운다. 그 후에는 일본어 과외선생님을 만나 오전에 했던 운동과 점심식사로 먹은 연어초밥에 대해 일본어로 이야기한다. 그렇게 두 시간 동안 일본어 공부를 하고 구분하기 어려운 발음을 잘할 수 있도록 우스꽝스럽게 연습한 후 숙제를 받는다. 일식 요리학원에 가기 전에는 공원에서 책을 읽는다. 한 페이지만 더 읽고 싶지만 요리수업을 받으러 학원에 간다. 완벽하진 않지만 만족스럽다며 요리 사진을 찍어 가족들에게 보낸다. 집으로 돌아가기 전에는 꼭 내일 무엇을 할지 고민한다. 내년에는 어디서 6개월을 살아 볼지도 고민한다.

우리는 어린 시절 되고 싶고, 하고 싶은 것들이 많았다. 하지만 어른이 되면서 그 꿈들을 점점 마음속에 파묻는 이유는 무엇일까? 아마 '먹고살기 바빠서'일 것이다. 어릴 적에는 오전 8시 업무를 위해 6시에 일어나 준비하는 직장인의 모습은 상상조차 할 수 없었다. 하지만 우리 사회는 바쁘게 움직이지 않으면 굶어 죽을 것이라고 경고한다. 나는 한 번 더 곰곰이 생각해 보았다.

'오늘이 내 인생의 마지막 날이라면 오늘도 어제 했던 일을 해야만 할까?'

이제는 굶어 죽는 것이 무섭지 않다. 내가 생각하는 최악은 굶어 죽는 것이 아니다. 부자가 되기 위해 악착같이 일하다 부자가 되어 보기 전에 교통사고로 죽는 것이다. 좀 더 구체적으로 말하자면 동료의 일하기 힘들다는 푸념을 들어 주다 술을 많이 마셔 내가 죽었는지 아닌지도 기억 못하는 만취상태의 죽음.

이루고 싶었던 꿈들을 하나하나 이뤄 나가는 삶은 얼마나 짜릿할까? 몇 가지 꿈을 이뤄 보니 꿈을 찾아 떠나는 여행에 중독되었다. 그 과정에는 몰입이라는 초집중 상태가 필요하지만 그것조차도 즐겁다. 출근 전 2시간, 퇴근 후 2시간, 심지어 주말의 여가시간마저 반납해야 할지라도 전혀 아깝지 않다. 내 꿈을 위한 투자이고 일주일에 10시간만 일하며 세계여행을 다니기 위한 투자이니까.

중학생 때 유행했던 쌍절곤을 다시 익히고, 자전거를 분해해 전 세계에 하나밖에 없는 나만의 튜닝자전거를 만들고 싶다. 세계 배낭여행 중 찍었던 영상들을 편집해 나만의 영상을 만들고 여행에세이를 집필할 것이다. 태국에서 무에타이도 배우고 유럽에서 한국어와 한국 문화를 알려 주는 한국전도사도 되고 싶다.

1년에 1억 원을 벌면 많이 버는 것일까? 아니면 5억 원? 혹은 10억 원? 나는 5억 원이나 10억 원을 버는 부자가 아니라 1억 원이라도 제대로 소비하는 뉴 리치가 될 것이다. 일주일에 단 몇 시간만 일하면 알아서 수입이 들어오는 수익시스템을 갖춘 사업가가 되는 것이 기본 전제다. 왕복 비행기 티켓, 6개월간의 숙소 대여료, 생활비, 식대, 교통비 그리고 기념품 구입비 등이 저절로 통장으로 들어오는 시스템을 꿈꾼다. 많은 사람들에게 일자리를 제공하고 사회에 봉사하며 더 나아가 사람들의 가슴을 울리는 동기부여 강연가가 되는 빅픽처를 그려 본다.

31

이루고 싶은 나의 꿈, 버킷리스트 달성하기

- 서명식

책 쓰는 회사원, 세일즈 메신저, 자기계발 작가, 글쓰기 코치

10년째 외국계 IT 회사에서 근무 중이다. 영업 대표, 마케팅 매니저로서의 경험과 깨달음을 통해 인생을 배우고 있다. 세일즈 및 마케팅 전문가를 꿈꾸는 이들에게 도움이 되고자 전문가로서 살아가는 방법들에 대한 이야기를 다룬 저서와 강연, 코칭 프로그램을 기획 중이다. 저서로는《퍼펙트 세일즈》,《부모님에게 꼭 해드리고 싶은 39가지》가 있다.

• Email myungsiki@hotmail.com • Cafe www.msseo.co.kr

얼마 전 동생의 친한 친구를 만났다. 중학생 때부터 알던 친구인데 고향인 부산에서 서울에 볼일이 있다며 연락이 왔기 때문이다. 오랜만에 동생과 다 같이 모여 반가운 인사를 나누었다. 식당에 앉기가 무섭게 그 동생이 말을 꺼냈다.

"형님. 저 2주 후에 세계일주 갑니다."

마치 '동네 뒷산에 놀러 갑니다' 하듯이 얘기하는데 어쩐지 뒤통수를 크게 얻어맞은 느낌이었다.

"어? 그래? 잘 되었네…. 나도 세계일주 꼭 한번 해 보고 싶었는데…. 몸 건강히 잘 다녀와!"

그렇게 말하곤 밥을 먹기 시작했다. 그리고 한 시간여 즐겁게 얘기를 나누고 헤어져 집으로 돌아오는 길에 '나도 세계일주 계획이 있었는데….' 하며 씁쓸한 기분이 들었다. 그런데 동시에 기분이 좋기도 했다. 그저 나이 어린 동생인 줄만 알았던 그가 현실에 안주하지 않는, 과감한 행동력과 실행력을 갖춘 커다란 존재로 느껴졌기 때문이다.

누구에게나 살면서 꼭 이루고 싶은 꿈이 있다. 우리는 그것을 '버킷리스트'라 부른다. 2007년 개봉한, 잭 니컬슨과 모건 프리먼 주연의 할리우드 영화 〈버킷리스트〉 이후에 널리 쓰이는 용어다. 영화는 암에 걸려 시한부 선고를 받은 두 사람이 병원 중환자실에서 만나 각자의 소망 리스트를 실행에 옮기는 내용이다. 영화는 많은 이들에게 깊은 울림을 주었다. 한때 '나만의 버킷리스트 만들기'가 사회적 유행이 되기도 했다. 이 글을 적으면서 나도 책상 서랍 속 깊숙이 넣어 두었던 나만의 버킷리스트를 다시 한번 꺼내 보았다.

버킷리스트를 보고는 깜짝 놀랐다. 여전히 미지의 영역으로 남아 있는 부분도 있지만, 몇 개는 이미 달성했기 때문이다. 대표적인 것이 결혼을 하고 가정을 이룬 것이다. 당시 미혼인 상태여서 결혼을 하고 행복한 가정을 이루는 것이 가장 큰 버킷리스트였는데 운 좋게 지금의 아내를 만나 목표를 이루었다. 그렇지만 여전히 이루지 못한 버킷리스트들도 많다. 개인적인 상황이 그때와는 많이 달라졌기에 새롭게 버킷리스트를 작성해 보려고 한다. 2017년을 보내며 지난 10여 년을 되돌아보고, 앞으로의 10여 년의 기간 동안 내가 이루고 싶은 '나의 꿈 나의 인생'을 다시 한번 계획해 보려고 한다.

무엇보다도 첫째, 가족과 관련된 버킷리스트다. 사람마다 다들 살면서 소중히 여기는 것이 다르다. 나의 경우도 결혼 전과 결혼 후로 나누어 가치관이 많이 달라졌다. 미혼일 때는 나만 생각하는 것으로 충분했다. 내가 무엇을 먹든지, 어떠한 생활습관을 가지든지, 누구를 만나든지 자유분방하게 삶을 살 수 있었다. 하지만 가정을 이루면서 많은 것이 달라졌다. 내가 책임져야 할 부분이 커졌다. 흔히 말하는 경제적인 책임만이 아니다. 한 집안의 가장은 '돈 버는 기계보다 못한 존재'라며 자조하는 경우가 있다. 그렇지만 그건 한 부분만 보는 것이라고 생각한다. 나는 내가 나의 의지로 선택한 것에 대해 책임을 다해야 한다고 생각한다. 결혼도 나의 의지였고 가정을 이룬 것도 나의 의지였다. 그러한 약속을 했다면 기본적으로 부부간이라도 서로 믿고 책임을 다해야 한다고 믿는다.

그러기 위해 가장 소중하게 생각하는 것이 '아프지 않기'다. 이걸 듣고 '애개, 그것도 못 하겠어?'라고 생각할 수 있다. 그렇지만 건강하지 않으면 경제적 부도 사회적 명예와 지위도 아무것도 아니다. 그래서 나는 기본적인 것이지만 스마트폰에 만보기를 설치하고 하루에 최소한 만 보 이상 걸으려고 노력한다. 또한 취미생활인 야구 활동에도 최대한 조절하며 참여하려고 한다. 내가 건강해야 한다. 건강을 잃는 것보다 인생에서 비참한 것은 없다. 우리 모두에게는 아프지 않아야 할 의무가 있다.

둘째, 내가 현재 하고 있는 일과 내가 앞으로 해야 할 일에 관련된 버킷리스트다. 나는 대학교를 졸업한 후에 현재까지 세일즈를 주로 하고 있으며 마케팅 업무도 함께 담당해 왔다. 이렇게 쌓아 온 나의 사회생활 경력을 계속해서 이어 가고 싶다. 물론 직장생활이 항상 달콤하기만 한 것은 아니다. 때로는 상사의 질책과 동료나 후배의 멸시나 무시 등에 맞닥뜨리기도 한다. 그렇지만 나는 '강한 자가 이기는 것이 아니라 이기는 자가 강한 것이다'라는 말을 믿는다. 개인적으로 언젠가는 시간과 돈에서 자유로운 1인 기업을 만들고 세상을 조금이라도 변화시킬 수 있는 일을 하는 것이 내 꿈이다. 그렇지만 준비 없는 1인 창업은 보나마나 실패하기 마련이다.

우선은 나만의 전문성을 키우고 누군가에게 도움이 될 수 있는 일을 하기 위해 조직생활을 10여 년간 더 해 보고자 한다. 그러기 위해서는 지금 하는 일에 만족하지 않고 새로운 것을 계속 찾아야 한다. 즉, 나 스스로가 나에게 동기부여 한다는 생각을 갖는 것이 나의 버킷리스트다. '익숙한 것과의 결별'이라는 유명한 문구가 있다. 여러 해석을 할 수 있지만 나는 저 문장의 의미가 나 스스로가 무엇인가를 새롭게 계속 찾는 것이라고 생각한다. 물론 그 무언가도 사람마다 다를 것이다. 다만 나는 내가 하는 일에 보다 전문적이 되고 더 나은 자리로 갈 수 있도록 스스로 노력하는 것이 목표다.

셋째, 내가 막연하게 어릴 때부터 꿈꿔 오던 것과 관련된 버킷리스트다. 그건 바로 글의 시작에서 얘기했던 '세계일주 하기'다. 최근 아는 지인이 결혼한다며 초청해 참석한 모임이 있다. 영어를 좋아해 같이 주말에 공부하던 모임이었다. 다들 오랜만에 보는 것이라 반가운 마음으로 만났다. 그날의 주인공은 단연 앞으로 신부가 될 동생이었다. 다들 축하한다며 사진도 찍고 얘기도 나누며 즐거운 시간을 보냈다.

그러던 중 한 누나가 혼자서도 아니고 아이 둘과 함께 세계일주를 다녀왔다는 얘기를 했다. 너무 놀랐다. 원래도 활달하고 하고 싶은 것이 많은 분이었다. 아이들과 함께 영어공부 모임에 올 정도로 열정이 가득한 분이라는 것도 알고 있었다. 그런데 아이들과 함께 세계일주를 했다는 사실은 그제야 알았다.

미혼일 때보다 여유가 적으므로 세계일주를 하기 어려울 것이라고만 생각했다. 간혹 기혼자 중에서도 세계일주를 다녀온 분들을 보기는 했지만 그저 나와는 거리가 먼 것이라고만 생각했다. 하지만 모든 것이 나만의 착각이었다. 중요한 것은 막연히 '하고 싶다….'라고 생각하는 것이 아니라 내가 해야 하는 것이라면 '해야 한다!'라는 것을 깨달았다. 그렇게 모임을 끝내고 집으로 돌아와 나는 앞으로 10년 뒤에 해야 할 나의 버킷리스트에 '세계일주'를 다시 적었다.

2015년 출간된 《죽을 때 후회하는 스물다섯 가지》는 출판되자마자 많은 이들의 심금을 울렸다. 1,000명의 죽음을 지켜본 호스피스가 담담한 어투로 서술하는 내용에는 생각했던 것보다는 평범해 보이는 내용이 많다. 사랑하는 사람들에게 고맙다고 말을 했더라면, 조금만 더 겸손했더라면, 기억에 남는 연애를 했더라면 등등 누구나 마음만 먹는다면 할 수 있다고 생각되는 것들이다. 누구나 얘기할 것 같은 100억 원 만들기, 건물주 되기, 돈 많이 벌기 등의 경제적인 것보다는 감정적이고 내가 마음만 먹는다면 언제든지 쉽게 할 수 있는 일들인 것이다.

꼭 이루고 싶은 나의 버킷리스트를 다시 한번 정리하면서 많은 생각을 하게 되었다. 이미 지나간 과거는 되돌릴 수 없다. 하지만 오늘을 바탕으로 미래를 만들어 갈 수는 있다. 내가 무엇을 준비하고 어떻게 대처하느냐에 따라 나의 꿈, 나의 인생이 이루어질 것이다. 이것을 내 의지로 충분히 만들 수 있다는 것을 아는 것 자체로 하나의 버킷리스트를 이룬 게 아닌가 한다. 천 리 길도 한 걸음부터라 했다. 앞으로 다가올 미래를 막연한 두려움 때문에 겁낼 필요가 없다. 이렇게 지금까지 살아온 것도 기적이고 앞으로 살아갈 것도 기적이다. 우리에게는 모두 꼭 이루고 싶은 나의 꿈, 나의 인생이 있다. 무엇을 망설이는가? 오늘 당장 사소한 것이라도 시작하는 것이 당신의 버킷리스트를 이루는 첫 번째 계단이다.

32

SNS 마케팅의 자동 수익화 시스템 구축하기

- 신상희

SNS 마케팅 코치, 자기계발 작가, 세일즈 디자이너, 세일즈 코치, 경력단절여성 드림코치, 동기부여가

다양한 세일즈와 마케팅 경력을 바탕으로, 많은 사람들이 자신이 가진 스토리와 콘텐츠를 특별하게 여길 수 있도록 마케팅 코칭과 교육에 열정을 쏟고 있다. 또한 SNS를 처음 시작하면 무엇부터 해야 할지 막막한 이들을 대상으로 마케팅 기초 스킬은 물론이고 이미지 메이킹 과정, 영상 마케팅, 콘텐츠 제작 등 다양한 교육을 진행하고 있다. 현재 〈한국 SNS 마케팅 협회〉를 운영하고 있으며, 저서로는 《고객이 스스로 사게 하라》, 《SNS 마케팅이면 충분하다》 등이 있다.

- Email shinsanghee2@naver.com
- Blog blog.naver.com/shinsanghee2
- Cafe cafe.naver.com/gamemecah
- C·P 010.9651.0963
- Facebook sanghee.shin.58

사람들은 대부분 수십 년간 학교 공부에 매달린다. 몇만 원이라도 더 버는 직장에 가기 위해서 고군분투해야 하는 것을 당연하다고 배우며 살아왔기 때문이다. 나 역시 그 사람들 중 한 명에 불과했다. 방학 때마다 한 평도 안 되는 강남역 고시원에서 토익과 토플 점수를 위해 밤을 새웠다. 새벽 네다섯 시면 학원 앞에 줄을 서서 스펙 쌓기에 열중한 나는 스펙에 미친 사람이었다. 하지만 스펙에 미친 사람의 최후는 결국 퇴직이다. 평생 현역으로 살지 못한다는 뜻이다. 나는 평생 죽도록 일하다 퇴직 이후에도 아등바등하며 사는 사람들을 수없이 봐 왔다. 그래서 그런 사람들에게 평생 현역으로 살 수 있는 SNS 마케팅에 대해 코칭하고 있다.

과거에 나는 원하는 성적을 얻기 위해 죽도록 공부했고, 엄청난 노력을 기울였다. 좋은 성적을 받고 싶었기 때문에 남들보다 더 열심히 공부했다. 결과적으로 나는 단 한 번도 등록금을 내지 않고 대학을 졸업했다. 하지만 그게 전부는 아니었다. 단지 열심히 하는 것만으로 성공하는 것은 아니었다. 만약 그것이 정답이라면 누구나 성공해야 한다. 나 역시 스펙 쌓기에 열중했지만 대학 졸업을 앞두고 나의 인생은 크게 달라질 것 같지 않다고 느꼈다.

당시 나는 남들이 생각조차 하지 않았던 SNS 마케팅을 시작했다. 친구들이 취업 원서를 쓰고 있을 때 나는 SNS에 나를 알리는 글을 썼다. 한 달, 두 달, 세 달, 8개월이 다 되도록 아무런 반응이 없었다. 하지만 나는 나의 콘텐츠를 확산시켜 줄 SNS의 비전을 확실히 믿었다. SNS 마케팅을 시작한 지 거의 1년이 다 되어서야 조금씩 결과가 나오기 시작했다. 한 번도 만나지 못했던 사람들이 나를 만나고 싶어 했고, 나의 이야기에 귀 기울이기 시작했다. 나는 단지 나의 이야기를 할 뿐인데 사람들은 나를 만나러 올 때 제품을 구매했고, 컨설팅 비용을 지불했다. 또한 어떻게 하면 나처럼 자신의 이야기를 많은 이들에게 알릴 수 있는지 알려 달라며 교육 요청을 하기 시작했다.

직장에 다니는 사람, 아이를 키우는 엄마, 무엇을 해야 할지 방황하는 젊은이 모두 SNS 마케팅을 해야 한다. 은퇴를 앞둔 50대 가장, 말하기를 좋아하는 10대, 나의 콘텐츠를 알리고 싶은 작가, 강연가도 마찬가지다. 휴대전화를 가지고 있는 사람이라면 누구든지 SNS 마케팅을 시작해야 한다. 내가 나서서 나를 알리지 않으면 결국 평범한 사람으로 한 달 한 달 먹고사는 것에만 집중하게 될 것이다. 이제 인생을 제대로 살기 위해서는 누구든지 SNS 마케팅을 시작해야 한다.

나는 현재 네이버 카페 〈한국SNS마케팅협회〉를 개설해 'SNS 마케팅으로 자동 수익화 시스템 만들기 운동'을 펼치고 있다. 나는 SNS 마케팅으로 월 1,000만 원 이상 버는 사람들을 만 명 이상 만들고 싶다는 소망을 갖고 있다. 현재 〈한국SNS마케팅협회〉의 〈SNS 마케팅 과정〉을 통해 많은 사람들이 자신과 브랜드를 알리는 데 성공해 더 나은 삶을 살아가고 있다. 이들 중 대부분의 사람들은 처음 나를 만났을 때, 어디서부터 어디까지 자신을 오픈해야 할지 고민을 토로했다. 하지만 〈SNS 마케팅 과정〉을 통해 자신의 스토리를 SNS에 담아 고객의 마음에 감동을 주는 법을 배웠고, 잠재고객은 물론이고 가족, 친구, 동료들을 자신의 편으로 만들었다.

나는 시간이 갈수록 내 일을 소중하게 생각하고 있다. 매일 다른 사람들, 다른 환경과 처지에 놓여 있는 사람들을 만나 그들의 스토리를 세상 밖으로 꺼내는 데 도움을 주는 것에 보람을 느끼고 있기 때문이다. SNS 마케팅을 하기 위해서는 솔직해야 하고, 내 안에 있는 것을 꺼낼 수 있어야 한다. 단지 상품과 서비스만을 홍보하는 공간이 아닌 오래가는 SNS를 만들고, 인정받는 사람이 되어 내가 가진 상품과 브랜드를 마케팅해야 한다. 나는 오랜 시간 세일즈 현장에서 결과를 이루었던 사람이다. 그래서 그 어떤 사람이 내게 와도 그들을 마케팅할 방법을 잘 알고 있다.

아무리 좋은 콘텐츠와 뛰어난 제품, 이상적인 서비스를 가지고 있다 하더라도 그것을 누구에게, 어떤 방법으로 알릴 수 있을지는 고민해야 한다. 일일이 문 두드려 가며 나와 콘텐츠를 알리는 시대는 이제 끝났다. SNS 마케팅을 통해 24시간 알아서 돌아가는 자동 수익화 시스템을 구축해야 한다. 그래야 내가 활동하지 못하는 순간이 오더라도 평생 현역으로 일할 수 있는 환경이 마련되는 것이다.

살다 보면 내가 예상하지 못한 일과 마주하게 되는 일이 생긴다. 나와 가족 모두 무엇을 해야 할지, 어떻게 해야 할지 전혀 알 수 없는 현실과 맞닥뜨리는 순간이 오게 된다. 나 역시 그런 순간이 왔고, 변화를 결정해야 했다. 그때마다 나에게 가장 큰 위안이 되고 해결책이 되고 방패가 되었던 것은 다름 아닌 'SNS 마케팅'

이었다.

20대에 영업으로 많은 돈을 벌었지만 그것을 그만둔 순간 회사에서 받는 '월급'이라는 개념의 고정수익은 사라졌다. 하지만 나에게는 남들과 달랐던 것이 하나 있었다. 일을 하는 동안에도 나는 끊임없이 온라인으로 나와 콘텐츠를 마케팅하는 데 시간과 돈을 투자했던 것이다. 고정수익은 사라졌지만 대신 나는 '평생 현역'으로 일할 수 있는 더 큰 기회를 얻었다. 월급은 사라졌지만 SNS 마케팅을 통한 수익은 끊임없이 발생했다. 나는 SNS를 통해 움직이지 않아도 자동으로 수익을 벌어들이는 여성 CEO가 되었다.

내가 'SNS 마케팅으로 평생 현역, 자동수익 시스템 만들기 운동'을 펼치는 이유가 있다. 자신의 스토리와 콘텐츠를 SNS에 담으면 남들과 구별되는 인생을 살 수 있기 때문이다. SNS 마케팅을 해야 하는 이유는 다음과 같다.

첫째, SNS 마케팅은 나의 스토리를 가장 빨리 알리는 최고의 방법이다. 사람은 책과 같다. 그 사람이 가진 경험과 지혜를 사려고 하는 사람은 생각보다 많다. 누가 더 빨리 나의 이야기를 세상 밖으로 꺼내 놓느냐에 따라서 성공의 기회를 잡는 속도도 차이가 날 것이다.

둘째, SNS 마케팅을 하면서 그동안 몰랐던 본인의 꿈과 비전을 발견할 수 있다. 많은 사람들이 자신을 드러내는 것에 두려움을 가지고 있다. 하지만 진정성 있는 글과 영상으로 콘텐츠를 재배열하는 과정에서 그동안 자신이 몰랐던 꿈과 비전을 발견할 수 있고, 그것을 명확하게 정리할 수 있다.

셋째, SNS 마케팅은 자동수익을 만드는 데 크게 기여한다. 노동을 해야만 수입이 생기고 그렇지 않은 경우 수입이 끊기는 일반적인 구조로 일한다면 우리는 평생 아파서도, 일을 쉬어서도 안 된다. 하지만 SNS 마케팅으로 자신의 콘텐츠를 알리고 그것을 통해 자동으로 수익이 발생하는 시스템을 갖춰 놓은 사람은 설령 잠시 일을 쉬더라도 전혀 문제가 발생하지 않는다.

세상에 돈을 버는 방법은 많지만 가장 쉬운 방법은 SNS 마케팅으로 콘텐츠를 확산시키는 것이다. 많은 사람들이 당신이 살아온 지혜와 경험을 돈으로 살 것이다. 그러니 당신은 최대한 빠른 시간 안에 당신이 움직이지 않아도 수익이 창출되는 시스템을 구축해야 한다. 지금의 나처럼 적게 일하고 많은 돈을 벌기 위해서는 변화를 시도해야 한다. 이제 나는 네이버 카페 〈한국SNS마케팅협회〉 회원들과 함께 내가 가진 SNS 마케팅 비결을 바탕으로 평생 현역으로 살 수 있는 자동 수익화 시스템을 구축해 나갈 것이다. 그리고 이것을 확장해 나갈 것이다. 전 국민이 나처럼 적게 일하고 많은 돈을 벌어 자신이 원하는 것에 시간을 쓸 수 있도록 만드는 영향력 있는 사람이 될 것이다.

33

아들에게 멋진 아빠 되기

– 강동혁

사진작가, 영상작가, 미디어 콘텐츠 메이커

KNN 방송국 촬영기자로 활동하였으며, 개인과 기업 브랜딩을 위한 사진·영상 프리랜서 작가로 활동한다. 현재 아들과 함께 사진·영상을 제작하고 있으며 다양한 콘텐츠로 다른 사람에게 동기를 부여해 줄 수 있도록 노력하고 있다.

• Email tuffuman@naver.com • Blog blog.naver.com/tuffuman

"저 아빠 된답니다."

대학 수업시간에 뜬금없이 나는 100명이 넘는 사람들 앞에서 아빠가 된다고 발표했다. 아내가 스물다섯, 내가 스물일곱 되던 해에 우리는 결혼했다. 10대에 만나, 20대 중반에 결혼했다. 지금은 두 아이의 부모가 된 30대의 우리는 변변한 것이 하나도 없다. 여전히 그때를 생각하면 감격스러워 가슴이 찡할 뿐이다.

결혼 9개월 만에 아내가 첫아이를 임신했다. 나는 결혼만 하면 어른이 될 줄 알았다. 그리고 아빠만 되면 진짜 어른이 될 줄 알았다. 하지만 아내가 출산한 다음 알게 되었다. 부모가 된다고 진짜 어른이 되는 것은 아니라는 사실을 말이다. 결혼을 했어도, 부모가 되었어도 우린 여전히 어렸다. 나이도 생각도 어려 그저 눈앞의 현실을 어떻게 감당해 나가야 할지 계산이 안 서는, 조금 많이 부족한 부모였다.

어릴 때 나는 하고 싶은 것도, 갖고 싶은 것도 많았다. 웬만한 것은 부모님께서 다 들어주셨던 덕에 갖고 싶은 것을 못 가져서 속상했던 적은 거의 없었다. 어른이 되고 난 다음에도 마찬가지였다. 별다른 어려움 없이 살았고, 대학을 졸업하기도 전에 직장생활을 시작했다. 그랬기에 꼭 갖고 싶은 것이 있으면 어떻게 해서든 가지고 말았다. 결혼도 했고, 두 아이를 낳은 아빠도 되었고 '이만하면 나도 어른이구나' 했지만 그것도 잠시였다. 나이가 들어도 남자는 어린아이와 같다더니, 딱 나를 두고 하는 말 같았다. 나는 아내에게 '키덜트 문화'를 내세우며 내가 갖고 싶은 것을 합리화시키곤 했다. 그런데 내 생각이 다 깨져버린 사건이 한 번 있었다.

"아빠, 우리 집에 레전드 히어로 변신 체인저랑 다이노코어 없으니까 그거 사 주세요."

"아빠 돈 없어."

"그럼 아빠 일하러 가서 돈 많이 벌어서 사면 되죠."

헛웃음을 보이며 돌아섰던 짧은 대화를 통해 나는 많은 생각을 하게 되었다. 아이가 갓난쟁이로 누워 있을 때는 울면 우유를 주고, 또 울면 기저귀만 갈아 주면 아빠로서 충분했다. 하지만 아이가 말을 하고, 유치원에 가고, 또래 친구들과 어울리면서 아는 것이 많아지자 더 이상 아이가 울 때 밥만 주는 그런 아빠가 되어서는 안 된다는 생각이 들었다.

'지금 당장 아이에게 더 많은 장난감을 사 준다고 해서 좋은 아빠, 멋진 아빠일까? 과연 원하는 대로 다 들어주는 게 좋은 것일까?'

얼마 전 아내와 둘이 맥주 한잔하며 도란도란 아이들에 대해 이야기하다가 나는 많은 것을 깨닫게 되었다. 지금이 아니라 몇 년 뒤, 아이들이 더 크면 하고 싶은 것들도 많아질 것이다. 그런데 그때 해 줄 수 있는데 안 해 주는 것과 정말 해 줄 수 없어서 못 해 주는 것은 엄연히 다르겠다는 생각을 하게 된 것이다.

나는 평범한 회사원으로 살아왔다. 그래서 큰 꿈이나 비전을 가지고 살지 못했다. 그저 하루하루 주어진 일을 마무리하며 칼퇴근만 꿈꿨었다. 그런데 아이를 키우며 아이와의 대화를 통해 돈에 대한 사고방식이 변했다. 도전이나 목표에 대한 생각도 조금 변했다.

나는 아이에게 멋진 아빠가 되고 싶다. 지금 당장 하고 싶은 것이 무엇인지, 되고 싶은 것이 무엇인지, 어떤 사람이 되고 싶은

지 물으면 1초도 망설이지 않고 '멋진 아빠'라고 대답할 것이다. 물론 구체적으로 생각해 보면 그러기 위해서는 나 스스로 어떤 분야에 관해서 전문가가 되어야 한다. 그것을 통해 돈도 벌어야 한다. 꿈과 비전도 이루어야 한다. 하지만 그 끝에 내가 정말 원하는 것은 '좋은 아빠'다.

아이들이 원할 때 최선의 방법을 알려 주고 최대의 지원을 아끼지 않는 그런 아빠가 되고 싶다. 현재 나는 충분히 아이들과 놀아 주고, 스킨십도 하며, 엄마 못지않은 역할을 하고 있다. 그 부분은 아이들도 주변 사람들도 인정할 정도다. 그런데 부모가 아무리 아이와 친구처럼 가깝게 지내더라도 아이가 원하는 것을 해주지 못해서 아이에게 인정받지 못하는 모습을 많이 봤다. 나는 그런 아빠가 되고 싶지 않다.

이 글을 적으며 아이들과 하고 싶은 것은 무엇인지 그리고 아이들에게 어떤 아빠가 되고 싶은지 정리해 보았다.

첫째, 아이들과 돈 걱정 없이 해외여행을 가고 싶다. 평소 여행하는 것을 좋아해 수많은 여행을 다녀 봤지만, 돈 걱정 없이 여행할 때가 가장 행복했다. 아이들과 함께 돈 걱정 없이 마음껏 해외여행을 즐기고 싶다. 이 계획은 2018년에 꼭 이룰 것이다.

둘째, 아이들이 사고 싶은 것이 있을 때, 돈 걱정 없이 다 사주고 싶다. 물론 그 기준은 어른인 나의 기준에서 정해질 것이다.

하지만 아이가 갖고 싶은 이유를 충분히 설명할 수 있고, 쓸데없는 것이 아니라면 쿨하게 사 줄 수 있는 아빠가 되고 싶다.

셋째, 나의 일에서 전문가가 되어 아이들에게 인정받는 아빠가 되고 싶다. 나는 20대 중반부터 사진작가로 활동했다. 아이들은 태어나면서부터 카메라를 붙잡고 사는 아빠 모습을 봐 왔다. 지금은 사진 찍는 나의 모습을 '멋지다'라고 해 준다. 이 분야에서 전문가가 되어 아이들에게 더더욱 인정받는 아빠가 되고 싶다.

넷째, 아이들이 크더라도 여전히 친구이자 형 같은 아빠가 되고 싶다. 나는 아이들에게 고민이 생겼을 때 가장 먼저 들어 줄 수 있는, 때로는 친구 같고 때로는 형 같은 아빠가 되기를 원한다. 그러고 보니 현재 나도 아버지와 친구처럼 지내고 있다. 그래서 은연중에 더욱 이런 생각을 했는지도 모르겠다.

'멋진 아빠 되기'라는 굉장히 막연하고 광범위한 꿈을 적었다. 하지만 이 꿈은 나뿐만이 아니라 세상 모든 아빠의 꿈일 거라고 생각한다. 지나가는 시간을 붙잡을 수 없듯이 아이들과 함께하는 이 시간 역시 붙잡을 수 없다. 함께하는 이 순간순간이 모두 추억이 될 수 있도록 최선을 다해 꼭 꿈을 이룰 것이다.

꼭 이루고 싶은 나의 꿈 나의 인생 2

34-43

신금희 정광주
이서형 안경옥
류한윤 이철우
포민정 최영경
임현수 허동욱

34

새로운 꿈!
기술 글쓰기에 도전하기

- 신금희

기술 글쓰기 코치, 독서 코치, 교육 전문가, 작가, 강연가

전직 국어교사로 33년 4개월을 교단에 서는 동안 학생들의 글쓰기와 독서 지도에 가장 공을 들였다. 어떻게 글쓰기를 할 것인지, 책을 어떻게 읽는 것이 가장 좋은 방법인지를 가르쳤다. 이제는 기술 글쓰기 코치가 되어 글쓰기에 어려움을 겪는 이공계 출신자들을 돕고 있다.

• Email sgh0703@naver.com

20여 년이나 살았던 정든 집을 정리했다. 새집으로 옮길 짐을 싸면서 오래 묵은 물건들을 끄집어내어 정리해 보는 시간을 가졌다. 창고 속에 처박아 두고 잊고 지냈던 박스들을 하나씩 햇볕에 쏘이면서 정신없이 과거로 빠져 들어갔다. 언제 것이었는지 기억나지 않을 정도로 낡은 앨범을 펼쳐 들었다. 그러자 사진 한 장이 툭 하고 떨어져 내렸다. 나는 그날 아예 일손을 놓고야 말았다. 잊을 수 없는 지나간 시간들이 턱밑으로 달려와 나를 올려다보고 있었기 때문이었다.

1973년 중학교 3학년 때의 사진 한 장! 단발머리 여중생이 상장과 트로피를 들고 잔뜩 긴장한 얼굴로 앉아 있다. 제17회 학원문학상에 단편소설 〈육손이〉를 응모해 우수작 1석을 받은 기념으로 찍은 사진이다. 글 쓰는 것을 좋아해서 각종 백일장에 수없이 드나들던 시절이었다. 당시 학생잡지 《여학생》과 쌍벽을 이루던 《학원(學園)》에서 '학원문학상'을 개최해 온 학생들의 관심이 집중되었다. 마감은 그해 10월 말이었는데 그때 마침 중간고사와 겹친 탓에 글을 쓰는 게 쉽지 않았다. 그럼에도 불구하고 며칠 동안 밤늦게까지 글을 썼다. 그러느라 방 안 가득 원고지를 늘어놓았던 기억이 아주 또렷하게 되살아났다. 시험기간 중에 가슴을 졸이며 쓴 소설이 학원문학상의 중등부 우수작 1석으로 뽑혔다는 연락을 받고 얼마나 기뻐했는지 모른다. 44년 전의 일이다.

선생님들은 자신의 일처럼 기뻐해 주셨고, 나의 장래의 꿈은 자연스레 소설가가 되었다. 여고에 재학 중이던 당시, 여중과 여고가 도서관을 함께 사용하고 있었기 때문에 월요일부터 토요일까지 학년별로 하루씩 도서관을 이용했다. 그때 국어 선생님께서는 오로지 나에게만 일주일 내내 도서관을 드나들면서 책을 대출할 수 있는 특권을 주셨다. 사진을 보고 있으려니 오래 묵은 먼지 냄새조차 기분 좋게 맡아지던 도서관에서 두근거리는 마음으로 책을 읽던 그때가 떠올라 목이 메어 오기 시작했다.

고등학교 때는 충북에서 태어난 《임꺽정》의 작가인 벽초 홍명희 선생을 기념하는 '홍명희문학상'에 당선되었다. 그로 인해 지방 신문에 촉망받는 예비소설가로 기대된다는 기사가 실렸다. 그 일로 교장선생님께서는 운동장 조례 중에 그동안 내가 글짓기로 수상한 내역들을 일일이 읽어 주면서 칭찬을 아끼지 않으셨다. 남들에겐 금세 잊힐 일이었지만 내게는 아직까지도 어제 있었던 일처럼 선명하게 기억난다. 학생기자단으로도 활동했고, 틈나는 대로 글을 쓰며 문학의 꿈을 키워 갔다. 글을 쓰는 것이 즐거운 데다 성과도 많이 냈으므로 우쭐하는 마음이 컸던 학창시절이었다.

당연히 대학 역시 국어국문학과로 진학했다. 국문과에 가서 더 많이 배우면 훌륭한 소설가가 될 수 있으리라는 야무진 꿈을 꾸었다. 그런데 입학하자마자 대학방송국에 홀려서 대학 4년 내내 방송국 아나운서로 활동했다. 마이크 앞에 앉아서 진행하는 것도 재미있었고, 방송 원고를 감칠맛 나게 작성한다는 평을 받는 것도 신나는 일이었다. 내가 학교에 다니는 건지 방송국에 다니는 건지 구별이 안 되는 시간들의 연속이었다. 아나운서나 PD를 꿈꿔 보기도 하면서 자연스럽게 소설가의 꿈은 뒤로 밀려났다. 〈소설론〉을 강의하시던 교수님은 내 글을 보시고 몇 번이나 연구실로 나를 불러 글쓰기를 권하셨지만 결국 그 기대에 부응하지 못하고 학교를 마치게 되었다. 하고 싶은 것은 많았던 반면 그 어느 것도 뚜렷하게 잘하는 것이 없어 그저 그렇게 지냈던 아쉬운 대학

시절이었다.

대학을 마친 다음 해에 바로 국어교사가 되어 중·고등학교에서 서른 해 넘게 국어를 가르치면서 살았다. 정해진 커리큘럼이 있고, 교사직은 정년이 보장되어 있었으므로 주어진 시간들에 감사하며 살았다. 시와 소설을 가르칠 수 있는 국어수업이 좋았다. 선한 눈망울을 굴리며 나를 향해 고개를 끄덕여 주는 예쁜 제자들도 많았다. 그래서인지 교사로서의 시간들은 만족스러운 편이었다. 글짓기에 재주가 있는 학생들을 골라 백일장에 데리고 다니고, 논술 공부를 하는 고등학생들의 스터디그룹을 지도해 주기도 했다. 그러면서 내가 국어를 가르치는 교사라는 사실에 기쁨을 느끼곤 했다.

그러나 교직을 천직으로 여기고 살아온 30여 년 세월의 곳곳에 이루지 못한 꿈의 아쉬움과 허전함이 그림자처럼 따라다녔다. 애써 외면하고 있었지만 그 마음이 만들어 내는 파동은 쉽게 사라지지가 않았다. 결국 정년을 6년 앞두고 교단에서 내려오는 선택을 하고야 말았다. '나를 위한 시간'보다는 '나를 지탱해 가기 위해 보낸 많은 시간'을 후회하지는 않는다. 하지만 퇴직 후 주어지는 시간들을 나를 위해 사용하고 싶다는 생각이 간절해서 내린 결정이었다.

울타리 안에서만 살아오다 세상 밖으로 나오니 막막하기만 했다. 여기저기 기웃거리며 세상구경을 해 보았지만 그 어느 것도 만만하지 않았다. 하고 싶은 일을 찾아 이루지 못한 꿈을 이뤄 보겠다는 소망도 마음처럼 쉬운 일은 아니었다.

그러던 중 서점에서 책 한 권이 눈에 들어왔다. 임재춘 작가의 《한국의 이공계는 글쓰기가 두렵다》였다. 이 책에서는 오늘날 다른 사람과 본인을 차별화할 수 있는 경쟁력은 글쓰기라고 운을 띄운다. 또한 글쓰기는 개개인의 경쟁력 차원은 물론이요, 기업의 생존 차원에까지 확대되고 있다고 했다.

하지만 이공계를 졸업한 사람들은 글을 쓰는 것에 익숙하지 않다. 물론 모든 이공계 출신들이 다 글쓰기를 잘하지 못한다고 생각하지는 않는다. 작가의 말처럼 이공계 출신들은 계산과 공식에 익숙하다 보니 비교적 글로 표현하는 것이 서툰 것이다. "기술자는 단순하고 순수한 편이어서 하나의 문제에 하나의 해답만이 있다고 생각하는 경향이 강하다."라는 말에도 공감이 갔다. 대부분의 국어교사가 글쓰기를 잘하는 이유도 여러 갈래의 문학작품과 바른 국어를 사용한 많은 글들을 읽으면서 글쓰기에 익숙해졌기 때문이라고 할 수 있다.

오래 알고 지낸 지인 중, 대기업에서 이사로 재직하다 퇴사하신 뒤 기업들의 성장을 지원하기 위해 컨설팅을 하는 분이 계시다. 우연한 기회에 함께 이야기를 나누게 됐는데, 그분 또한 컨설팅을 진행하는 동안 기술 개발을 위한 제안서를 작성하거나 보고서를 써야 할 때 글쓰기에 어려움을 겪는 기술자들을 많이 만났다고 했다. 심지어는 탁월한 기술을 가지고 있으면서도 그것을 설명할 수 있는 글을 제대로 작성하지 못해 능력을 인정받지 못하는 경우도 적지 않다고 했다. 그러면서 나에게는 글을 쓰는 능력과 더불어 누군가를 가르칠 수 있는 기술도 있고 더군다나 30여 년간 국어학과 함께해 왔으니, 기술 글쓰기를 지도하는 일이야말로 내가 새롭게 도전해 볼 만한 일이라고 했다. 뿐만 아니라 글쓰기를 가르치는 일 외에도 직접 그들의 제안서나 보고서를 작성하는 일까지 도울 수 있다고 했다. 이 일을 떠올리며 가슴이 설레는 것만으로도 이미 나에게는 충분한 가치가 있는 것이라고 생각한다.

나의 새로운 꿈은 '기술 글쓰기(Technical Writing)'에 도전하는 것이다. 이제라도 시와 소설을 쓰는 것만이 글쓰기의 전부가 아니라는 사실을 깨달아서 다행이다. 기술 글쓰기는 사무적인 글쓰기가 될 수도 있을 것이다. 하지만 무엇보다도 글쓰기가 꼭 필요한 사람들에게 도움이 될 수 있으리라는 확신이 있다. 그렇기에 기술 글쓰기는 나의 인생 후반기에 꼭 이루고 싶은 꿈이다.

35

아내에게 '신'이 되기

- 정광주

'한국부동산투자연구소' 대표, (주)강남산업개발 대표, 공인중개사, 건축기사, 부동산 투자개발 전문가, 강연가

해군사관학교를 전역하고 해병대 중대장으로 전역했다. 그 후 식품제조업과 도소매업을 하며 사업가의 길을 걸었다. 현재는 부동산업에 종사하고 있다. 타고난 근면함과 집요한 승부욕으로 부동산업에서 성공을 거듭해, 현재는 연간 거래액이 200억 원이 넘는 공인중개사로 활동하고 있다. 개발 및 시행, 건축업을 병행한다. 건국대학교 부동산대학원 석사 과정. 현재는 '한국부동산투자연구소'의 대표로서 부동산 투자 노하우를 공유하고 부를 전파하는 부동산 재테크 강연가, 부동산 멘토로 활동 중이다.

- Email 2010456@naver.com
- C·P 010.8524.0100
- Blog blog.naver.com/2010456
- Instagram real_estate_mentor_

나는 아내와 아이들이 해 달라는 것을 모두 해 줄 수 있는 신과 같은 남편, 아빠가 되고 싶었다. 이 꿈을 이루기 위해 무척이나 열심히 살아왔다고 자부한다. 누구보다 열심히 경제활동을 했고, 쉬는 날이면 아내와 아이들을 위해 재미있는 이벤트를 준비했다. 단 하루라도 허투루 보내려 하지 않았다. 그런데 오늘은 아내와 다투었다. 싸움을 먼저 건 쪽은 나였다. 아내의 행동에 기분이 좋지 않았기 때문이다.

아내와 나는 지금 주말부부, 아니 월말부부 생활을 하고 있다.

아내는 나라를 지키는 군인이다. 그것도 귀신 잡는 해병대! 거기에다 북한과 마주하고 있는 최전방(김포)에서 근무한다. 일주일에 퇴근은 단 하루, 나머지는 부대에서 숙식한다. 나는 부동산 디벨로퍼(developer)다. 건설개발과 관련된 일을 주로 한다. 우리 가족은 2015년 포항에서 화성으로 이사했다. 아내가 포항에서 화성으로 발령을 받았기 때문에 나 또한 하던 일을 그만두고 온 가족이 이사를 한 것이었다. 그리고 2년 후, 아내가 김포로 발령을 받았다. 이번에는 나와 가족을 남겨 두고 아내 홀로 떠나게 되었다. 그렇게 월말가족 생활이 시작되었다.

이번 주말, 아내가 6개월 만에 집에 오기로 아이들과 약속했다. 아이들은 엄마를 많이 기다리고 있었다. 그런데 갑자기, 주말을 며칠 앞두고 아내가 집에 오지 못하게 되었다고 했다. 아내가 속해 있는 부대의 부대장이 휴가를 가야 하기 때문에 부득이하게 아내가 부대를 지켜야 한다는 것이었다. 이 상황이 나를 화나게 했다. 아니, 사실 화가 나기보다는 서운한 감정을 느꼈다. 그리고 동시에 나의 옹졸한 마음도 느껴졌다. 가족보다 자신의 일을 더 중요시하는 것 같아 아내가 미웠다. 그런데 아내는 이런 나의 마음을 아는지 모르는지, 미안하다는 말을 결코 하지 않았다. 비가 내리는 오후, 업무 장소로 향하는 차 안, 꽉 막힌 도로 위에서 아내와 심하게 말다툼을 하게 되었다.

나는 아내의 태도에 대해 불만을 터뜨렸다. 아내는 내가 불만이 묻어 있는 목소리를 낼 때마다 이렇게 물어본다.

"왜 화가 났어? 내가 잘못한 거야?"

그 말을 듣고 내가 화가 난 이유를 불같이 토해 냈다.

"내가 화난 것 같아 보이면 빈말이더라도 미안하다고 해 주면 기분이 풀릴 것 같은데, 자기는 절대 먼저 미안하다는 말을 안 해. 내가 왜 화났냐면, 자기 때문에 나와 부모님, 아이들의 모든 스케줄이 바뀌어야 하기 때문이야. 그러면 나는 실망한 아이들의 모습을 보는 게 힘들고, 내 머릿속도 너무 복잡해져. 그래서 화가 나! 됐니? 이제 미안하다고 말할래? 난 당신과 잘잘못을 따지고 싶은 게 아니라 당신한테 이해받고 싶은 거야. 그런데 당신은 굳이 잘잘못을 캐물어. 그래서 더 화가 나."

말다툼을 한 김에 했던 얘기를 또 하며 한 번 더 다퉜다.

"나와 우리 가족들 그리고 우리 부모님까지도 정말 많이 희생해. 도대체 무엇을 위해 이러고 있는 걸까?"

나의 날 선 질문에 아내는 이렇게 답했다.

"자기가 그렇게 말하면 내가 할 수 있는 대답은 하나밖에 없어. 내가 해줄 수 있는 것도 하나밖에 없어. 군인이란 직업을 그만두는 것."

나는 아내에게 따지듯이 이렇게 말했다.

"왜 그렇게만 생각해? 당신은 나와 다툴 때마다 그렇게 말하더라. 지금부터 생각의 폭을 넓혀 봐. 당신한테 휴직도 생각해 보라고 했잖아. 인사내신으로 전출 와도 되잖아. 휴직했다고 군인이 아닌 것도 아니고, 필수보직 안 했다고 군인이 아닌 것도 아니야. 당신이 하고 싶은 것을 정확하게 얘기하라고. 그래야 내가 정확하게 이해하고 정확하게 도와줄 수 있지. 가족을 내팽개치면서까지 필수보직을 해야 하는 거야? 군인인 게 문제가 아니고, 필수보직이 문제가 아니야. 가족보다 일을 우선시하는 당신 마음이 문제라고 생각해. 물론 부대 일 하는 당신도 힘들겠지만, 나는 애들, 부모님, 유치원, 병원, 먹는 것, 자는 것, 자잘하게 신경 써야 하는 게 너무 많아. 그리고 군대 그만둔다고 죽냐? 내가 돈을 못 벌어서 굶어 죽을 것 같아? 당신이 너무 하고 싶은 일인데 못 하게 되어서 죽을 것 같으면 해야지. 하지만 그런 것도 아니면서 가족보다 일을 우선시하는 당신이 나는 이해가 안 돼."

그러자 아내는 울먹이며 대답했다.

"자기 진짜 너무한다. 내가 뭘 하든 자기는 그냥 나를 지원해 줄 거라 생각했는데 그게 내 착각이었어? 되게 속상해. 남편이 신이 아닌 걸 깨달아서 속상해."

그렇다. 나는 신이 아니었다. 그러면서 왜 아내에게 모든 것을 다 해 줄 것처럼 살았는지 모르겠다. 처음부터 신이 될 것처럼 생각하지 말았어야 했나 보다. 비록 신이 아닌 인간이지만 아내와의 관계에서 참고 버티면 된다고 생각했었다.

"난 신이 아니야. 내가 잘못한 것 같아. 난 신이 되어서 당신을 도와주고 싶었는데 지금까지 너무 힘들게 버텨 왔네. 난 그게 너무 힘들었어. 그랬나 봐."

신이 될 수 없으면서 마치 사이비 신처럼 무한히 버티려고만 하는 건 바보 같은 행동이었다. 내가 참고 버텨서 오히려 아내로 하여금 더 재미없는 삶을 살게 한 것 같다. 그녀도 나와 함께 성장통을 겪어 가야 했는데, 나는 그 성장통을 막아 주는 게 내 역할인 줄 착각하고 있었다. 그리고 오히려 한꺼번에 많은 아픔을 그녀에게 안겨 주고 있었다.

인간은 신이 될 수 없다. 스스로 아내에게 신이 되어야겠다는 꿈을 포기하려 할 때, 한 가지 어마어마한 생각이 가슴을 뚫고 지나간다. 행동이나 물질적인 측면에서 인간이 신이 될 수 있는 방법은 없다. 하지만 인간이 신과 가까워질 수 있는 방법은 있다. 인간은 의식을 통해서 신과 가까워질 수 있다. 그리고 의식을 넓혀 감으로써 신처럼 죽을 때까지 살아갈 수 있다. 바다처럼 낮아지고 깊어지자. 바람처럼 시원하게 흘러가자. 우주처럼 무한한 고요 속에서 평온을 찾자.

나약한 마음 다잡고, 다시 신이 되어야겠다. 적어도 아내에게만큼은 신이 되어 주어야겠다. 누구보다 그녀를 잘 이해하고, 그녀에게 위로가 되어 주어야겠다. 내가 신이 아님을 깨달았을 때, 내가 신과 가까워질 수 있는 길을 조금 알게 되었다. 이렇게 한바탕 말다툼한 뒤에도 아내는 나에게 미안하다 말하지 않았다. 어느 영화에서 그랬다. "사랑은 미안하다고 말하지 않는 거야." 부부싸움은 칼로 물 베기 아니던가? 달라진 것은 없다.

나는 아내와 가족을 위해서 계속 신과 가까워지려고 노력한다. 다시 신과 가까워질 수 있는 용기를 얻었다. 마음에 평화가 다시 자리 잡는다. 아내와 다툰 일에 미안한 마음도 생긴다. 이건 어쩔 수 없나 보다. 마누라가 곁에 없으니까 아직 재미가 없다. 그녀가 빨리 왔으면 좋겠다.

36

다시 꿈꾸기

- 이서형

쉬운 영어공부법 코치 및 강사, 자기계발 작가, 강연가, 동기부여가

영어교육학 학사, 상담심리학 석사를 졸업하고 삼성 등 대기업 영어강사로 활동 중이다. 시사영어사와 천재교육 본사의 영어교육 팀장, 한솔교육 본사 원어민 강사, 미국 MATC 칼리지 영어강사, 외국계 은행 번역사, 건강가정지원센터 심리상담사로 활동했다. 20년간의 영어교육 경험과 노하우를 바탕으로 현재 영어 강의 및 코칭을 하며 쉬운 영어공부법에 관련된 개인저서를 집필 중이다. 저서로는《또라이들의 전성시대1》가 있다.

• Email clayoga7@naver.com
• Blog blog.naver.com/izienglish
• Homepage izienglish.modoo.at
• C·P 010.3949.2235

몇 주 전에 휴대전화를 바꿨다. 3년 정도 쓰던 휴대전화가 느려지기 시작해서 최신 기종인 '노트 8'로 바꾸었다. 우선 디자인이 날씬해서 마음에 들었다. 또한 편리한 기능이 많다고 했는데 몇 주가 지난 지금까지도 기능의 절반도 활용하지 못했다. 문득 나의 삶도 휴대전화와 같다는 생각이 든다. 삶에는 내가 알고 있는 것보다 훨씬 많은 보물과 기적의 가능성이 널려 있다. 하지만 사용법 매뉴얼을 읽지 않고 최신 휴대전화의 몇 가지 기능만 사용하는 것과 같이 내 안에 보물이 있다는 것조차 모를 때도 있었다.

나는 꿈을 꾸는 것이 휴대전화의 매뉴얼을 꺼내 들고 설레는 마음으로 신기한 휴대전화 사용법을 배우는 것과 같다고 생각한다. 설렘과 탐험하는 마음은 발견과 재미로 이어지고, 재미는 나에게 생기를 불어넣는다. 명료한 꿈이 없던 나의 20대는 잘 작동하지 않는, 오래된 휴대전화와 같았다. 영어강사로서의 커리어는 연봉을 2배로 올려 스카우트될 정도로 성공적이었다. 하지만 꿈도 없이 반복되는 일상에 숨이 막혀 왔다. 그때 나는 과감하게 결단을 내리고 꿈을 찾아 미국으로 떠났다. 그 용기 덕분에 나는 예술에 입문할 수 있는 행운을 만났다. 하지만 굳건한 믿음을 갖고 추구하지 않아서인지 그 행운을 꿈으로 실현하지는 못했다.

막연하게 꿈을 꿀 때는 마치 인형 뽑기 상자를 들여다보고 있는 것 같다. 상자 안에는 갖고 싶은 예쁜 인형들이 뽑히기를 기다리며 웃고 있다. 하지만 인형은 쉽게 내 품으로 들어오지 않는다. 집게에 대롱대롱 매달린 인형은 바깥세상을 보지 못하고 눈앞에서 뚝 떨어진다. 나에게 있어 예술은 입구 앞까지 왔다가 다시 상자 속으로 떨어져 버린 인형과 같다. 나는 여러 미술 매체 중 흙을 좋아한다. 흙으로 무언가를 만들면 편안하고 행복하다. 흙이 손에 닿는 느낌, 서로 다른 유약이 만나 만들어 내는 신비한 무늬, 무엇이든 할 수 있게 몸을 내어주는 흙의 포용…. 이 모든 것이 너무나도 좋지만 현실적인 이유로 도예가로 살지 못하고 있다.

이제 중년이 된 나는 다시 꿈을 꾼다. 나는 성장과 치유가 있는 삶을 나의 드림리스트에 올리고 일상 속에서 끊임없이 이미지화하고 있다. 내가 세상을 날 수 있도록 도와준 두 날개는 영어와 예술이었다. 영어라는 도구가 있어 독립적으로 살 수 있었고, 예술이 있어 끝없는 행복함을 느꼈다. 앞으로 나는 영어와 예술, 이 두 매체를 사용해 사람들이 자신 안에 있는 보물을 꺼내서 성장과 치유를 이룰 수 있게 안내하는 메신저로 살 것이다.

건물주가 되는 것도 꼭 이루고 싶은 꿈이다. 내가 젊은 시절에는 경제가 성장가도를 달리고 있어서 취직이 잘되었다. 경제적인 것에 크게 관심을 갖지 않아도 그럭저럭 잘 살았다. 하지만 지금은 상황이 다르다. 꿈을 이루기 위해서는 경제적인 요인이 뒷받침되어야 함을 잘 알고 있다. 이제는 구체적인 보물지도를 그려 꿈을 실현해 나갈 것이다. 나의 건물은 나의 목표를 향해 날아갈 수 있도록 든든한 날개가 되어 줄 것이다. 시간의 자유, 삶을 선택할 수 있는 자유를 얻어 나의 다른 꿈들을 이룰 것이다.

내가 꼭 이루고 싶은 또 다른 꿈은 청소년의 멘토 그리고 동물보호가가 되는 것이다. 이 꿈은 불우했던 어린 시절의 나의 경험과 연결되어 있다. 엄마는 혼자 세 자녀를 기르느라 힘들었음에도 도움이 필요한 주변 사람들과 수많은 유기동물을 품어 주셨다. 우리 집도 힘든데 남 돌보는 일에 발 벗고 나서는 엄마가 원망스러울 때도 있었다. 하지만 그로 인해 아픔을 가진 존재들을 외면하지 않아야 한다는 것을 자연스럽게 배울 수 있었다.

우리 가족에게도 아픔을 갖고 있는 청소년이 있다. '광수'라는 이름의 잘생긴 코숏(코리안 숏헤어) 고양이다. 광수가 갓난아기일 때 엄마가 교통사고로 무지개다리를 건너서 입양했다. 광릉수목원 근처에서 태어난 그 아이의 정체성을 지켜 주고자, 광릉수목원의 앞 글자를 따서 광수라는 이름을 붙여 주었다. 그런데 광수가 요즘 참 삐딱하다. 며칠 전 어떤 일로 야단맞고 나서 요즘은 살갑지 않다 못해 가끔씩은 공격적이기까지 하다. 한번 야단친 이후 삐지는 게 어째 예전 같지 않다. 꾸중이 먹히지 않는 고양이의 속성을 잘 몰라서 발생한 일이다. 성격이 형성되는 어린 시절 엄마의 따뜻한 보호를 받지 못해서 그런지 그 애는 좀 예민하고 징징댈 때가 많다. 하지만 참 사랑스럽다. 길거리에 유기된 수많은 광수는 평균수명 3년을 살다가 간다. 날이 추워지니 작은 생명들이 더 걱정된다. 구체적인 방안을 마련하여 꼭 그들을 보살피리라 다짐해 본다.

나도 광수처럼 늘 부모님의 따뜻한 품이 그리웠던 어린 시절을 보냈다. 한부모가정의 가장인 엄마는 일하느라 늦게 귀가하실 때가 많았다. 그러다 보니 초등학생인 내가 밥을 한 경우도 적지 않다. 해가 지고 난 아무도 없는 집이 외롭고 무서워서 이불을 뒤집어쓰고 울며 엄마를 기다리기도 했다. 나이 차이가 많이 나는 두 오빠는 집에 없는 경우가 많았다. 큰오빠가 아빠의 빈자리를 어느 정도 채워주었지만, 내가 초등학교 고학년 때 지방으로 파견 근무를 가게 되어 더는 그럴 수 없었다. 사춘기 때 삶에 대한 근본적인 고민으로 방황할 때 오빠의 빈자리가 더욱 크게 느껴졌다. '오빠가 집에서 출퇴근했더라면 참 좋았을 텐데….'라는 생각을 자주 했다. 건강가정지원센터에서 미술치료를 할 때도 한무보가정에서 돌봄을 받지 못해 유기불안이 있는 어린이나 청소년을 치료할 때는 어린 시절 기억이 떠오르곤 했다. 치료사 초기에는 나의 어린 시절 환경과 비슷한 상황에 있는 내담자를 만나면 감정이 흔들려서 개인 분석을 받으며 여진과도 같은 상처를 돌보아야 했다.

영·유아기와 유년기, 청소년기에 안정적인 양육환경에서 보호를 받지 못해 받은 상처로 인해 불안, 우울과 같은 심리적 문제를 겪는 사람들이 생각보다 많다. 대한민국은 트라우마의 나라다. 먼 과거를 거슬러 올라가지 않아도 일제시대, 한국전쟁을 겪은 조부모와 부모님 그리고 그 시대의 영향을 고스란히 물려받은 자녀들이 고군분투하며 살아가고 있다. 13년째 OECD국가 중 자살률 1위라는 기록이 우리의 상황을 잘 대변해 주고 있다.

《트라우마는 어떻게 유전되는가?》라는 책에 따르면, 조상들의 경험, 트라우마도 유전된다고 한다. 미해결된 트라우마의 에너지는 자녀들에게 대물림되어, 누구든 어서 해결해 달라고 아우성을 친다. 우리는 때로 왜 우울한지, 왜 무기력한지, 왜 화가 나는지도 모르면서 그 에너지에 휘둘리기도 한다.

나는 오늘날의 수많은 '또 다른 나'와 '광수들'에게 꿈과 사랑의 숨결을 불어넣어 상처가 아물 수 있도록 안내하는 치유자와 멘토의 길을 걷고 싶다. 고통 없이 사는 존재는 없다. 모두가 각자의 십자가를 지고 가지만 그 십자가에 매달리더라도 결국은 부활하여 꿈의 날개를 달도록 안내할 수 있기를 바란다.

"꿈꾸지 않으면 사는 게 아니라고 별 헤는 마음으로 없는 길 가려 하네. 사랑하지 않으면 사는 게 아니라고 설레는 마음으로 낯선 길 가려 하네."

대안학교인 간디학교의 교가 첫 소절이다. 중년이 되어 돌아보니, 수많은 시련 속에서도 무너지지 않고 여기까지 올 수 있었던 것은 꿈과 사랑이 있었기 때문이다. 나는 살기 위해 사랑한다. 더 생생하게 살기 위해 꿈을 꾼다. 이제는 보물지도를 펼쳐 들고 낯선 길에 발을 내딛으며, 또다시 꿈을 꾼다.

37

1인 유튜브 방송의 지식 기업인 대표 되기

- 안경옥

'퀸스터디' 대표, 교육지원청 학습코칭 강사, 동기부여가, 강연가, 자기계발 작가

'퀸스터디' 대표로 학생들의 진로와 학습 코칭 및 성인들의 진로, 자기계발, 인간관계 해소, 부모교육 등을 코칭하고 있다. 또한 자기계발 작가, 강연가, 동기부여가로 선한 영향력을 끼칠 수 있는 활동에 주력하고 있다. 교육청에서 학습 코칭 강사로 6년째 활동하고 있다. 저서로는 《보물지도10》, 《또라이들의 전성시대2》가 있으며 현재 학습 코칭에 관련된 개인저서를 준비 중이다.

• Email an7734@hanmail.net • Blog queenstudy.co.kr

현대는 개성시대다. 틀이 없고, 개방적이고 만드는 대로 명품화할 수 있는 개성특화시대다. 때문에 독창적인 아이디어만 있으면 나만의 프로그램, 나만의 작품, 나만의 기획을 세상에 탄생시킬 수 있다. TV 프로그램만 봐도 예전엔 생각도 하지 않았던 소재의 프로그램들이 유행처럼 방영되고 있다. 요리 프로그램만 해도 그렇다. 예전엔 단순히 요리사가 요리 과정만을 보여 주어 요리에만 집중하는 식이었다. 하지만 지금은 연예인이 출연해 직접 요리를 할 뿐만 아니라 그들의 일상까지 재미있게 보여 주는 방식으로 확대되었다. 백종원이 출연하는 요리프로그램도 다양한 요리를 시식하면서 쉽게 따라 할 수 있는 요리법까지 공개해 시청자들을 끌어모으며 있다.

확실히 창의적인 사람이 뜨는 시대라고 할 수 있다. 한참 지났지만 〈미녀들의 수다〉라는 프로그램도 있었다. 이 프로그램은 외국인 여성 출연자들이 한국말을 유창하게 구사하며 다양한 주제로 이야기를 나누는 프로그램이었다. 당시 외국인 출연자가 흔하지 않았기 때문에 신선함으로 인기를 많이 끌었다.

그런가 하면 한때 즐겨 보았던 〈나는 자연인이다〉라는 프로그램도 있다. 방송 초창기에 산에 들어가 사는 사람들의 모습을 보여 준다고 하여 이목을 끌었는데, 방송 된 지 몇 년이 지난 지금까지도 여전히 인기가 많다. 아마 많은 스트레스를 받고 일에 휘둘리며 지친 현대인들이 산에서 휴식을 얻는 삶에 매력을 느꼈기 때문인 것 같다. 이 프로그램은 도시에서의 치열한 삶에서 벗어난 산에서의 평화로운 삶을 조명한다. 도시의 삶을 벗어나지 못하는 현대인들은 "나는 실천을 못하지만 저 사람은 실천하며 사는구나!"라고 감탄하며 대리만족을 얻기도 한다. 그런 면에서 40~50대 남성들한테 매우 인기 있는 프로그램으로 자리매김했다. 아직도 산으로 들어가길 꿈꾸는 사람들이 있을 정도다.

최근엔 〈팬텀싱어〉라는 방송이 많은 사람들의 가슴을 울렸다. 노래 잘하기로 유명한 가수들이 출연해 명곡을 부르는 프로그램이다. 시청자들은 가수들의 노래를 들으며 쾌감을 느끼기도 하고 감상에 젖기도 한다. 예전엔 가수들이 나와서 밋밋하게 노래만 부르는 방식이었다면 요즘은 특화된 아이디어로 노래를 재구성하기도 하고 무대를 마치 뮤지컬처럼 꾸미기도 한다.

요즘에는 1인 유튜브 방송이 유행이다. 얼마 전엔 유튜브 스타 김새해 작가를 알게 되었다. 같은 〈한책협〉 출신이라 눈길이 갔고 유튜브라는 매체를 통해 활발하게 활동하고 있어 더욱 관심이 높아졌다. 왜 갑자기 김새해 작가가 멋있어 보였을까? 아니, 단지 멋있다기보다는 유튜브 동영상을 활용해 1인 기업가가 되었다는 것이 대단히 존경스러웠다. 동영상을 찍어 올리는 데는 보통 이상의 용기가 필요하다. 자신의 얼굴을 생생하게 올린다는 게 정말 쉬운 일은 아니다. 특히 카메라에 민감한 여자에게는 말이다. 그만큼 외모에 자신감이 있어야 시도해 볼 만한 것이다. 다행히 그녀는 예쁘다. 옷을 아무렇게나 걸쳐도, 심지어 민낯이어도 예뻐 보이는 스타일이다. 그런 점에서 유튜브 방송을 촬영하는 것에 망설임이 없었을지도 모르겠다.

유튜브 방송이 망설여지는 데는 또 하나의 이유가 있다. 매일 새로워야 하는 콘텐츠 때문이다. 김 작가에게는 책이라는 콘텐츠가 있다. 책을 읽어 주며 김 작가만의 사상과 철학으로 책을 재해석한다. 시청자들은 그것에 즐거움을 느끼며 열광한다. 이목을 끌기 위해서는 콘텐츠가 색달라야 한다.

학창시절에 즐겨 듣던 라디오 프로그램 중에 〈별이 빛나는 밤에〉라는 프로그램이 있었다. 나는 그 방송의 MC 목소리에 반했다. 비록 얼굴은 보이지 않았지만 하나의 스토리를 잔잔한 목소리로 낭독하는 데 내 영혼을 완전히 빼앗겨 버렸다. 몰입하게 되는 스토리, 듣고 있노라면 감동의 물결이 밀려드는 배경음악 게다가 멋진 에세이 낭독까지. 만약 나에게도 그런 프로그램을 할 수 있는 기회가 온다면 나는 재빨리 그 기회를 잡을 것이다. 나의 정서와 아주 잘 맞는 프로그램이다.

그런 면에서 나에게는 김 작가의 유튜브 방송이 매력적으로 다가왔다. 그녀만의 콘셉트로, 그녀만의 개성으로 방송을 이끌어 간다는 점이 너무 멋져 보였다. 그녀의 목소리는 감미롭다. 대부분 밤 시간에 녹화하는 것 같았다. 그래서 소곤대는 목소리로 말하곤 하는데 그 때문에 더욱 잔잔하고 아늑한 느낌을 준다. 그녀의 방송을 보면서 가끔 생각해 본다.

'나였다면 어떻게 할까? 나는 어떤 스타일로, 어떤 버전으로 할까? 스토리는 무엇으로 할까?'

콘셉트는 당연히 책의 소재들로 할 것이다. 나도 나의 책이 있으니 내 책을 중심으로 이끌어 가면 될 것이다.

지난달에는 유튜브 동영상 제작과정을 배웠다. 동영상 촬영부터 편집까지 의외로 할 일이 많았다. 무엇보다 영상을 촬영하는 데는 나의 태도와 말투가 관건이었다. 초보 티가 나지 않도록 전문성 있게 촬영하는 스킬이 필요했다. 이것을 위해서는 많은 연습이 필요하다는 것을 안다. 그렇기에 나는 부단히 노력하고 있다. 동영상 교안을 작성하고 잘나가는 유튜브 방송들을 수없이 벤치마킹해야 하며 계속해서 연습해야 한다. 그렇게 오랜 시간 공부하며 내 능력을 업그레이드할 것이다. 나만의 독자적인 콘텐츠를 개발하여 대중에게 확실히 어필할 수 있는 유튜브 방송을 하고 싶다. 아마도 처음에는 어색할 테지만 곧 익숙해질 것이다. 일단 시작하면 나의 온몸을 던져서 나의 모든 끼를 발산할 것이다. 진작 유튜브 방송을 시작하지 않은 것을 후회할 정도로 재미의 바다에 푹 빠질 것이다.

내 방송은 수많은 사람들의 입소문을 타고 전국적으로 유명해질 것이다. 심지어는 TV 프로그램에서 스카우트할 정도로 성공을 거둘 것이다. 내 방송은 청소년부터 성인에 이르기까지 모두가 좋아할 것이다. 내 방송을 시청한 많은 기업이 강의를 요청해 올 것이다. 1인 컨설팅이 1년 단위로 예약되며 돈이 더 이상 돈으로 보이지 않을 만큼 흔해지는 순간이 올 것이다.

나의 유튜브 방송에는 인생지도를 설계하고 싶은 사람들이, 자기계발을 성공적으로 하고 싶은 사람들이 모일 것이다. 나는 유튜브 방송을 통해 고민을 가지고 있는 이들의 고민을 해결해 주고 우울한 영혼들의 안식처가 되어 줄 것이다. 꿈을 가진 사람들의 모임이 될 뿐 아니라 꿈을 찾아 가는 사람들에게도 옹달샘이 되어 줄 것이다.

나는 유튜브를 찍는 시간을 가장 사랑한다. 가장 행복한 시간이다. 독자들과 소통하는 시간이 그리 좋을 수가 없다. 많은 사람들에게 동기부여를 해 주며 선한 영향력을 끼칠 것이다. 이것이 나의 꿈이자 인생 목표다. 단지 생각에만 그치는 소극적인 꿈이 아니다. 인생 2막을 살아가는 데 원동력이 되어 줄 원대한 꿈이다. 나는 반드시 1인 유튜브 방송의 지식 기업인 대표로 성공할 것이다.

38

대한민국 최고의 동기부여 강연가 되기

– 류한윤

'독서변화연구소' 대표, 자기계발 작가, 칼럼니스트, 동기부여 강연가, 웰니스(wellness) 플래너

낙상사고로 입은 큰 부상을 독서와 운동으로 극복했던 경험을 전하기 위해 《삶을 바꾸는 기술》이라는 저서를 발간했다. '시련은 성장을 위한 씨앗이다'라는 모토로 꿈과 희망을 전하는 메신저로 활동하고 있으며, 독서로 변화된 삶의 가치를 전하는 독서변화 코치다. 저서로는 《삶을 바꾸는 기술》, 《보물지도 8》, 《버킷리스트 12》, 《인생을 바꾸는 감사일기의 힘》, 《나는 책쓰기로 당당하게 살기로 했다》 등이 있다.

- Email rhyforg@naver.com
- Cafe www.rcl-lab.com
- Facebook ryu.hanyoun
- Blog blog.naver.com/rhyforg
- C·P 010.9027.9297

2017년이 어느덧 저물어가고 있다. 지난 10개월간의 일들이 주마등처럼 스쳐 간다. 2017년을 시작하면서, 나는 단지 책을 쓴 작가가 되고자 했다. 그런데 지금은 거기에서 한 발짝 더 나아가 더 많은 것과 높은 곳을 바라보고 있다. 수많은 버킷리스트 중에서도 많은 이들에게 꿈과 희망을 심어 주고 그들과 함께하는 공동체를 만들겠다는 것이 나의 최종 목표다. 그 여정은 이제 막 시작되었다.

많은 사람들이 자기 의견을 표현하는 데 어려움이나 두려움을 갖고 있다. 회사에서 회의를 해도 본인 의견을 먼저 표출하는 것을 꺼리는 경우가 많다. 나 또한 그중에 한 명이었다. 적극적으로 사람들 앞에 나가서 발표하는 것이 익숙하지 않았던 내가 무대에서 사람들에게 희망을 전해주고자 하는 꿈을 꾸고 있다.

어린 시절엔 꽤 적극적인 면도 있었다. 초등학교 시절 국어책에 희곡이 나오면 선생님은 등장인물마다 한 명씩 정해서 연극처럼 읽도록 했다. 그럴 때마다 적극적으로 참여했다. 나름 감정도 최대한 이입해서 연기하듯이 읽었던 기억이 난다. 그리고 반에서 하는 장기자랑이 있을 때는 성인 가수의 노래를 외워서 아이들 앞에서 노래하곤 했다. 중학교에 진학하면서 학업에 매진해서인지 낯선 환경에 직면해서인지 그 이후로는 먼저 적극적으로 나섰던 기억이 드물다.

개인저서가 출간되고 나서 조금씩 새로운 일들이 내게 다가왔다. 출간에 맞춰 홍보영상을 촬영하는가 하면 작가들끼리 모여서 진행했던 꿈서트에도 참가하게 되었다. 물론 책을 쓰면서부터 1인 사업가의 길을 가겠다고 결정했었던 터라 꿈서트 참여 제안을 받았을 때 흔쾌히 승낙했다. 꿈서트는 나를 세상에 처음으로 알리는 장이기도 했다. 그렇기에 더욱 세심하게 준비했고 최선을 다하고자 했다. 꿈서트를 통해 함께하는 7명의 작가님들과 새로운 인연도 맺었다. 우리는 여러 번 모여서 리허설을 가지며 각자의 모습을 만들어 나갔다. 지향하는 곳은 조금 다를지도 모른다. 하지만 꿈이 있어 글을 쓰고 책을 펴낸 작가님들과 함께하는 행사여서 준비하는 내내 행복했다. 꿈서트는 우리의 꿈들을 마음껏 이야기할 수 있는 기회를 주었다.

그렇게 지난 8월 말에 서울시청 바스락 홀에서 제5회 꿈서트가 개최되었다. 1, 2부로 나눠서 진행되었는데 나는 2부의 첫 순서였다. 많은 준비를 하고 연습과 리허설을 거쳤음에도 막상 순서가 다가오니 긴장이 많이 되었다. 주어진 15분 동안 준비한 내용을 무리 없이 해냈다. 하지만 리허설을 할 때와는 달리 많이 경직된 상태여서 솔직히 내가 무슨 말을 하고 있는지 몰랐던 순간도 있었다. 경직된 상태가 조금 풀리고 나서야 나를 쳐다보는 100여 명의 청중들의 모습이 보였다. 고개를 끄덕이면서 공감해 주는 분들도 눈에 들어왔다. 여유를 찾아 갈 즈음 강연을 마무리해야 해서 아쉬움이 남기도 했다. 하지만 첫 무대치고는 많은 청중들 앞에서 강연했고, 15분이라는 짧은 시간은 강연을 준비하는 데 부담도 덜 느끼게 했다. 시작하는 내게는 아주 소중한 경험이 되었다.

단기간에 큰 변화가 만들어져 가고 있지는 않다. 하지만 가랑비에 옷 젖듯이 조금씩 새로운 경험과 기회들이 생겨나고 있다. 꿈서트를 계기로 〈매일경제〉 신문에 매주 칼럼을 기고하게 되었다. 책을 쓰면 칼럼니스트가 된다고 들었지만 이렇게 갑작스럽게 기회가 주어지리라고는 생각지도 못했다. 매주 2개씩 칼럼을 쓴다는 것이 그리 쉬운 일은 아니다. 그렇지만 부담을 갖기보다는 즐기고 있다. 글 쓰는 일을 사랑하는 것처럼 칼럼 또한 글을 쓰는 것이기에 나는 내가 사랑하는 일을 할 기회를 하나 더 갖게 된 셈이다.

칼럼기고를 시작한 지 얼마 되지 않았던 지난 9월 초에 부재중 전화와 문자가 한 통 와 있었다. 문자는 국립백두대간수목원의 본부장으로부터 온 것이다. 수목원 신입사원과 기존 직원 100명을 대상으로 한 10월 말의 강연을 요청하기 위함이었다. 이미 꿈서트를 통해서 경험을 쌓기 시작했고 앞으로 내가 가고자 하는 길이기에 주저함 없이 하기로 했다. 2시간이라는 긴 시간을 소화해 내야 하는 것이 약간 부담스럽기도 했다. 하지만 어차피 내가 가려던 길이고 극복해 내야 하는 것이기에 두려움을 떨치고 차근차근 준비했다.

국립백두대간수목원에 가기 하루 전이었다. 딸아이가 말을 걸어왔다.

"아빠, 강연 가는 곳이 어디예요?"

"어, 연경이가 인터넷에서 알아볼래? 국립백두대간수목원이거든."

"아빠! 여기 되게 유명한 곳인가 봐요. SBS, YTN, KBS 등 방송에 많이 나왔어요. 그리고 동양에서 제일 큰 수목원이래요."

"그래? 아빠도 한 번도 가 보지 않았고 이번에 알게 되어 잘 몰랐었는데, 그렇구나."

"나도 같이 가면 안 돼요?"

"거기 직원들 대상으로 하는 거라서 같이 가는 건 안 된단다."

"아쉽다. 다음엔 같이 가야 해요!"

"그래, 알았어."

경북 봉화군에 위치한 국립백두대간에 가기 위해 이른 시간부터 준비해서 출발했다. 자동차로 4시간이 넘게 걸릴 만큼 거리가 꽤 되었다. 강연을 시작하기 전 본부장으로부터 듣기로는 백두대간수목원은 산림청에서 약 2,000억 원을 들여서 10년 동안 조성했을 만큼 규모가 큰 프로젝트였다고 한다. 올해 들어서 임시 개관을 한 상태이고 아직 정식 개관 전이라고 했다.

강연에 들어가기 전 사인회를 먼저 마련해 줘서 직원들에게 사인을 해 주고 나서 본격적으로 강연을 시작했다. 시작 전에 사인회로 긴장감을 푼 데다, 꿈서트란 무대경험이 나도 모르게 자신감을 심어 줬었던 것 같다.

여유롭게 시작한 강연은 2시간 동안 쉬지 않고 이어졌고 미리 준비하지 않았던 얘기까지 할 정도로 열정적으로 진행되었다. 청중들과 눈을 맞추고 그들의 모습을 모두 담을 만큼 여유롭게 강연을 마칠 수 있었다. 마지막 질의응답 시간에 많은 분들이 질문한 것으로 보아 그들이 얼마나 내 강연에 집중했었는지 짐작케 했다. 강연을 마치고 집으로 돌아오는 내내 기분이 좋았던 것은 스스로도 충분히 만족했기 때문이다. 강연을 마친 지 한 시간도 채 되지 않은 시점에 내가 운영하는 카페에 강연 후기가 올라왔다. 강연을 듣고 동기부여를 제대로 받았다는 것이다. 강연 후기 글은 앞으로 내가 해야 할 일을 더 명확히 해 줬다.

우리는 많은 두려움을 안고 살아간다. 그 두려움을 이겨 내기 위해서는 긍정적인 마인드로 삶을 사랑과 감사로 채워 나가야 한다. 사람들이 새로운 일이나 길을 선택하지 못하는 것 또한 두려움을 갖고 있기 때문이다. 가지 않은 길에 대한 두려움은 누구에게나 있다. 하지만 그것을 극복하지 못한 채 새로운 것을 시작하지 않는다면 삶에 변화란 있을 수 없다. 나는 사람들이 두려움을 이겨 내고 새로운 꿈과 희망을 갖도록 하겠다는 소명을 갖고 있다. 그리고 이미 그 길에 접어들기 시작했다. 나는 대한민국 최고의 동기부여가가 될 것이다. 나로 인해서 삶을 바꾸는 사람들이 세상을 조금 더 따뜻하고 아름다운 곳으로 만들어 가도록 할 것이다.

39

O tvN 특강 쇼 〈어쩌다 어른〉에 출연하기

- 이철우

'새벽독서경영연구소' 소장, 기적의 일기쓰기 코치, 글쓰기 코치

일기쓰기를 통해 자아성찰을 하고 꿈을 찾은 경험을 토대로 전 국민 일기쓰기 운동을 진행 중이다. 선한 영향력을 끼치는 메신저라는 꿈을 가지고 있다. 현재 건설회사에서 건축기사로 재직하며 일기를 주제로 개인저서를 집필 중이다. 저서로는 《보물지도10》, 《꼭 이루고 싶은 꿈 나의 인생》, 《또라이들의 전성시대2》가 있다.

• Email chulwooji89@naver.com • Blog blog.naver.comm/chulwooji89
• Instagram diary_of_miracle

정신은 아직 아이인데 몸은 어른이 되어 버린 사람을 우리는 '어른아이'라고 말한다. TV 프로그램 이름처럼 어쩌다가 어른이 되어 버린 신세다. 내 나이는 20대의 마지막인 스물아홉 살이다. 누군가는 내 나이를 들으면 나를 어른으로 생각할 것이다. 하지만 나는 누군가에게 당당히 "나는 어른이다."라고 말할 수가 없다. 아직 '어른'이라는 이름이 낯설다. 마치 추위를 맞이할 채비도 하지 않았는데 겨울이 오듯이 말이다. 어른이 될 준비를 아직 다 끝내지 못했는데 주변에서 나를 어른이라고 부르는 이 상황이 난감할 따름이다.

평화로운 어느 주말 오후, TV 채널을 돌리다가 우연히 〈어쩌다 어른〉이라는 제목의 프로그램을 보았다. 어떤 프로그램인지는 몰랐지만 제목만 듣고도 내가 챙겨 봐야 할 프로그램이라는 것을 알아챘다. 어느새 내 마음속에는 이 프로그램이 공기처럼 스며들었고 나도 모르게 애청자가 되어 있었다.

〈어쩌다 어른〉은 매회 다른 주제로 유명인사들이 나와서 각자의 메시지를 청중들에게 전달하는 특강 프로그램이다. 그들이 전하고자 하는 메시지는 모두 아직 어른이 될 준비가 덜 끝난 사람들에게 필요한 것들이었다. 그것에 감동한 나는 계속해서 프로그램을 챙겨 보게 되었다. 그런데 그들의 강의를 듣고 있는 내내 내 마음 한구석에서 이런 마음이 꿈틀거리기 시작했다.

'나도 저 프로그램에 나가서 강연하고 싶다'

이런 내 마음을 다른 사람이 알아 버린다면 당장 그 자리에서 비웃음을 살지도 모른다. "네가 뭔데?"라는 식의 비아냥거림을 감수해야 할 것이다. 왜냐하면 나는 유명인사도 아니고 특별한 스펙을 가지고 있는 것도 아니기 때문이다. 하지만 나는 어떤 것을 이루기 위해 가장 필요한 것은 그것을 꿈꾸는 능력이라고 생각한다. 무엇이든지 간절히 원하고 생생하게 상상한다면 이룰 수 있다고 믿는다. 그래서 나는 언제나 TV 특강 쇼 〈어쩌다 어른〉에 출연하는 내 모습을 상상하고 있다.

꿈꾸는 능력은 나를 성장시킨다. 꿈을 이룬 모습을 생생히 생각하다 보면 그 자리에서 지금의 내 위치가 보인다. 그리고 그 위치에서는 지금의 내 모습에서 더 노력해서 갖춰야 할 것들이 보이기 시작한다. 나에게 필요한 것이 무엇인지 분명하게 알고 빠르게 채워 나간다면 반드시 목표에 도달해 있을 것이다. 이것이 바로 꿈꾸는 능력이 중요한 이유 중의 하나다.

나는 프로그램에 출연해서 강연하는 모습을 상상할 때마다 대중들에게 내가 강연가로 출연해도 무방한 이유를 만들어 줘야 한다고 생각했다. 내가 생각해 낸 합당한 이유는 바로 베스트셀러 작가다.

3개월 뒤에는 나의 첫 개인저서가 출간될 예정이다. 작가로서 내 이름을 세상에 처음 알리는 기회인 것이다. 사람들에게 선한 영향력을 줄 수 있는 좋은 책이라고 믿고 있다. 그리고 반드시 베스트셀러가 될 것이라고 생각한다. 책이 유명해지고 〈어쩌다 어른〉 프로그램의 담당자가 내 책을 보고 나에게 출연 요청 연락을 하는 모습을 상상해 본다. 나는 생생히 이 모습을 꿈꾸고 있다.

3개월 뒤 나는 〈어쩌다 어른〉에서 작가로서 단상에 올라 '일기쓰기'라는 주제로 강의를 하고 싶다. 일기를 쓰면서 내가 어른이 된 과정을 책으로 썼다. 내가 어떻게 일기를 쓰면서 어른이 되었는지 나만의 스토리를 들려주고 시청자들에게 조금이나마 용기와 위로를 선물해 주고 싶다.

나는 일기를 쓰면서 '진짜 나'를 찾음과 동시에 '꿈'을 찾았다. 그 순간을 기점으로 내 인생이 많이 변하기 시작했다. 내가 정말 좋아하는 일을 나 자신에게 끊임없이 물어보며 결국 찾았기 때문이다. 꿈을 위해 노력하는 모든 과정들이 내 인생을 활기차게 변화시켰다. 그리고 그 과정 속에서 나는 점점 어른이 되어 갔다. 이런 내 스토리를 시청자들에게 들려주고 싶다. 내 이야기를 들은 시청자들이 프로그램이 끝나고 모두 문구점에 들러 일기장을 하나씩 사 들고 집에 가는 행복한 모습을 상상해 본다.

프로그램 시청자들은 모두 자기 자신이 어른이라고 당당하게 말할 수 없는 사람에 속한다. 자신이 당당하게 어른이라고 말하고 싶어서 이 프로그램을 보는 것이기 때문이다. 그들에게 정말 필요한 것은 어떤 지식이나 지혜가 아닌, 바로 그들 스스로 어른이 되는 방법을 알려 주는 것이다. 어른이 되는 방법을 몇 시간짜리 강연 하나로 알려 줄 수는 없다고 생각한다. 정말 수많은 시간들이 쌓이고 쌓여 점점 어른으로 되어 가는 것이라고 생각하기 때문이다. 나는 일기를 쓰면서 그 시간들을 쌓았고 그 노하우를 시청자들에게 전달하고 싶다. 한 번으로 끝나는 강연이 아닌, 강연이 끝나도 그들의 생활 속에서 어른이 되는 시간들을 어떻게 쌓고 관리해야 하는지 전달하고 싶다.

나는 일기를 쓰면서 책을 출간한 작가가 됨과 동시에 어른이 되었다. 일기를 쓰면서 미래에 대한 두려움을 이겨 냈고 나 자신에 대해 몰랐던 것들을 많이 알았다. 매일 밤 일기장에 그려진 나와 내 속에 있는 나와의 대화가 시작되었다. 그 시간들이 쌓여 나는 진짜 나를 알았다.

진짜 어른이 되는 방법을 알고 있는 나는 〈어쩌다 어른〉이라는 특강 쇼 프로그램에 걸맞은 강연가라고 생각한다. 시청자들이 어떻게 하면 어른아이에서 진짜 어른이 될 수 있는지 그 방법을 알려 줄 수 있기 때문이다. 나는 한 번으로 끝나는 일회성 강연이 아닌, 평상시에 어른이 되는 연습을 할 수 있는 방법을 알고 있다.

내 목표는 단지 〈어쩌다 어른〉이라는 프로그램에 출연하는 것이 끝이 아니다. 내 꿈은 '전 국민 일기쓰기 운동'을 실천해 나가는 것이다. 책으로 전 국민에게 일기쓰기를 권장하는 것은 한계가 있다고 생각한다. 그래서 TV 프로그램에 나가고 싶은 것이다. TV의 영향력이 위대하다는 것을 알기 때문이다. 내 꿈을 전 국민에게 전달할 수 있는 가장 빠른 방법일 수도 있다.

전 국민이 일기를 쓴다면 더 이상 우리나라에 '어른아이'라든가 '어쩌다 어른'이라는 말이 나타나지 않을 것이라고 생각한다. 정말 〈어쩌다 어른〉이라는 프로그램의 취지는 더 이상 '어쩌다'가 아닌 '당당한'이라는 수식어가 붙은 어른들이 많아졌으면 좋겠다는 것이 아닐까.

나는 앞으로 1년에 3권의 책을 쓰고 전국에 강연을 다니며 많은 사람들에게 선한 영향력을 끼치는 메신저가 될 것이다. 한 프로그램에 나가겠다는 나의 꿈은 꿈의 과정 중의 하나다. 이런 꿈들을 실현시켜 마침내 큰 꿈을 이룰 것이다.

어쩌다가 어른이 된 사람들보다 당당한 어른이 많은 세상을 꿈꾸며 나는 오늘도 내 꿈을 위해 노력한다. 꿈을 이룰 수 있는 가장 중요한 방법은 꿈꾸는 능력이라는 것을 가슴속에 새기고 열심히 꿈꾸며 살아갈 것이다. 나는 O tvN 특강 쇼 〈어쩌다 어른〉에 출연할 것이다.

40

1인 기업가를 꿈꾸는 이들을 돕고 백만장자 메신저 되기

- 포민정

〈한책협〉 코치, 작가, 1인 창업 코치, 연애 코치

열정덩어리 행동주의자다. 치과위생사로 일하다 1인 창업으로 자신의 경험과 지식을 나누는 메신저 산업에 눈을 뜨고 현재 1인 기업가를 꿈꾸는 작가들을 코칭해 주는 1인 창업 코치가 되어 강의하고 있다. 꿈꾸는 사람들을 돕는 동기부여가이자 네이버 카페관리 및 매출을 올리는 포스팅 비법에 대해 코칭하는 마케팅 코치로도 활동하고 있다. 현재는 연애경험과 건강하게 연애하는 방법을 담은 개인저서를 준비하고 있다.

• Email vhalsrhkd@naver.com • C·P 010.2490.1603

"다른 사람의 바람대로가 아닌 나 자신의 인생을 살았는가?"

2년 전 나는 이 질문을 처음 접했고, 시원하게 대답하지 못했다. 꿈이 뭐냐는 물음에도 나는 "치과위생사로 억대 연봉을 받고 이름을 알리는 거요."라고 대답했었다. 나는 치과위생사였고, 내가 보는 세계는 치과계가 전부였다.

고등학교 때 대학입시를 위해서 어떤 과로 갈 것인지를 정해야 했다. 어릴 적부터 간호사로 일하시는 엄마를 봐 온 나는 간호사가 되겠다고 결심했다. 엄마는 내가 어릴 적 대학병원의 외과 팀장 간호사로 계셨다. 그리고 IMF가 터지자 고향인 제천으로 내려와 제천에 있는 병원에서 일하셨다. 엄마는 가끔 대학병원에서 일할 때의 이야기를 해 주셨는데 그런 간호사의 모습이 나에겐 멋있게 다가왔다. 하지만 간호사가 되기로 결심한 결정적인 이유는 따로 있다. 바로 국가에서 면허증을 내주는 전문직이기 때문에 취업하기가 좋고 나이가 들어서도 일할 수 있다는 안정성 때문이었다.

어른들은 전문직을 선택한 나를 보고 잘했다고 하며 응원해 주셨다. 그렇게 간호학과를 목표로 공부했지만 수능을 보고 성적을 보니 영 간호학과에 갈 수 있는 성적이 안 되었다. 그래서 성적에 맞춰서 선택한 것이 치위생학과였다. 그렇게 지방대학교의 4년제 치위생학과에 입학하게 되었다. 치위생학과는 보통 3년제인데 내가 4년제를 선택한 건 단순히 3년제가 전문대라는 인식 때문이었다. 부모님 세대에 대학교를 졸업하신 분들이 많지 않았음에도 엄마와 아빠는 대학교를 졸업하셨다. 그래서 더욱 나는 딸이 전문대에 들어갔다는 말을 듣게 해 드리면 안 될 것 같았다.

물론 고향에도 치위생학과가 있는 대학이 있었지만, 나는 고향에서 벗어나 대학생활을 해 보고 싶기도 했다. 지금 생각해 보면 정말 단순한 이유들로 나는 진로를 결정했다. 입학하게 된 대학교에서 앞으로 학교를 졸업하고 어떤 일들을 할지에 대해 교육받았다. 치과위생사라는 뚜렷한 목표가 있어서 온 대학은 아니었지만 나는 뭐든 일단 열심히 했다. 이왕 이렇게 된 거 나는 내가 가는 길에서 최고가 되고 싶었다. 나에게는 늘 특별하게 살고 싶다는 욕망이 있었기 때문이다.

치과위생사는 치과에서 일하는 의료기사로, 국민의 구강보건을 향상시키는 일을 한다. 치과의사의 진료에 협조해서 구강관리를 안내하고, 건강한 치아와 치주를 유지할 수 있도록 구강질환을 예방하는 업무도 한다. 구강 건강 상태가 좋지 않아 틀니를 하고 계신 할머니와 구강관리를 잘 하지 않으시는 아빠를 위해 학교에서 가르쳐 주는 구강질환 예방을 더 열심히 배웠다. 건강한 치아의 중요성을 가족들에게 알려 주고 가족들의 치아 건강 지킴이로서 구강보건 교육도 해 주었다.

대학교를 다니는 동안 나는 나의 분야에서 최고가 되기 위해서는 많이 배워야 한다고 생각했다. 나는 배움 중에서는 직접 보고 배우는 것이 가장 중요하다고 생각했다. 그래서 방학 때 고시원에서 지내면서 무급으로 치과병원의 아르바이트를 할 정도로 열심히 배움을 찾아다녔다. 학기 중에도 대학교가 있는 동네에서 치과 아르바이트를 하며 실무 능력을 키웠다. 대학교를 졸업하고 치과에서 일하면서도 주말이면 각종 세미나를 찾아다니며 공부했다. 항상 자기계발에 집중했다.

내가 항상 열심히 했던 이유는 단 하나! 특별하게 살고 싶었기 때문이다. 나는 특별한 인생을 살고 싶었다. 치위생학과에는 여학생들이 많다. 그만큼 내 주변에는 여자 친구들이 많았다. 대학교 때도 그렇고 취업해서도 나는 여자들이 많은 곳에서 일했다. "너는 언제 결혼하려고?", "이번에 결혼 준비한다고 3,000만 원 들었잖아. 결혼 준비하기 쉽지 않더라.", "너도 이제 나이가 들면 조건 보게 된다."라는 이야기들을 자주 들었다.

주변의 누가 새로운 남자를 만났다는 이야기를 들으면 "직업은 뭔데? 차는 있어? 키는 커?", "나는 지겨운 일 그만두고 결혼해서 애 보는 게 꿈이야. 근데 그것도 남편이 돈을 잘 벌어야 가능하지, 요즘은 맞벌이 아니면 힘들잖아.", "임신하니 벌써부터 애를 어떻게 키울지 걱정이다."라고 이야기하는 선배들도 있었다. 주변에서 이런 이야기를 들을 때면 나는 돈으로부터 자유로운 삶을 살고 싶었다. 그리고 더욱 성공해서 특별한 인생을 살고 싶다고 생각했다. 내가 성공하고 능력이 있으면 어떤 남자든 내가 원하는 남자를 만날 수 있고, 돈도 그만큼 자유롭게 쓸 수 있을 것이니 말이다.

여자라고 해서 자신보다 잘난 남자에게 의지하고 기대며 남편이 벌어 오는 월급을 쪼개 가며 살아야 한다는 법은 없다. 집에서 현모양처로 집안일만 하며 인생을 보낼 생각도 역시 없었다. 나는 스스로의 능력을 키워 돈 잘 벌고 능력 있는 여자로 성공하고 싶었다. 그리고 내가 하고 싶은 일을 하고 싶은 만큼 하고, 좋아하는 사람들과 일하며 돈도 자유롭게 쓰는 자유롭고 특별한 인생을 살고 싶었다.

특별한 인생을 살고 싶으니 자연스럽게 하는 일에 열정적일 수밖에 없었다. 치과에서 일하며 내가 알고 있는 전문지식을 누군가에게 알려 주고, 치아관리에 대해 동기부여를 해 줄 수 있다는 것이 가장 뿌듯하고 보람 있는 일이었다. 나를 만나 누군가 더 나은 삶을 살 수 있게끔 도와준다는 것이 너무 매력적이었다. 나를 만나는 사람들이 건강한 치아와 건강한 잇몸을 오랫동안 유지하고 나이가 들어서도 음식을 맛있게 씹어 먹는 즐거움을 느꼈으면 좋겠다고 생각했다. 내가 누군가의 삶에 조금이라도 긍정적인 변화를 주고, 더 나아지게 만들어 줄 수 있다는 것이 가장 뿌듯했다.

지금 나는 내가 원하던 대로 누군가의 인생에 좋은 영향력을 끼치는 메신저 일을 하고 있다. 메신저란 본인의 지식과 경험으로 다른 사람의 삶을 더 나아질 수 있게 도와주는 일을 하는 사람들을 말한다. 나의 경험과 지식을 전달해 준 대가로 나는 수익을 창출하고, 상대는 나의 도움으로 많은 시행착오와 시간을 줄이고 빠르게 문제를 해결할 수 있게 된다.

나는 2015년 11월 22일에 〈한책협〉의 〈책 쓰기 1일 특강〉을 처음으로 들었다. 그리고 그곳에서 메신저의 삶과 책 쓰기에 대해 알게 되었다. 〈한책협〉의 〈책 쓰기 1일 특강〉을 들은 후 그동안 내가 작은 우물에서 살고 있었다는 것을 깨달았다. 특강을 듣는 내

내 가슴이 뛰었고 꿈에 대한 설렘을 느꼈다. 다른 사람의 기대가 아닌 진짜 나의 인생을 살기로 결심했다. 내가 하고 싶은 일을 하고, 내가 좋아하는 일을 스스로 찾아서 하겠다고 결심했다. 그러곤 다니던 직장에 사직서를 냈다. 그리고 현재는 〈한책협〉의 코치로 일하고 있다. 그리고 지금 나는 내가 꿈꾸고 원하던 대로 특별한 삶을 살고 있다. 나는 스물여섯 살에 벤츠의 오너가 되었다. 직장생활을 하던 때의 배가 되는 수익을 벌어들이고 내가 좋아하는 사람들과 내가 좋아하는 일을 좋아하는 만큼 하고 있다.

무엇보다 〈한책협〉에서 즐겁게 일하면서 많은 사람들이 달라지는 것을 본다. 나의 이름으로 된 책을 쓰고, 다른 사람들에게 동기부여를 해 줄 수 있다는 것이 가장 행복하다. 누군가 나를 만나서 조금이라도 인생이 바뀐다면 그건 정말 뿌듯한 일이다. 20대에 부모님의 도움 없이 자신의 힘으로 벤츠를 탈 수 있다는 것, 〈한책협〉의 코치로 있다는 것 모두 누군가에게는 꿈인 일이다. 나에게도 꿈인 일이었다. 세상에 선한 영향력을 미치는 일 중 가장 좋은 일은 누군가를 성공시키고, 그 대가로 수익을 창출하는 메신저 일일 것이다.

앞으로 내가 꼭 이루고 싶은 꿈은 내가 좋아하는 일을 즐겁게 하며 세상의 아름다운 것들을 마음껏 누리며 사는 것이다. 세상에는 돈이 많은 사람들이 많이 있다. 우리 동네만 해도 여러 건물들이 있는데 그 건물들에는 모두 각각 주인이 있다. 그만큼 세상에는 부자들이 정말 많다. 돈이 있으면 좋은 이유는 선택의 자유가 생기기 때문이다. 돈이 있으면 선택의 범위가 그만큼 넓어진다. 하지만 돈이 없다면 쓰지 못하는 것밖에는 선택할 수 없다. 여행을 가고 싶은데 못 가는 것과, 돈을 충분히 가지고 있으면서 자의로 가지 않는 것에는 엄청난 차이가 있다.

나는 1인 창업 수업 강의를 하고 있다. 작가가 되기 위해 책을 쓰고, 책을 쓴 이후에 1인 기업가로 나아갈 준비를 하는 사람들에게 네이버 카페를 관리하는 방법과 매출을 올리는 포스팅 방법을 알려 주는 것이다. 〈한책협〉에서 2년 가까이 네이버 카페를 관리하며 배운 노하우들을 알려 준다. 사람들은 그 강의를 듣고, 자신의 카페를 운영해 간다. 카페에 댓글을 쓰는 방법과 게시글을 올리고, 과정을 홍보하는 방법 등 매출을 올리는 포스팅 방법에 대해서도 디테일하게 알려 주고 있다.

내가 좋아하는 일을 하면서 누군가에게 도움을 주고, 나 또한 그만큼 성장하면서 수익도 창출할 수 있는 메신저가 나에게는 최고의 직업이다. 나는 작가의 꿈을 안고 간절하게 책을 쓰고자 오는 사람들이 자신의 경험과 지식을 전하는 1인 기업가가 되도록 앞으로도 계속 도울 것이다. 자신의 경험을 전하는 선한 메신저들이 더욱 많아지길 꿈꾼다.

41

100명 리쿠르팅 하기

- 최영경

GA보험 본부장, 성공 메신저, 보험교육 전문가, 자기계발 작가, 강연가, 동기부여가

10년째 보험 영업에 종사하고 있으며 수많은 사례와 경험을 바탕으로 컨설턴트의 교육을 담당하고 있다. 우연한 기회에 새로운 인생전환점을 발견하게 되면서 더 큰 꿈을 향해 나아가고 있다. 현재 영업에 관한 책을 집필 중이다.

• Email ggamil70@nate.com • C·P 010.6650.0516

나는 보험설계사다. 다른 사람들을 만날 때 당당하게 보험설계사라고 말한다. 처음 보험을 시작했을 때는 일반 회사 사무원이라고 얘기했다. 보험설계사라고 하면 왠지 사람들이 나를 멀리하고 부담스러워 할 것 같았기 때문이다. 그러나 지금은 아니다. "어떤 일을 하고 계세요?"라고 물어보면 "네. 저는 보험설계사입니다."라고 얘기한다.

2007년도에 우연한 기회에 보험을 시작하게 되었다. 친구의 소개로 입사한 회사가 메리츠화재였다. 메리츠화재에 출퇴근하려면 왕복 4시간이 걸렸다. 아침 7시까지 출근하고 오후 10시가 넘은 시각에 퇴근해 집에 도착했다. 그때는 그 긴 시간을 열정으로 버텼다. 당시 내 나이는 38세였다. 젊은 나이는 아니었다. 하지만 보험 업계에서는 젊은 편에 속했다. 그동안 사무직으로만 있다가 영업을 하려니 만만치가 않았다. 더군다나 모두가 꺼리는 보험이라니.

기존 선배들의 모습은 정말 활기찼다. 어디로 가서 그렇게 잘들 해 오는지. 열심히 선배들의 모습을 따라 했다. 책을 쓰고 있는 지금처럼. 그러다 보니 일이 되기 시작했다. 사무직으로 일할 당시에는 120만 원 정도의 월급을 받았는데 보험을 하면서 첫 급여를 200만 원 넘게 탔다. 신입치고는 굉장히 잘한 거라는 칭찬을 들었다. 그렇지만 당시에 연봉 1억 원을 받는 사람도 있었으니 영업 급여 중에서는 하위에 속했다. 하지만 보험회사처럼 긍정적인 곳은 또 없다. 모두가 잘했다고 칭찬해 주기에 스스로 굉장한 일을 한 줄 알았다. 지금 생각해 보면 그 정도의 급여는 잘한 축에 드는 것도 아니었는데 선배들은 나를 무지하게 치켜세워 주었다.

현재 나는 법인보험 대리점의 한 본부를 맡고 있는 본부장이다. 나는 사원들을 관리하고 교육시키는 일을 한다. 사원 관리란 사원들이 회사에 적응할 수 있게 이끌어 주고 실적을 많이 올릴 수 있게 도와주는 일이다. 더불어 신입을 회사로 영입하는 일도 한다. 이걸 '리쿠르팅'이라고 한다. 신입을 데려오는 것은 결코 쉬운 일이 아니니다. 내가 해야 할 일이지만 혼자서는 할 수 없는 일이기도 하다. 한 사람의 신입을 데려오기란 정말 어렵다. 하지만 사원들을 동원하면 그것같이 쉬운 일도 없다. 모르는 사람은 나더러 젊은 나이에 성공했다고 한다. 하지만 성공은 지속되어야 하는 것이다. 한 사원을 리쿠르팅 하는 것은 정말 어려운 일이지만 사원들을 떠나보내는 것은 더욱 가슴 아픈 일이다.

한때는 35명 정도의 사원들이 북적거렸다. 너무 행복했다. 사원이 많다 보니 사무실은 알아서 톱니바퀴처럼 굴러갔다. 서로 화합하고 떠들고 웃는 하루하루가 즐거웠다. 누구 하나 보험이 어렵다고 하는 사원도 없었고 불만이 있어도 서로 풀어 가며 잘 지냈다.

그러다 3년쯤 지났을 무렵 한 사람씩 빠져나가기 시작했다. 보험회사는 나름대로 경쟁이 심하다. 서로 수수료 경쟁을 하는 경우가 많다. 그러다 보니 비교해 보고 괜찮겠다 싶으면 옮기는 사원들이 허다하다. 하지만 막상 어느 회사든 근무하게 되면 좋기만 한 조건이란 없다. 보험사에서 수수료를 받아서 사원들에게 쪼개 주는 거라 많이 준다고 한들 실상은 거기서 거기다. 그런데 사원들은 조건을 들먹이며 "그 회사 조건이 좋아서 간다."라고 얘기하면서 떠난다.

난 그 말이 진실인 줄 알았다. 정말 순진한 건지 바보였는지. 사원들은 떠나면서 한마디씩은 하고 간다. 본부장님은 너무 좋으시고 사무실은 천국이다. 하지만 일이 안 되니 다른 곳에서 새로운 마음으로 일을 시작하고 싶다. 잠시 갔다가 다시 오겠다. 자료 모아서 다시 오겠다. 고객 확보 좀 하고 오겠다. 하지만 그것은 듣기 좋으라고 한 소리라는 것을 뒤늦게 깨닫는다. 일이 안 되면 떠난다는 것을 안 것이다.

사원들을 잡으려면 무엇인가 강력한 무기가 필요했다. 사원에게 줄 수 있는 무기. 그 무기를 나는 책 쓰기로 삼았다. 책을 쓰면서 다독을 하게 되었다. 영업에 관한 책을 읽기 시작했다. 교육으로 되는 게 있고 안 되는 게 있다. 자연스럽게 깨달아지는 게 있고 도저히 안 되는 게 있다. 그럼에도 불구하고 지금까지 버텨 온 걸 보면 난 행운아다. 나를 다듬기 시작했다. 하루 종일 동영상을 보고 영업에 관한 책을 섭렵했다. 나 자신이 점점 바뀌기 시작했다. 마음가짐이 달라졌으며 말투가 달라지고 행동이 달라졌다. 그래서일까? 사원들이 서서히 움직이고 있다는 느낌을 받았다. 영업을 강요한 것도 아닌데 사원들이 알아서 일을 처리하고 있었다. 나의 작은 변화가 사원들에게도 느껴졌나 보다. 사원들이 갈망하는 것의 첫째는 계약이다. 계약이 있으면 회사는 천국이 되는 것이고 계약이 없으면 지옥인 것이다. 사원들이 움직이니 계약이 나오기 시작했다. 어디에서부터 변화되었는지는 알 수 없지만 내가 바뀌면 모두가 바뀐다는 것을 알게 되었다. 회사의 오너가 변하지 않고는 사원들에게 아무리 강요해도 변화를 이끌어 낼 수 없다.

"우리 사무실의 사원을 늘려야 되지 않을까? 실적도 그렇고 사무실에 사원들이 없으니 썰렁하고 허전하네."

한 팀장님이 나에게 다가와 말했다. 맞다. 자고로 사무실은 북적북적해야 맛이다. 더군다나 영업을 하는 사무실은 절대로 조용해서는 안 된다. 활기와 열정이 넘쳐도 슬럼프에 빠지기 쉬운데 사무실까지 조용하면 문 닫을 일이 얼마 안 남았다고 생각하면 된다. 그 말을 해 준 팀장님이 너무 고마웠다. '나만 혼자 고민하고 있는 문제는 아니었구나. 그래 합심하면 뭐든 할 수 있지. 더구나 팀장님들이 한마디씩만 거들고 도와준다면 금세 사무실은 차겠구나.' 난 새로운 도전을 시작했다.

영업 현장에서는 실적이 인격이면서 사람의 수가 인격이다. 얼마나 많은 사원들이 있느냐에 따라 능력 있는 관리자가 되느냐 마느냐가 결정되는 것이다. 영업 현장에서는 평가를 벗어날 수 없다. 평가에서 좋은 점수를 받게 해 주는 것은 실적이며 인원이다. 많은 관리자들이 알고는 있지만 어려운 게 이 두 가지다. 난 이것을 책으로 극복하고 교육으로 극복했다. 나를 다듬으며 하나씩 실천하고 사원들에게 하나씩 적용해 나가니 한 사람 한 사람 면접을 보는 횟수가 늘어났다. 채용 확률이 점점 높아지기 시작했다. 아무것도 알지 못하고 가진 게 없던 내가 책과 교육으로 무기를 장착할 수 있었다. 사원들은 똑똑하다. 무기가 없으면 사원들을 이끌 수 없다. 나만의 무기를 가지고 있어야만 나를 따른다는 것을 안다.

한 사원이 리쿠르팅 되면서 회사의 기초를 다지기 시작했다. 그 한 사원이 두 사람을 데리고 왔다. 또 다른 한 사람을 리쿠르팅 했더니 세 사람이 같이 왔다. 또 다른 팀장의 소개로 한 사람이 왔으며 회사를 그만두었던 사원들이 찾아와서 다시 오고 싶다고 했다. 그동안 연락하며 관리했던 부분이 한순간에 먹히고 있었다. 그 사람이 또 다른 한 사람을 모시고 왔으며, 또 다른 팀장이 한 명의 사원을 모시고 오면서 한순간에 사무실이 북적이기 시작했다. 7명 이상이 등록하고 영업을 하게 된 것이다.

내가 변화되기 이전이었다면 나는 인원만 채우면 누구든지 상관없다고 생각했을지 모른다. 하지만 나는 받아야 될 사원과 받지 말아야 할 사원의 구분을 명확하게 해야 한다는 것을 안다. 잠깐의 이득 때문에 받지 말아야 할 사원까지 받아 사무실 분위기를 망치게 하고 서로 대립해 갈라지는 일이 없도록 단단히 사원들을 통솔했다.

한 팀장의 말을 계기로 리쿠르팅이 시작되었다. 계약도 흐름이지만 리쿠르팅도 흐름이다. 모두가 여세를 몰아 리쿠르팅을 하기 시작했다. 한 사람씩 한 사람씩 계속해서 늘어났다. 어느새 사원은 34명까지 늘어나 나 혼자 통솔하기 힘든 지경이 되었다. 이후 계속해 인원이 늘면서 두 달 만에 70명이라는 경이로운 기록을 세우게 되었다. 이런 일은 보험 역사상 전무후무한 기록일 것이다. 단 10개월 만에 100명이라는 대기록을 세운다는 것은 혼자서만 해낼 수 있는 일이 아니다. 사원 한 사람 한 사람이 합심한 결과다.

여기에서 나는 깨달은 게 또 하나 있다. 혼자서는 할 수 없지만 합심하면 못 할 게 없다는 것을. 난 사원들의 위대함을 칭찬해 주고 싶다. 리쿠르팅 비용이 많지 않음에도 회사를 한번 일으켜 보자는 단합된 마음이 오늘의 역사를 이룬 것이다.

영업하는 분들, 영업하는 것을 힘들어하지 마라. 리쿠르팅 하는 것을 힘들어하지 마라. 작은 변화가 큰 길을 열어 준다는 것을 믿어라. 내가 변화하면 환경도 변하고 주변 인물도 변한다. 단지 변화를 두려워하는 것에서부터 슬럼프가 시작된다는 것을 명심하기 바란다. 남이 나를 변화시킬 수는 없다. '그저 하루 잘 버티면 되지'라는 생각은 버려라. 지금은 일어날 때다. 변화해야 할 때다. 변화에 시간을 투자하라. 변화만이 나의 인생 나의 미래의 꿈을 이룰 수 있게 해 주는 시작임을 깨닫기 바란다.

42

헨리, 도끼처럼 나 혼자 잘 살기

- 임현수

욜로 라이프 메신저, 자기계발 작가, 1인 기업가, 동기부여 강연가, 청춘 멘토

불확실한 미래를 대비하기보다는 현재의 가치에 집중해서 나답게 행복을 추구하고자 하는 '욜로 라이프' 메신저다. 수년간 다양한 나라를 여행했고, 현재 스무 가지가 넘는 취미생활을 하고 있으며, 다양한 문화 활동과 자기계발을 하고 있다. 혼자서도 '잘'사는 일상과 노하우를 카페, 블로그, SNS에 공유하며 대중들과 활발히 소통하고 있다. 현재 욜로 라이프 스토리와 메시지를 담은 개인저서를 집필 중이다.

- Email yolomessenger@naver.com
- Blog www.yolomen.kr
- Cafe www.yoloman.kr
- C·P 010.9384.2636
- Instagram puhabono
- Facebook puhabono

나는 MBC의 〈나 혼자 산다〉, SBS의 〈미운우리새끼〉 프로그램을 한 회도 빠짐없이 시청한 애청자다. 이 프로그램들은 연예인 혹은 셀럽으로 유명해진 사람들이 출연하는, 일상생활을 보여 주는 관찰 예능프로그램이다. 현재는 지상파 대표예능 프로그램으로 자리매김하며 이슈가 되고 흥행하고 있다. 남의 일상생활을 보여 주는 프로그램이 어떤 이유에서 흥행하고 있을까?

현재 1인 가구로 살아가는 싱글족들의 비율이 늘어나고 있다. 학업을 위해, 직장의 위치 때문에 혼자 자취생활을 하거나 자신만의 행복을 추구하며 즐겁게 사는 '욜로(YOLO)족'도 증가하고 있다. 나이가 서른이 넘어도 결혼하지 않는 사람들이 많아졌다. 이러한 현상들은 현실의 벽에 어쩔 수 없는 사람들이 늘고 사회 변화에 따라 행복에 대한 가치관이 바뀌었기 때문이다.

신세대가 중점을 두는 가치관은 기성세대와 많이 다르다. 행복의 기준이 다양해졌다. 나 또한 학업을 위해 첫 자취생활을 시작하게 되었지만, 혼자 사는 것이 굉장히 즐겁다. 나 자신을 위해 투자하는 자기계발과 '욜로 라이프'는 내게 큰 행복감을 가져다준다.

나는 현재 하고 싶은 꿈을 향해 도전하고 이루어 내며 성취감을 느끼고 사이사이에 해외여행, 취미생활, 문화생활을 즐기며 행복하게 살고 있다. 나는 '인생은 한 번뿐'이라는 가치관을 가지고 현재의 시간을 소중히 여기며 보내고 있다. 나는 문득 다른 사람의 삶의 기준과 일상이 궁금해졌다. 나 말고 다른 사람들은 어떻게 살고 있을까? 궁금증이 생겼다. TV에 나오는 방송 혹은 개인방송 콘텐츠인 아프리카TV, 유튜브, SNS를 활용한 인터넷방송을 찾아봤다.

그중에 정규적으로 방송되고 인지도가 있는 연예인들의 삶을 즐겨 보게 되었다. 연예인이기 때문에 특별한 삶을 살고 있을 거라 생각할 수 있지만 그들의 일상은 우리와 별반 다르지 않았다. 그들도 우리와 같은 사람이었다. 일을 마치고 돌아올 때면 녹초가 되어 집에서 편안하게 TV를 보거나 취미생활, 운동을 즐겼다.

출연하는 사람들마다 즐기는 취미는 제각각 달랐지만, 전체적인 생활의 큰 틀은 우리와 비슷했다. 혼자서 즐겁게 사는 생활패턴과 같은 취미가 공존했기에 프로그램을 더 집중해서 보게 되었다. 나는 욜로 라이프를 즐기면서 다양한 취미들이 생겼고, 하고 싶은 자기계발도 꾸준히 해 왔다. 같은 또래에 비해 해외여행을 많이 다녀왔고, 색다른 경험을 많이 겪어 보았다. 남들과 겹치는 면이 많을 수밖에 없었다.

출연자들의 집 인테리어 구조나, 혼자 사는 자취생활의 패턴, 취미생활을 보는 것이 굉장히 즐거웠다. 나와 같은 취미생활이 나올 때면 그들이 마치 친한 친구처럼 여겨졌다. 내가 관심을 가지고 있었지만 아직 하지 못했던 분야를 하고 있거나 알려 줄 때면 도움이 많이 되었다. 끌리는 취미나 하고 싶은 목록이 나올 때면 버킷리스트에 적어 두기도 했다. 혼자 알뜰하게 돈을 아끼면서 잘 사는 노하우와 팁도 얻을 수 있었다.

그러다가 출연자들 중에 내가 꿈꾸고 있는 생활을 보여 주는 젊은 가수들이 등장했다. '폼생폼사'로 살고 있는, 20대에 자수성가한 가수 헨리와 도끼가 주인공이다. 그들은 〈나 혼자 산다〉 무지개 라이브 방송으로 출연하게 되었다. 도끼는 어린 시절 가난한 가정환경에서 힘들게 살았다. 그의 간절한 바람은 젊은 나이에 성공해서 가난을 떨쳐 버리는 것이었다. 그는 가수의 꿈을 가지고 있었기에 남들이 학업에 집중할 때 음악을 시작했다. 성인이 되기도 전에 데뷔하게 되었고, 가수로서의 행보를 꾸준히 이어 나갔다. 도끼는 가수로서 성공한 삶을 살겠다는 목표와 부자가 되겠다는 일념 하나로 살아왔다. 그 결과 현재는 힙합가수로서, 음악 프로듀서로서 명예와 부를 누리면서 살고 있다. 그가 〈나 혼자 산다〉에서 공개한 집과 차들은 모두의 입을 떡 벌어지게 했다. 억 소리가 나는 외제차를 7대가량 보유 중이고 집 크기 또한 어마어마했다. 집 안에는 금으로 도배된 화려한 액세서리들과 현금 1억 원이 금고에 보관되어 있다. 힙합 스타일의 옷과 화려한 액세서리는 사람들의 이목을 집중시킨다. 온몸에 타투가 새겨져 있고 걸음걸이도 껄렁해 보인다. 하지만 이미지와 상반되게 그는 술과 담배도 하지 않고 사고를 친 적도 없다. 성실함을 갖추고 목표를 향해서만 달려왔다. 그에게 최우선순위는 꿈이었다. 그 결과 '금수저'가 아니었음에도 젊은 나이에 성공을 이룬 것이다.

나도 그처럼 자수성가해서 20대에 억대 수입을 올리는 사람이 되고 싶다. 이왕 한 번 사는 인생 도끼처럼 누릴 거 누려 보고 폼나게 살고 싶다는 생각이 마음속에 새겨졌다.

가수 헨리 역시 20대에 성공한 천재 음악가다. 〈나 혼자 산다〉에서 공개된 그의 집과 일상은 나에게 신선한 충격으로 다가왔다. 특히 자신만의 스타일로 멋지게 인테리어한 집이 놀라웠다. 넓은 거실부터 신나게 요리를 할 수 있는 주방, 패션피플로 만들어 주는 옷방과 나만의 음악작업 공간이 마련되어 있었다. 나에게는 셰프를 꿈꾸며 살아온 7년의 시간이 있기에 인덕션이 아닌 화구로 된 가스레인지와 다양한 식기구들, 넓은 식사 공간에 큰 부러움을 느꼈다. 그뿐만 아니라 화려하고 개성 넘치는 옷들이 진열되어 있는 전용 옷방이 있었다. 패션에 관심이 많고 옷을 사랑하는 내가 바라던 공간이었다. 가수의 직업을 가지고 있기에 음악작업 공간조차 따로 만들어져 있었다. 최신식의 음악장비들과 방음장치가 되어 있는 공간은 현재 내가 살고 있는 집과 비교도 안 되었다. 내가 현재 살고 있는 집은 방음이 잘되지 않아 이웃사람들과 다툼이 잦았다. EDM 디제잉을 꿈꾸고 있지만 집에서는 절대 음악을 할 수 없는 환경이었다. 그렇기에 방음벽을 설치하고 멋지게 꾸민 음악공간은 부러움의 대상이었다. 그 외에도 넓은 거실에서 전동휠을 타고 청소기를 돌리는 모습, 세련되고 멋져 보이는 가구들과 전자제품들은 내가 상상하고 꿈꾸었던 집이었다. 심지어 헨리 집은 비싸다고 유명한 신사동 가로수길 앞에 위치하고 있다. 지금의 나는 집 한 채 마련하기 어려운 상황이지만 마음속으로 생각했다. 꼭 헨리의 집과 같은 집에서 살 거라고.

그의 성격과 생활방식, 가치관도 내가 바라던 바였다. 자기계발을 꾸준히 하며 가수로서의 면모도 인정받았다. 바이올린과 피아노 연주 실력도 탁월하고, 작곡, 작사까지 겸하고 있다. 직접 만든 곡을 노래하는 그는 '싱어송라이터'인 것이다. 그 외에도 해외

투어를 다니며 다양한 외국어를 공부하여 4개국 이상의 언어를 한다고 한다. 헨리는 필요한 것과 하고 싶은 것에 대한 자기계발을 게을리하지 않았다. 또한 외국인이라 한국에서 혼자 사는 것에 외로움을 느낀다고도 했지만 그럼에도 그는 항상 활력이 넘치고 긍정적이다. 외국에서 살았기에 마인드도 우리와 달랐다. 남의 시선 신경 쓰지 않고, 입고 싶은 옷을 입고, 하고 싶은 것을 하고, 갖고 싶은 것을 가지는 그의 인생은 오로지 자신의 행복을 위해 즐기는 인생이었다. 그의 인생스토리는 나의 인생 방향을 정해 주게 되었다.

나는 학창시절 목표 없이 무기력한 세월을 보냈기에 현재의 시간을 황금같이 여기며 살고 있다. 〈나 혼자 산다〉에 출연한 헨리, 도끼와 같은 인생을 꿈꾼다. 한 번 사는 인생 누릴 것 다 누려 보고, 하고 싶은 일을 즐기며 살아가는 것을 모토로 삼았다. 현재 나는 시간을 채워 월급을 받는 형식이 아닌, 노력하는 만큼 얻어가는 시스템을 원한다. 직장에 얽매이지 않고 시간적 자유를 얻고 싶다. 취업에 목숨 거는 친구들과 달리 나는 1인 기업가의 길에 도전 중이다. 욜로 라이프를 즐기는 방법과 노하우에 대한 개인저서를 집필 중이다. 네이버 카페, 블로그, SNS를 활용해 나의 일상과 노하우를 공유하고 있다.

일에 지쳐 막연하게 시간을 흘려보내는 사람들, 휴식이 주어져도 시간을 활용할 줄 모르는 사람들, 혼자 살면서 외로움을 느끼는 사람들에게 나의 지식과 경험을 파는 '욜로 메신저'의 삶을 꿈꾸고 있다. 우리는 행복해질 자격이 있고, 꿈꿀 수 있는 자유가 있다. 잘나가는 사람들을 시샘하고 질투할 것이 아니라 우리도 그들처럼 성공할 수 있다고 생각해야 한다. 나는 그들의 성공한 인생을 벤치마킹하면서 꿈꾼다. 가까운 미래에 변화되어 있을 나의 모습을 상상한다.

43

스물다섯, 꿈맥 여자 친구와 스몰 웨딩 하기

- 허동욱

〈한책협〉 독서법 코치, 시간 관리 코치, 독서습관 컨설턴트, 동기부여 강연가, 자기계발 작가, 청춘 꿈 멘토

대기업에 다니면서 남는 자투리 시간을 오로지 독서에 투자했다. 그렇게 수백 권의 책들을 읽으며 생긴 신념과 철학을 바탕으로 인생 2막을 살고 있다. 한 살이라도 젊을 때 꿈을 이루고 세상에 선한 영향력을 미치기 위해 직장 밖으로 행군해, 현재는 〈한책협〉에서 독서법 코치로 활동하고 있다. 앞으로 더 많은 사람들이 독서를 통해 자신만의 특기(특별한 기쁨)를 찾을 수 있도록 앞장서고 있다. 저서로는 《자투리 시간 독서법》, 《미래일기》 외 7권이 있다.

• Email princebooks@naver.com • Blog blog.naver.com/princebooks

요즘 유명한 연예인들의 결혼식을 보면 스몰 웨딩이 대세다. 이상순과 이효리, 원빈과 이나영, 최근에는 비와 김태희까지 허례허식을 빼고 자신만의 개성과 색깔을 더해 소수의 가족들과 함께 결혼식을 치렀다. 그만큼 오늘날 결혼에 대한 생각과 편견이 과거와 많이 달라지고 있다는 것을 알 수 있다. 과거에는 결혼이 당연한 문화였다. 하지만 지금은 시대와 경제적인 환경이 많이 바뀌면서 2030세대들은 결혼을 해도 그만 안 해도 그만이라고 생각한다. 오히려 하지 않는 쪽이 자신에게 이득이라고 생각하는 사람들이 늘어나고 있는 추세라고 한다. 그래서 한 사람과 결혼해서 오래 사는 것보다 오히려 많은 사람과 연애하며 사는 편이 낫다고 생각한다. 육아와 교육비용, 주거비용, 일과 가정의 양립 등 결혼하게 되면 시간적, 경제적으로 많은 것을 희생해야 한다는 생각에 결혼은 안 하는 것이 이득이라고 받아들이는 것이다.

이러한 2030세대의 결혼에 대한 가치관을 부모 세대들은 이해하지 못할 수도 있다. 하지만 2030세대인 나는 어느 정도 이해가 된다. 대학교를 졸업한 후 죽기 살기로 노력해서 취업하면 다행이지만, 현실은 일자리는커녕 대학 학자금까지 떠안아야 하는 상황이다. 이렇다 보니 결혼은 사치라는 말까지 나온다. 서로가 마음이 맞고 사랑한다고만 해서 쉽게 결혼할 수 없는 것이 우리나라 현 주소이다.

나 역시 현재 활동하고 있는 〈한책협〉을 만나기 전까지는 결혼에 대해서 진지하고 깊게 생각을 해본 적이 없다. 전 직장인 KT&G에서 담배를 판매하는 영업사원으로 근무하던 당시에는 결혼한 후에 아이가 무슨 일을 하냐고 물어본다면 어떤 대답을 해 줘야 할지를 고민하곤 했다. 또한 나의 결혼문제를 두고 직장 선배들 사이에서 찬반론이 엇갈리는 적도 있었다. 한 선배는 이른 나이에 취업했으니 빨리 결혼해서 아이를 낳아 독립시키고 노후의 삶을 즐기라는 말을 해 주었다. 한편, 또 다른 선배는 젊은 나이에 많은 여자들을 만나야 나중에 결혼할 때 후회하지 않을 것이라고 했다. 그렇게 나를 위해서 조언 아닌 조언을 해 주면서 하소연을 했었다. 그 당시에는 직장 선배들이 나를 위해서 결혼문제까지 신경 써 준다고 생각했다. 하지만 지금 와서 돌이켜 보면 '남의 결혼문제에 신경 쓸 시간에 선배들의 남은 인생을 어떻게 살아갈지 고민해 보는 게 어땠을까'라는 생각이 든다. 만약 내가 줏대 없이 선배들이 해 주는 말들을 바보처럼 그대로 믿고 행동으로 옮겼더라면 어땠을지, 생각만으로도 아찔하다. 한 번뿐인 인생인데 신중하지 못한 선택으로 서로에게 상처를 주고 후회하는 삶을 살면서 뒤늦게 남 탓을 하고 원망하기 싫었다. 내 선택에 책임을 지고 인생을 살아가야 하기 때문에 연애든지 결혼이든지 스스로 확신이 생길 때 하기로 다짐했다.

나는 내 인생의 많은 시간을 직장생활에만 바치기 싫어서 다른 삶을 준비하기 시작했다. 여러 가지 진로를 고민하던 중 책을 써서 퍼스널 브랜딩 하고 1인 기업가로 나아갈 수 있다는 것을 알고 책을 쓸 수 있는 곳을 찾기 시작했다. 검색 창에서 '책 쓰기'를 검색해 본 후 나 자신도 모르게 신기한 끌림으로 〈한책협〉을 찾게 되었다. 그리고 〈책 쓰기 1일 특강〉에 참여할 사람을 모집한다는 게시글을 보고는 망설임 없이 신청했다.

〈한책협〉에서 처음 〈책 쓰기 1일 특강〉을 들을 때 김태광 대표코치가 말했던 내용 중 일부분이 아직도 생생하게 기억이 난다.

성공적인 인생을 살기 위해서는 배우자도 잘 만나야 된다는 것이다. 그래서 결혼하고 싶은 이상형을 명확하게 정해 두지 않는다면, 이도 저도 아닌 여자를 만나 결혼하게 된다고 했다. 불행한 인생은 거기에서부터 시작된다고도 했다.

김태광 대표 코치는 결혼하기 전부터 심성이 착하고, 강아지를 좋아하고, 영어를 잘하고, 어른을 존경하고, 자신의 부족한 부분을 채워줄 수 있는 여자를 만나겠다고 명확하게 정해 두었다고 했다. 그 결과 앞에서 말한 부분들을 모두 갖추고 있는 지금의 아내인 권동희 회장을 만났다고 자신 있게 말했다. 그 말을 듣는 순간 머리에 무언가를 세게 얻어맞은 것 같은 기분이 들었다.

내가 결혼에 대해서 너무 쉽게 생각하고 있었다는 사실이 큰 충격으로 다가왔고, 동시에 깊이 반성하게 되었다. 그 이후로 나는 미래의 이상형을 미리 정해야 이상형에 맞는 여자가 나타났을 때 재빨리 기회를 잡을 수 있겠다고 생각했다. 그 이후로 나는 내 이상형을 정해 두었다. 첫 번째로 심성이 착해야 하고 두 번째로 어른들을 존경하고 마지막으로 내 꿈을 지지해 주는 사람이어야 했다.

시간이 흘러 내가 〈한책협〉을 만나고 코치로서 함께하게 된 지 5개월 정도 되었을 때, 김태광 대표 코치님께서 이상형이 어떻게 되냐고 물어보신 적이 있었다. 그래서 나는 즉시 미리 생각해 놓은 대로 심성이 착하고, 어른들을 존경하고, 내 꿈을 지지해 주는 사람이라고 대답했다.

당시 그 현장에는 다른 스태프들과 임마이티 컴퍼니 임원화 코치의 일을 도와주는 이하늘 코치도 함께 있었다. 이하늘 코치와는 평소 업무적으로만 이야기를 나눠 본 사이였다. 그래서 이성으로 느끼기보단 '심성이 착한 분이구나' 정도로 생각했을 뿐이었다. 그런데 대표님께서 "네가 말했던 이상형이 이하늘 코치와 같으니 만나 봐."라며 소개해 주신 이후로 이성으로 진지하게 생각해 보게 됐다. 이하늘 코치의 생각도 같다는 것을 알게 된 이후 우리는 공식적인 커플이 되었다.

처음에는 회사생활을 하는 데 지장이 있지 않을까 많은 걱정을 했다. 사내 커플이다 보니 다른 코치들의 눈치를 봐야 하지는 않을까, 한 공간에서 업무를 해야 하는데 제약이 따르진 않을까 등등…. 사내 커플은 처음 겪다 보니 여러 가지가 걱정이 되었다.

하지만 막상 함께 지내보니 걱정과는 다르게 대표님과 코치들 그리고 작가님들까지 오히려 우리를 인정해 주고 응원해 주셨다. 우려했던 일은 없었고 감사한 일들만 있을 뿐이었다.

이제 우리가 만난 지 1년이 다 되어 간다. 함께하는 시간이 길어질수록 서로의 부족한 부분을 채워 주고 시너지 효과를 내며 혼자일 때보다 좋은 성과를 낼 수 있었다. 하루하루가 지날수록 나 자신을 〈한책협〉에 와서 이상형인 여자를 만난 행운아라고 생각한다. 긴 세월을 산 것은 아니지만, 내 인생의 최고의 선택 중 하나가 이하늘 코치를 만난 것이라고 자신 있게 말할 수 있다. 만약 지금 내 옆에 있는 이하늘 코치를 만나지 않았더라면, 상상만으로도 두렵다.

거창한 결혼식보다는 작가 커플답게 우리만의 특성을 살려서 소소하면서도 특별하게 소중한 사람들의 축복을 받으며 식을 올리고자 한다. 한 번뿐인 인생, 앞으로 몇십 년을 함께할 동반자와 스몰 웨딩을 올릴 내년 봄이 벌써부터 기다려진다.

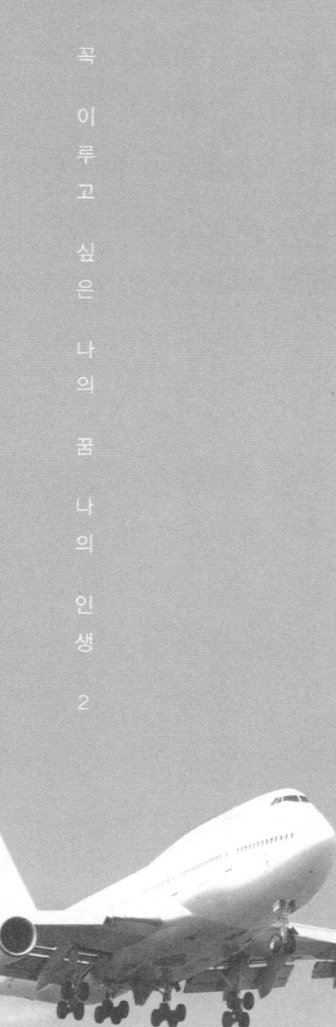
꼭 이루고 싶은 나의 꿈 나의 인생 2

44-53

이하늘 조자룡
이승희 손성호
박혜경 임원화
임선영 최정훈
이순희 조우관

44

〈죽음의 백조〉 프로젝트 성공시키기

- 이하늘

〈한책협〉, 〈임마이티〉 코치, 자기계발 작가, 동기부여가

어느 날 한 권의 책으로 자신을 되돌아보게 되었다. 늘 궁금했던 나를 책을 통해 이해하고 진정한 모습을 찾을 수 있었다. 현재 명확하게 표현하고, 주도적인 삶을 살아갈 수 있도록 거절하는 법에 대한 책을 집필 중이다. 저서로는 《미래일기》 외 6권이 있다.

• Email skyl86@naver.com • C·P 010.3624.3811

학창시절에 우리 엄마는 나에게 항상 힘든 친구가 있는지 물어보곤 했다. 중학교 때 집안 환경이 어려운 친구가 수학여행 경비를 내지 못해 갈 수 없다고 말했던 기억이 난다. 엄마는 그 친구 비용까지 주면서 함께 갈 수 있도록 해 주셨다. 그리고 비행청소년 상담 선생님을 맡으면서 그 친구들 도시락까지 챙겨 주셨다. 물론 도시락 배달은 나의 몫이었다. 그뿐만이 아니다. 언제나 고생이 많으신 경비 아저씨들 간식도 매일 챙겨 주셨다. 우리 식구가 먹는 것에 숟가락 하나 더 얹어 나눠 먹으면 된다는 것이었다. 그렇게 어려운 일이 아니라고 하셨다.

엄마를 닮아서일까? 나 역시 항상 타인에게 나눠 주고 베풀고 도와주는 것을 좋아했다. 지나칠 정도로 나보다 타인을 생각했지만 마음만큼은 풍족했다. 천성은 어쩔 수가 없나 보다. 가지고 있는 것을 나누고 나서 행복해지는 이 기분은 느껴 본 사람은 알 것이다. 없는 것을 만들어 해 주고 나누어 주는 것은 내게는 하나의 즐거움이었다. 가진 것을 다 퍼 주는 사람이 나였다.

나는 대학교를 졸업하고 학교에서 학생에게 음악을 가르쳤다. 국어, 영어, 수학과 같은 주요 과목이 아니어서 학생들에게는 관심 밖의 과목이었다. 요즘 학생들은 쿵짝거리는 빠른 비트나 랩이 들어간 음악을 좋아하다 보니 그 친구들에게 국악은 자장가로 들렸을 것이다. 모두가 다 그렇진 않았지만 대부분의 아이들은 수업을 듣는 둥 마는 둥 했다. 이런 학생들을 모두 가르치겠다는 마음은 욕심이다. 처음부터 포기하라는 것이 아니다. 모두를 만족시킬 수 없다는 말이다. 나는 '국악은 다양한 음악장르 중 하나다' 정도의 수준으로 교육했다. 사실 음악교육보다는 친구 같은 선생님이 되어 주고 싶었다. 아침부터 밤늦도록 숙제에 학원에 치이는 아이들의 고민을 들어 주고 도움을 주고 싶었다.

한 반에는 다양한 아이들이 있다. 있는지도 모를 만큼 조용한 친구가 있는 반면에 유쾌한 아이들부터 이른바 엄친아(엄마 친구

아들을 일컫는 말, 모든 것을 잘한다는 의미로 통한다), 비행청소년 등 다양하게 구성되어 있다. 자신감 없는 소심한 아이에게 먼저 다가가 인사를 건네고 요즘 화젯거리로 소통하기도 했다. 학교생활 중 어려운 건 없는지 공부하는 건 어떤지 묻고 또 물었다. 사소한 일상 이야기로 끊임없이 그들과 소통했다.

공부도 중요했지만 미래에 자신들이 원하는 것이 무엇인지 생각할 수 있도록 해 주고 싶었다. 그 덕분에 아이들은 쉬는 시간마다 잠깐이라도 나와 이야기를 하고 갔다. 지루해하던 나의 수업에 집중하기 시작했고 참여도는 90% 이상이 되었다. 학생들이 원하는 것을 찾아 주고 소통하니 주도적으로 학습 능력까지 향상되었다. 나는 이런 변화를 바랐던 것이다. 그들에게 공부를 강요하기보다는 동기부여를 해 줌으로써 흥미를 유발해 수업의 참여도를 올릴 수 있었다.

이렇게 학생들이 원하는 것, 하고 싶은 것, 좋아하는 것에 대한 꿈 이야기도 빼놓지 않았다. 목표가 아닌 꿈을 왜 가져야 하는지 일러 주고 꿈을 찾을 수 있도록 잠재력을 깨워 주곤 했다. 꾸준한 대화와 관심을 주니 학생들이 변화하고 있었다. 학년이 바뀔 때면 내게 찾아와 감사의 인사를 하곤 했다.

나로 인해 상대방의 변화하는 모습을 보니 김미경 원장 못지않은 동기부여가가 된 듯했다. 나는 학생들을 만나고 소통할 수 있는 학교 일이 즐거웠다. 하지만 학교의 울타리 안에서 정보만 전달하는 일은 즐겁지 않았다. 누군가의 잠재력에 꿈을 불어넣어 주고 경험과 노하우, 지혜가 담긴 메시지를 전하는 사람이 되고 싶었다.

나는 학교라는 공간을 떠났다. 그러곤 나의 경험과 노하우, 깨달음을 담은 책을 펴냈다. 현재 나는 작가라는 새로운 삶을 시작하고 있다. 나는 〈한책협〉에서 책 쓰기 기술을 모두 배웠다. 그리고 우연한 기회에 그곳에서 함께 일할 수 있게 되었다. 〈한책협〉은 책을 쓰는 스킬뿐만 아니라 1인 지식 창업가로 나아갈 수 있도록 전반적인 시스템을 알려 주고 있다.

요즘 부쩍 책 쓰기에 대한 대중들의 관심이 높아지고 있다. 많은 사람들이 자신의 이름이 담긴 책을 펴내고 싶어 한다. 수많은 이들의 버킷리스트 중 하나다. 책 쓰기에 관심이 있는 사람들은 인터넷을 검색한다. 매일같이 〈한책협〉에 많은 사람들이 가입하고 〈책 쓰기 1일 특강〉에 참여한다. 1일 특강에서는 왜 열심히 사는 삶이 아닌 특별한 삶을 살아야 하는지 동기부여를 해 준다. 자신이 어떠한 이유로 책을 쓰는지 확신할 수 있도록 도움을 주고 하루 만에 주제 기획부터 목차 만들기까지 코칭해 준다. 그뿐만 아니라 출판사와 계약할 때 필요한 팁까지 모든 노하우를 알려 주고 좀 더 심도 있게 배우고 싶은 사람들은 〈책 쓰기 7주 과정〉에 등록한다.

또한 과정을 수강하는 사람들의 자기소개서를 토대로 그들의 강점을 살려 김태광 대표 코치가 직접 주제와 제목을 선정해 준다. 그리고 7주 안에 목차를 완성하고 원고를 쓸 수 있게끔 집필 노하우를 전수한다. 그들은 김태광 대표 코치에게서 평생 사용할 수 있는 스킬을 배운다. 그리고 책을 기반으로 하여 지식 창업가로 나아간다. 자신의 경험과 깨달음, 노하우를 토대로 지식 창업이 가능한 것이다. 많은 사람들은 자신의 경험을 별것 아니라며 하찮게 여긴다. 하지만 누군가는 자신이 아닌 또 다른 이의 경험과 지식을 필요로 한다.

김태광 대표 코치는 그 가치를 높게 평가한다. 그것을 사업으로 확장시키고 수익으로 연결시킨다. 수백여 명의 작가를 배출하고 그들이 1인 지식 창업가로 성공하도록 돕는다. 분야를 막론하고 김태광 대표 코치에게 제대로 배운다면 가능한 일이다. 단기간에 그들이 성공하게끔 하는 일은 결코 쉬운 일이 아니다. 그 기간 동안 대표 코치 이하 코치진들은 목숨 걸고 서포트를 해 준다.

수많은 성공 사례 중에서 〈30대를 위한 부동산 투자 연구소(이하 삼부연)〉이 손에 꼽힌다. 〈삼부연〉은 이지연, 박경례 대표가 운영하는 부동산 투자 연구소다. 현재 부동산 투자 5주 과정이 3기까지 진행되고 있다. 1, 2기 모두 20여 명이 수강하였으며 성공적으로 종강했다. 김태광 대표 코치는 이지연, 박경례 대표의 20년 부동산 노하우를 브랜딩화하고 대중이 쉽게 접할 수 있도록 만들었다. 부동산에 대한 대중들의 관점을 바꿔 주고 진입장벽을 낮춰 주었다. 이것만으로도 성공적인 것이다.

하나의 경험을 콘텐츠로 만들기까지의 과정에는 많은 시간과 에너지가 소모된다. 콘텐츠를 체계화하고 전문 프로그램으로 만들기, 홍보를 통한 모집, 최적화된 강의 장소와 환경, 수강생 관리, 카페 관리, 결제 관리, 파일 관리 등 사소한 것부터 하나하나 디테일하게 신경 써야 한다. 그렇기 때문에 최종적인 결과는 대성공일 수밖에 없다. 결과만 보고 때론 쉬운 일처럼 여기는 사람들도 있는 것도 사실이다.

기본적으로 카페는 24시간 불이 켜진 맛집처럼 활성화시켜야 한다. 게시글과 댓글은 바로 작성할 수 있어야 한다. 그렇다고 잠도 자지 않은 채 운영하라는 것이 아니다. 그만큼 카페에 익숙해져야 한다는 뜻이다. 전체 시스템을 모두 꿰뚫고 있어야 한다. 일반적인 사업이 아니라 눈에 보이지 않는 가치를 다루는 일이기에 다양한 변수를 생각해야 한다.

어느 한 작가는 코치진들의 암기력(?)에 놀란 적이 있다. 회원들의 이름은 기본이고 신청한 교재, 결제 내역 등 한 사람 한 사람을 모두 파악하고 알고 있기 때문이다. 이쯤은 기본 중 하나일 뿐이다. 강연가와 콘텐츠를 돋보이게 하는 PPT 제작, 원활한 수업을 위한 강의장 정리, 컴퓨터 작동까지 전폭적으로 지원하는 덕분에 강연가는 오로지 강연에만 몰두할 수 있다. 실시간 피드백으로 프로다운 면모를 선보이도록 하는 지원 또한 아끼지 않는다. 머리부터 발끝까지 비주얼도 놓치지 않는다. 강연가가 가장 돋보일 수 있도록 프로페셔널한 의상 체크까지 꼼꼼히 챙긴다. 원석을 가공시켜 모두가 갖고 싶어 하는 다이아몬드로 만드는 것이다.

혹자는 왜 내가 아닌 남이 잘되는 일을 돕느냐고 할 것이다. 누군가를 돕고 그 사람이 잘되는 모습을 보고 있으면 내 일처럼 행복하고 즐겁기 때문이다. 가끔은 힘들기도 하다. 하지만 모두가 우러러 보는 성공적인 모습으로 나아가는 그들을 볼 때면 힘들었던 것이 눈 녹듯 사라진다.

이제는 하나의 시스템으로 자리 잡은 〈죽음의 백조(창업 성공 프로그램)〉는 많은 사람들의 꿈을 시행착오 없이 실현시켜 주고 있다. 지금은 4차 산업혁명의 시대다. 커피숍, 치킨집 등 프랜차이즈 창업을 할 것이 아니라 자신의 경험, 노하우, 지혜가 담긴 지식 창업으로 세상에 이로운 영향을 주는 사람들이 많아져야 할 때다. 이러한 선순환으로 많은 사람들이 함께 누리고 행복하게 살았으면 한다. 나의 희망은 그들의 성공이다. 그리고 그들의 성공은 또 다른 이들에게 희망이 될 것이다.

45

마흔한 살에 100억 자산가 되기

- 조자룡

중국어 통 · 번역사, 자기계발 작가

중국어 통·번역사로 활동 중이다. 자신의 이름을 내건 회사를 설립해 비전을 가진 사람에게 중국어 비법과 인생을 바꾸는 의식을 전수해 삶에 기적이 일어날 수 있도록 돕는 것이 목표다. 현재 중국어 통번역에 관련된 개인저서를 집필 중이다.

• Email goodbook1@naver.com • Blog blog.naver.com/goodbook1

2027년 11월 8일, 올해 마흔한 살. 처음 책을 쓴 이후로 10년이 흘렀다. 그간의 변화는 나도 믿기 힘들 만큼 놀랍다. 드디어 100억 자산가가 되었다. 멈췄던 심장이 다시 뛰던 그날로 돌아간다.

서른한 살, 마음은 대리석만큼이나 차가웠다. 목숨 걸고 치열하게 보낸 20대의 결과가 겨우 이것밖에 안 된다니, 나 자신을 원망했다. 하지만 여전히 가슴속의 불꽃은 활활 타오르고 있었다. 내 머릿속에서 말했다. 책을 쓰자. 한 살이라도 젊을 때 책을 써서 운명을 바꾸자. 그리고 인생을 바꿔 준 〈한책협〉을 만났다. 그곳에 들어간 첫날부터 1등이 되겠다고 마음먹었다. 두 눈은 항상 용광로처럼 불타올랐다.

〈책 쓰기 1일 특강〉에서 김태광 대표 코치를 처음 보았다. 그분은 마치 '확신'이란 무기로 온몸을 두른 전사처럼 보였다. 김태광 대표 코치는 글쓰기로 막대한 성공을 이루어 냈다고 했다. 글쓰기로는 돈을 벌 수 없다는 나의 고정관념이 그를 본 순간 산산이 부서졌다. 〈한책협〉을 만나자 책을 써서 내 미래를 바꿀 수 있겠다는 확신이 생겼다. 미친 듯 글쓰기에 몰입했다. 온몸의 세포를 꿈과 희망으로 가득 채웠다.

책 쓰는 과정은 내 평생 가장 행복한 시간이었다. 2017년 12월 15일 원고를 투고했다. 하루 만에 열 군데가 넘는 출판사에서 계약 요청이 왔다. 최고의 출판사와 계약했다. 나는 거기에서 멈추지 않았다. 곧바로 미래에 대해 그림을 그렸다. 100권 플랜을 완수하고 의식에 대한 책을 쓰겠다고 계획했다. 두 달 만에 100권을 읽고 달라진 내 인생을 콘셉트로 잡았다. 100권의 책을 읽으며 김태광 대표 코치가 말했던 것을 깨닫게 되었다. 그 깨달음을 내 인생 전반에 활용했다. 책을 읽고 원고를 집필하는 두 달 동안 수많은 환상과 기적을 경험했다. 의식은 빅뱅처럼 확장되었다. 모든 것을 빨아들였고 모든 것을 창조해 냈다. 탈고까지 세 달이 걸렸다. 글을 쓸 때 나는 완전히 다른 사람이 되었다.

2018년 4월 내 첫 번째 책이 출간되었다. 반응은 폭발적이었다. 외국어 부문 4주 이상 베스트셀러가 되었다. 여러 매체와 인터뷰를 했다. 방송 출연도 몇 번 했다. 단기간에 2,000만 원의 수익이 생겼다. 하나님께 감사했다. 회사를 나오려면 자금이 필요했다. 그때 나는 중국어 학습 4주 과정을 계획했다. 〈기억의 50문장〉이라는 말하기 과정이다. 한자를 한 자도 모르는 사람으로 하여금 한 달 만에 중국어 필수 50문장을 바로 말하게 하는 콘셉트다. 김태광 대표 코치와 창업 성공 프로그램인 〈죽음의 백조〉 팀에게 이 계획을 알렸다. 그리고 바로 계획에 착수했다.

우선 50문장과 예문을 추출했다. 의식을 확장하는 문구들을 곳곳에 넣어 누구나 끝까지 공부하고 외국어를 정복하게끔 했다. 수업료는 한 달에 80만 원으로 책정했다. 토요일 오후 1~6시까지 함께 외치며 배우는 과정이다. 첫 달에는 4명의 학생이 왔다. 두 달째부터 입소문이 나서 10명이 왔다. 회화 과정이라 10명을 정원으로 했는데 정원이 다 찬 것이었다. 회사를 나오고 800만 원의 수익을 창출했다. 그때의 기분은 이루 말할 수 없을 만큼 행복했다.

월~금요일에는 중국어 원서를 번역했다. 이는 내 목표의 일부분이었다. 토요일에는 수업을 했고 평일에는 집필을 했다. 2018년 9월쯤 내 첫 번째 역서가 탄생했다. 사실 번역서는 큰돈이 되지 않았다. 하지만 초급 중국어만 가르쳐서는 더 넓은 세상을 볼 수 없다. 역서로 더 큰 세상을 보기 위한 포석을 마련했다. 나는 더 먼 세상을 바라보고 있었다.

2019년 8월, 수익이 1억 원을 넘었다. 역서는 2권을 집필했다. 때가 되자 중급 강좌를 개설했다. 중국인 원어민과 수업을 진행했다. 중국 CCTV 방송의 다양한 영상을 시청각 자료로 이용했다. 중급 이상의 실력자를 대상으로 하므로 수업료는 150만 원으로 책정했다. 일요일에는 시작 후 두 시간만 맡았다. 오래 지나지 않아 수익은 2억 원이 넘었다. 역서는 2권을 더 집필해 4권이 되었다. 이를 계기로 중국 유명인에 대한 스토리를 '차이나랩'에 기고하기 시작했다. 한 건당 15만 원의 비용을 받고 진행했다. 차이나랩은 네이버에 노출되기 때문에 비용과 상관없이 진행했다. 6개월 정도 작성한 글을 모아서 책을 만들었다. 중국 유명인을 분석한 책은 처음으로 쓴 것이다.

서른세 살, 중국 전문가로 이름을 날리기 시작했다. 각종 포럼에 참가하며 영향력을 미쳤다. 자연스럽게 몸값도 올라갔다. 여전히 많은 사람이 내 수업에 열광했다. 나 역시 목숨 걸고 강의했다. 초·중급 강의, 인세, 강연, 칼럼 기고로 수익이 3억 원 정도 났다.

서른네 살, 다시 한번 큰 도약을 계획했다. 콘텐츠를 인정받자 거대 메이저 학원에서 영상 촬영을 제안했다. 내 수익은 5억 원까지 올랐다. 기회가 올 것이라는 것은 애초부터 알고 있었다. 갈고 닦은 강의 실력과 콘텐츠로 영상을 찍었다. 오프라인 강의도 일주일에 2시간 정도 맡았다. 월~목요일에는 원고를 집필했고 나머지 시간에는 강의를 했다. 2시간 강의에 학생들이 빼곡히 들어찼다. 단순히 강의만 하는 것이 아니었다. 나에게는 학생들을 열광시키는 재주가 있었다. 지식의 전달만이 아니라 꿈의 화신이 되어 사람들의 영혼을 일깨웠다. 변화를 경험하는 사람이 생기면서 나의 몸값은 천정부지로 치솟았다. 일주일에 2시간, 영상 촬영 대가로 매달 1,000만 원이 넘는 수익이 생겼다. 내 얼굴을 담은 광고판이 강남에 걸렸다. 초급 중국어를 잘 가르치는 강사는 많다. 스펙 좋은 강사도 많다. 하지만 굴곡진 인생 스토리가 있고 최고 수준의 중국어를 구사하며 책을 쓴 저자, 강연가의 능력을 갖춘 사람은 없다. 나를 따라올 자는 없었다. 심지어 이름마저 강력한 무기였다.

그리고 서른다섯 살, 인생을 건 프로젝트를 진행했다. 바로 여자 친구의 책을 만드는 것이었다. 그녀의 스토리가 담긴 책을 중국 출판사와 계약하고 출간했다. 중국인이 한국에 살며 이뤄 낸 놀라운 스토리는 많은 사람의 마음을 울렸다. 책은 100만 부 넘게 팔렸고 인세만 30억 원이 넘었다.

또한 서른한 살에 여자 친구와 함께 계획한 것이 있었다. 바로 미래일기를 쓰는 것이었다. 나는 미래일기를 쓰는 방법을 자세하게 알려 줬다. 그녀는 그때부터 4년이 넘게 미래일기를 썼다. 그녀는 중국인임에도 미래일기에 썼던 수많은 일을 한국에서 이뤄 냈다. 한국 최고의 웨딩숍 수석 디자이너가 되었으며, 중국 공모전에서 대상으로 입상했고 구체관절 인형 의상을 한 벌당 50만 원 이상에 판매할 정도로 성장했다. 서른 살에 매달 1,000만 원 이상의 수익을 냈다.

여자 친구는 스물여섯 살부터 제2의 베라 왕이 되겠다고 계획했다. 나는 그녀가 서른 살에 중국에서 숍을 차리면 좋겠다고 생각했다. 나는 강의를 한 달 쉬고 여자 친구를 돕기 위해 중국으로 떠났다. 여자 친구는 중국 연길에 첫 번째 매장을 열었다. 실력이 있었기 때문에 금세 높은 매출을 기록했다. 나는 자본과 네트워크를 활용해 그녀가 방송에 출연할 수 있도록 힘껏 도왔다. 그녀는 중국 최고의 토크쇼에 출연하여 자신의 성공스토리와 브랜드를 설명할 수 있었다. 예상대로 최고의 반응이 나왔다. 스토리만 좋은 게 아니라 실력도 좋았기에 투자자들이 줄을 섰다. 가장 믿을 만한 투자자와 함께 베이징에 두 번째 숍을 오픈했다. 창업주 스토리와 스타 마케팅을 활용해 브랜드는 삽시간에 성장했다. 1년에 매장이 두 곳씩 늘었다. 5년 안에 베이징을 포함한 10개 도시에 매장이 생겼다. 여자 친구는 꿈에 그리던 100억 부자가 되었다.

나는 한국으로 돌아왔다. 서른다섯 살, 베스트셀러를 출간하면서 출판계의 블루칩으로 떠올랐다. 나는 이 기회를 놓치지 않았다. 중국 거대 출판사에 내가 중국 전문가, 다수의 역서를 가진 저자, 안정적인 자본을 가진 자본가임을 어필했다. 이를 인연으로 중국 원서 독점 공급 계약을 맡았다. 이에 만족하지 못한 나는 직접 출판사를 설립했다. 한국에서 중국으로, 중국에서 한국으로 오는 최고의 책에 대한 독점 운영권을 가졌다. 매년 30권 이상의 양질의 도서가 양국에서 출판되었다. 나는 통번역 대학원의 인연으로 회사에 최고 전문 번역가 5명을 두고 있었다. 이로 인해 매년 20억 원씩 매출이 발생했다. 서른여덟 살, 나는 텍스트로 사람 심리를 분석하고 꿈을 이루어 주는 '텍스트 미라클'이라는 과정을 만들었다. 전문가들을 양성했고 그들은 엄청난 수익을 냈다.

꿈에 그리던 중국전문가센터도 만들었다. 대기업들을 대상으로 초고가 교육 프로그램을 시행했다. 중국어뿐만 아니라 최고의 중국 도서를 공급했고 그들을 위한 VIP 정보도 추려서 제공했다. 한 명당 한 달에 500만 원이 넘는 과정이지만 대기업은 흔쾌히 비용을 부담했다. 이 사업으로 연 매출 20억 원을 추가로 낼 수 있었다. 사업은 안정권에 들어섰고 수익도 증식하고 있었다. 마흔한 살, 나는 결국 100억 자산가가 되었다. 그리고 서른한 살에 꿈꾸었던 2억 8,000만 원짜리 시계인 '마린 에콰시옹 마샹 5887 브레게'도 구매했다.

2017년의 우리는 건대 입구 근처에 있는 벤치에 앉아 이 모든 성공을 꿈꿨다. 그때 내 통장에는 30만 원, 그녀 통장에는 7원이 있었다. 그럼에도 불구하고 100억 부자가 된 모습을 생생하게 상상했다. 그리고 마침내 그 꿈은 현실이 되었다. 이 모든 것을 이룰 수 있도록 초석을 닦아 준 〈한책협〉에 감사드리고 신께 감사드린다.

46

딸과 세계를 다니며 여행 에세이 쓰기

- 이승희

행복드림 코치, 강연가, 자기계발 작가, 동기부여가, 희망 멘토

꿈과 희망을 전해 주는 강연가로 활동하고 있다. 자신을 변화시킨 비법과 마인드를 컨트롤할 수 있는 방법을 공유하며 사람들에게 동기부여를 하고 있다. 더 많은 이들이 꿈과 희망을 가지고 살아가기를 진심으로 바라면서 꿈과 희망의 메신저로서 전국을 다니며 강연 활동을 하고 있다. 저서로는 《우리가 살아가는 하루하루가 기적이다》 외 3권이 있다. 현재는 '행복'에 관한 개인저서를 집필 중이다.

• Email lhd512@naver.com

한국에 들어와 약 3년 정도, 나는 한국의 아름다움을 눈뜨고 차마 볼 수가 없어 여행을 다닐 수 없었다. 당시 한국의 아름다운 풍경을 앞에 두고도 볼 수 없을 만큼 나의 마음을 괴롭게 한 것은 다름 아닌 가족들이었다. 살아생전 그렇게 오고 싶어 하던 아버지, 어머니, 언니, 오빠를 저 멀리 북한에 두고 나 홀로 한국 땅에 들어왔다. 함께하지 못한 가족을 생각하니 눈에서는 하염없이 눈물만 흘러내렸다.

이 세상에 혈육이라고는 나에게 딸아이 하나밖에 없다. 그 누구보다도 나를 위로해 주고 믿어 주는 우리 딸이다. 딸아이는 태어나서 1년 6개월이라는 긴 시간 동안 모유 수유를 하며 자랐다. 딸아이는 아직까지도 나와 늘 껌딱지처럼 붙어 다닌다. 그러다 보니 우리 모녀관계는 남다르다. 우리는 서로 눈빛만 보아도 무엇을 생각하는지 안다. 그때마다 딸아이는 커다란 눈을 동그랗게 뜨고 이렇게 말한다.

"조금 전에 엄마하고 나하고 텔레파시가 통했어."

돌도 안 된 자신을 업고 엄마가 봉사하는 모습을 보면서 자라서 그런지 딸아이는 또래 아이들보다 어른스럽다. 항상 엄마를 먼저 생각해 주며 마음이 깊다. 둘이 앉아 책을 읽다가 슬픈 대목에서 눈물이 흘러나오면 얼른 눈물을 닦아 주면서 살며시 안아 준다. 아이를 낳고 힘든 시간들이 많았지만 그럴 때마다 나를 위로해 주었던 사람이 바로 딸아이였다. 딸아이를 위해서 나는 모든 꿈을 포기했다.

출산 당시 나는 미용교수라는 꿈을 안고 있었다. 꿈을 이루기 위해 낮에는 일하고 밤에는 야간 대학을 다니면서 지식과 기술을 배워 나갔다. 그러다가 딸아이를 출산하면서 모든 것을 포기해야 했다. 출산과 아이 양육으로 내가 세운 삶의 계획은 수포로 돌아갔다. 미용교수가 되겠다는 나의 계획은 제대로 이루어지지 않았다. 아이의 올바른 성장을 위해 엄마가 곁에서 돌보는 것이 옳다고 생각했다. 나의 대학 공부와 교수의 꿈은 무기한 보류 상태에

들어갔다. 아이를 낳고 몇 년간은 아이를 키우면서 집에만 있었다. 나의 꿈과 내 생활은 어디에도 없었다. 오직 아이를 위해서 살아가다 보니 마음이 허전했다. 문득문득 나의 꿈과 희망이 떠올라 괴로웠다. 그럴 때마다 나는 아이의 웃음을 보면서 스스로를 위로했다. 하지만 후회는 없었다. 딸아이가 활발하고 밝은 성격 그리고 따뜻한 마음을 가진 착한 아이로 자라 주었기 때문이다.

이 세상 그 누구보다 많은 사랑으로 키웠지만 딸아이에게 미안한 것이 딱 한 가지 있다. 함께 여행을 많이 다니지 못한 것이다. 출산 이후 건강이 좋지 않았다. 그래서 딸아이가 태어나고 지난 10년 동안 우리 세 가족이 여행을 간 적이 단 한 번도 없었다. 가끔 '좋은 벗들'의 통일 축제에 참여해 울산에 가는 것이 나와 딸아이의 여행의 전부였다. 다른 친구들처럼 주말에 엄마 아빠 손을 잡고 함께 캠핑을 가 본 적도 없고 마음껏 놀러 다닌 적도 없다. 요즘 같은 가을에 단풍 구경을 가 본 적도 없다. 노랗게 물들어 있는 가로수 은행나무를 보면서 가을을 맞이하는 것이 전부다. 이제는 이것이 일상이 되어 버린 현실이 조금 안타깝기도 하다.

어린 시절 아이들과 많은 추억을 만들어 가는 것이 얼마나 중요한지 그 누구보다도 나는 잘 안다. 어린 시절 나는 아버지와의 추억밖에 없다. 우리 어머니는 오직 김일성 일가(一家)에 충성하는 것밖에 몰랐다. 어린 시절 학교에서 무슨 일이 있으면 친구들은 어머니를 모시고 학교에 오는데 나는 늘 혼자였다. 그때 어린 마음에도 나는 '우리 엄마는 항상 바쁜 사람이니까' 하면서 어머니를 이해하려고 했다. 그런데 어머니와 함께한 추억이 없다 보니 말을 하려고 해도 나에게는 아버지에 대한 것밖에 할 말이 없다. 아무리 어머니에 대해 이야기하려고 해도 무엇을 말해야 할지 도무지 떠오르는 게 없다.

나는 딸아이를 키우면서 추억할 만한 일을 많이 만들어 주려고 노력하는 편이다. 책을 쓰기 전에는 그래도 딸아이하고 근처 공원에도 자주 나가고 집에서 책도 많이 읽어 주었다. 그런데 요즘 책을 쓰기 시작하면서 딸아이하고 잘 놀아 주지 못한다. 그때마다 딸아이는 말한다.

"엄마! 우리 엄마 아닌 것 같아. 책도 안 읽어 주고, 놀아 주지도 않고."

그럴 때마다 딸아이에게 책 한 권을 다 쓰면 많이 놀아 주겠다고 약속했다. 그러나 지금까지 그 약속을 지키지 못하고 있다. 이제 나에게 책을 쓰는 것은 일상이 되었다. 딸아이는 자신이 다니는 학교에서 책을 쓴 사람은 우리 엄마밖에 없다면서 너무 자랑스럽다고 말한다. 누가 물어보지도 않는데 "우리 엄마 책 냈어요."라고 자랑을 늘어놓는다. 책을 쓰면서 예전처럼 많이 놀아 주지 못해도 좋아하는 일에 열정을 다하며 열심히 살아가는 엄마를 딸아이가 응원하고 있다는 것을 안다. 꿈을 향해 거침없이 나아가는 엄마를 보면서 딸아이도 함께 성장해 나갈 것이라 믿는다.

하루 24시간이 부족할 정도로 누구보다 바쁜 엄마로 살고 있다. 그런 나이지만 딸아이가 중학교에 들어가면 그때부터 꼭 함께 해 보고 싶은 것이 있다. 딸아이가 초등학교를 졸업하고 중학교에 들어가면 방학을 이용해 함께 세계여행을 떠나고 싶다. 세계를 다니면서 여행 에세이를 쓰는 것이다. 아이들마다 다르지만 대개 그 시기면 사춘기가 시작되는 질풍노도의 시기다. 누구도 나의 마음을 알아주려고 하는 것 같지 않고, 어디론가 훌쩍 떠나고 싶어할 때 딸아이와 함께 떠날 수 있도록 3년 전부터 계획하고 있다. 딸아이가 인생에서 처음으로 힘들어할 시기에 접어들 때 나는 딸아이에게 세상에서 가장 멋진 여행을 선물해 주고 싶다.

'세상은 지금 네가 보는 것이 전부가 아니야'

더 큰 세상이 있다는 것을 보여 줄 것이다. 세상은 이렇게 넓고 다양한 사람들과 다양한 문화와 삶이 있다는 것을 보여 주고 싶다. TV, 책, 말로써가 아니라 직접 해외에 나가 그 나라 사람들을 만나고 그들의 문화를 경험하고 배울 수 있도록 말이다. 그것도 혼자가 아닌, 사랑하는 엄마와 함께하는 소중한 추억을 선물할 것이다. 그러면 넓은 세상을 다니면서 딸아이의 의식은 더 크게 성장해 나갈 것이다. 여행하면서 경험하고 배운 것들을 책에 담아 힘든 일이 있을 때마다 볼 수 있게 만들 것이다. 딸아이가 더 큰 꿈을 꿀 수 있도록 해 주고 싶다.

여행이라는 매개체를 통해 딸아이와 함께 교감하며 신뢰를 쌓아 가고 싶다. 세계여행을 다니면서 같은 시각, 같은 장소에서 하나의 건축물이나 동상을 보아도 나와 딸아이가 느끼는 것은 분명 다를 것이다. 여행을 통해 딸아이와 서로의 내면 깊은 곳에 있는 희망과 꿈을 알아 가며 나의 어린 시절 이야기도 해 주고 싶다. 지금은 북한이라는 곳에 갈 수 없다. 하지만 앞으로 통일이 되어 북한에 갈 수 있다면 소중한 어린 시절이 서려 있는 엄마의 고향을 딸아이와 함께 가 보고 싶다. 그리고 외할아버지, 외할머니, 이모, 외삼촌과 우리 선조들의 많은 것을 보여 주고 싶다. 엄마와 함께 여행하면서 이야기를 나누고 마음을 나누는 것은 딸아이에게 무엇과도 바꿀 수 없는 소중한 경험이 될 것이다.

누구나 그러하듯 인생이란 순조롭지 않을 테지만 살아가면서 부딪치게 될 문제에 대항할 힘을 키울 수 있도록 도전정신을 갖게 하고 싶다. 이것이 여행을 통해 알려 주고 싶은 것이다. 딸아이가 이 세상에서 자신이 할 수 없는 일이란 거의 없다는 사실을 기억하기 바란다.

딸아이와 함께하는 세계여행은 내 인생에서 그 어느 때보다 값진 시간이 되리라 믿는다. 딸과 함께 여행하며 경험하고 배운 것을 책에 담을 수 있다고 생각만 해도 가슴이 뛴다. 딸아이와 함께한 아름답고 소중한 추억을 여행에세이로 책에 담을 것이다. 이 세상에 태어나 가장 행복하고 소중한 시간이 되지 않을까 생각해 본다. 딸아이와의 추억을 사진에 담고, 그 사진을 책에 담아서 영원히 빛이 바래지 않을 추억으로 간직하고 싶다. 언젠가 세월이 흘러 세상을 떠난 엄마가 그리울 때마다 딸아이는 소중한 추억이 담겨 있는 책을 보면서 '나를 제일 사랑하는 나의 엄마, 그리고 나의 가장 좋은 친구가 쉬고 있다'라고 기억할 것이다.

47

나의 무한한 잠재능력을 개발하기

– 손성호

수능 영어 강사, 독서경영 코치, 시간경영 컨설턴트, '마인드 골프' 시간 경영법 창안자

영어를 매개로 청소년들이 잠재능력과 꿈을 펼칠 수 있도록 돕는 공부 코치이자 청소년 멘토로 활동하고 있다. 사람들이 자신의 무한한 잠재능력을 개발하고 행복한 성공을 누릴 수 있도록, 지식과 경험과 노하우를 전해 주는 자기경영 코치를 꿈꾼다. 저서로는 《되고 싶고 하고 싶고 갖고 싶은 47가지》, 《인생을 바꾸는 감사일기의 힘》, 《또라이들의 전성시대2》 등이 있으며, 현재 독서경영과 시간경영을 주제로 개인저서를 집필 중이다.

• Email sshope2020@naver.com • Blog blog.naver.com/sshope2020

앤서니 라빈스의 《네 안에 잠든 거인을 깨워라》와 《거인의 무한능력》은 나에게 무한한 영감을 불러일으켜 준 책들이다. 우리의 꿈을 현실로 만드는 데 필요한 자원은 우리 내부에 있다. 그것은 우리가 깨워서 탄생시킬 그날만을 기다리고 있다. 책은 그런 사실을 일깨워 주었다. 특히 잃어버린 꿈을 되찾고, 자신 안에서 잠자는 무한한 능력을 일깨워 그 꿈을 실현시키도록 하는 방법들이 이 책 속에 가득 들어 있었다.

나의 잠재능력이 최대한 발휘되었을 때 나는 어떤 모습을 하고 있을까 생각하면 희열감이 샘솟는다. 매일 매주 매년의 나의 삶은 그러한 순간을 꿈꾸며 조금씩 나아가는 행복한 과정이다. 독서를 하고 글을 쓰고 강연을 찾아 듣고 세미나에 참석하고 사람에게서 배움을 얻는다. 이런 나의 행동 하나하나가 꿈을 실현해 나가는 주인공이 출연하는 영화의 한 장면이다. 정복할 목표로서의 삶이 아닌, 그 과정 자체가 행복하고 빛나는 삶을 살고 싶다. 내가 꿈꾸는 삶을 이루기 위해 가장 우선적으로 해야 하는 일은 나의 무한한 잠재능력을 개발하는 것이다. 이것이 꼭 이루고 싶은 나의 꿈이다.

코이의 법칙(Koi's Law)은 나에게 많은 영감을 준다. 코이라는 물고기는 주어진 환경에 따라 크기가 달라진다고 한다. 같은 물고기지만 어항에서 기르면 5~8cm 정도의 피라미만 하게 자란다. 하지만 좀 더 넓은 수족관이나 연못에서 키우면 최대 15~25cm까지 자랄 수 있다. 그런데 놀라운 건, 만약 코이가 큰 바다로 흘러가는 강물에서 자라게 되면 최대 90~120cm의 대어가 된다는 사실이다.

코이의 법칙은 사람에게도 적용된다. 주변 환경과 생각의 크기에 따라 발휘할 수 있는 능력과 꿈의 크기가 달라진다는 점이 그렇다. 나의 무한한 잠재능력을 개발하는 것은 나 자신이 피라미 같은 작은 물고기에 머물지 않고 대어로 성장하는 것에 비유할 수 있다.

나는 꿈 경영, 독서 경영, 책 쓰기 경영, 시간 경영, 마음 경영, 건강 경영, 사람 경영, 행복 경영을 통해 나의 무한한 잠재능력을 개발하고 있다. 그리고 이러한 경험과 지식과 노하우가 녹아 있는 책을 펴낼 것이다. 책이 출간되면 자기계발 작가, 독서 경영 코치, 시간 경영 컨설턴트, 행복 메신저, 강연가, 칼럼니스트, 동기부여가로서 멋진 삶을 펼쳐 나갈 것이다. 사람들이 어항 속의 피라미가 아니라 강물 속에서 무한한 능력을 발휘하는 대어로 성장하도록 도울 것이다. 나의 꿈과 꿈 너머 꿈을 이루기 위해 나는 멋지게 꿈 경영을 해 나갈 것이다.

무한한 잠재능력을 개발하기 위해 나는 독서 경영을 실행하고 있다. 많은 책을 읽음으로써 세상을 폭넓고 정확하게 바라보는 힘을 키우고 있다. 내가 읽은 책과 나의 경험을 접목해 통찰력을 키우고 그것을 바탕으로 책을 펴낼 것이다. 나는 첫 책《되고 싶고 하고 싶고 갖고 싶은 47가지》에서 독서 경영의 꿈과 함께 책 쓰기에 대한 꿈을 말한 바 있다. 2017년부터 10년 520주 동안 1주 평균 4권씩 2,080권의 책을 읽는 '2080 독서 프로젝트'를 한다는 것이 나의 독서 경영의 비전이다. 이것과 더불어 나는 책 쓰기에 대한 꿈을 이렇게 밝혔다.

"나는 1년에 2권씩 책을 쓰고 싶다. 책을 100권 정도 읽으면 1권의 책을 쓸 수 있는 역량을 갖추게 된다고 한다. 나는 책만 읽는 바보로 남지 않겠다. 읽은 책 내용을 내 삶에 적용하고 생활 속에서 실천하며 나를 더욱 성장시킬 것이다. 그리고 그 경험과 노하우를 책으로 써낼 것이다. 10년간 2,080권의 책을 읽고, 20권의 책을 쓰고 싶다."

책 쓰기 경영의 실천 첫해인 2017년에만 벌써 7권의 책을 썼다. 이렇게 책 쓰기에 가속도가 붙은 만큼 목표를 훨씬 높게 수정해야 할 판이다. 5배 더 높여 100권으로 목표를 수정하고 싶다.

시간은 나의 무한한 잠재능력을 개발하는 무대다. 독서 경영을 통해서 책을 읽고 그것의 정수를 찾아내어 꿈 목록을 만들고 실행하는 일은 결국 시간이라는 무대에서 해야 한다. 독서 경영이 영화의 시나리오를 짜는 것이라면, 시간 경영은 바로 그 시나리오대로 시간이라는 무대에서 연기를 하는 것에 비유할 수 있다.

나는 멘탈 스포츠인 골프와 자기계발을 접목했다. 그래서 '마인드 골프', '15분 시간경영법', '1주년 시간경영법'을 창안해 매일 매주 실행하고 있다. '마인드 골프'는 하루를, 잠자는 시간 6시간을 뺀 18시간이라 보고, 마치 골프 18홀을 도는 것처럼 활기차게 시간을 경영해 나가는 방법이다. '15분 시간경영법'은 사람이 고도로 집중할 수 있는 시간이 15분이라는 과학적 연구 결과에 근거하고 있다. 즉, 시간의 세포인 15분 단위로 하루 시간을 쪼개 쓰고 거기에 대해 평가하는 식으로 생활해 나가는 방법이다. '1주년 시간경영법'은 1주를 1년이라 의식하고 52배 더 농축된 삶을 살아가는 방법이다.

이 세 가지 시간 경영법은 하나의 체계적인 시스템으로 묶여 있다. 때문에 나는 이것을 독서 경영과 결합해 세계 최초로 자기경영시스템을 창안해 내었다. 21세기가 요구하는 창조적 또라이인 나는, 다섯 번째 공저《또라이들의 전성시대 2》에서 이러한 자기경영시스템을 소개한 바 있다. 또한 현재 집필 중인 개인저서에 구체적인 내용을 담겠다는 꿈을 가지고 있다.

나는 내 마음의 무한능력을 키우기 위해 마음 경영을 하고 있다. 마음을 경영하지 않고는 그 어떤 성공과 행복도 이룰 수 없기 때문이다. 나는 감사하는 마음을 유지하기 위해 감사일기를 쓰고 있다. 나의 두 번째 책《인생을 바꾸는 감사일기의 힘》에서 나는 감사의 소중함을 글로 썼다. 역사를 통틀어서 모든 위대한 성공 뒤에 숨어 있는 힘, 그것은 확신의 힘이다. 나는《확신의 힘》을 읽고 이 책에서 얻은 영감을 매일매일 실천하고 있다. 그 밖에도 내가 실천하고 있는 마음 경영법은 여러 가지가 있다. 이 내용 또한 개인저서에 구체적으로 담을 것이다.

또한 나는 마음 경영과 함께 건강 경영을 실천하고 있다. 나의 무한능력 개발이라는 새가 높이 날기 위해서는 마음의 평화와 행복이라는 한쪽 날개와 함께 건강 활력 에너지라는 또 한쪽의 날개가 필요하기 때문이다. 정신적 무한능력을 개발하는 것과 신체적 무한능력을 개발하는 것은 새의 양 날개처럼 중요한 것이다.

인생의 모든 운과 성공과 행복은 관계 속에서 온다. 사람 경영을 잘해야 하는 이유다. 나의 무한한 잠재능력을 끌어내기 위해서 나는 사람을 배우고 좋은 인간관계를 만들고 유지하는 사람 경영을 중시한다. 이러한 경험과 노하우도 현재 집필 중인 개인저서에 담고 있다.

나는 행복 경영을 통해 나의 무한한 능력의 종착지에 도달할 것이다. 인류 최초의 행복론자인 아리스토텔레스는 "행복은 인생의 의미이자 목적이며, 인간 존재의 전체 목표이자 종착지다."라고 말했다. 행복 경영을 통해 인생의 궁극의 목적인 행복한 성공에 이르는 것이 나의 인생에서 꼭 이루고 싶은 꿈이다.

4차 산업혁명이 도래한 21세기, 이제 눈에 보이는 상품을 파는 시대는 갔다. 대신 눈에 보이지 않는 가치인 지식과 경험을 파는 시대가 왔다. 좁은 어항이 아니라 드넓은 강물에서 자라는 코이처럼 나는 나의 무한한 능력을 개발할 것이다. 그래서 위에서 말한 자기경영의 지식과 경험과 노하우를 집대성한 책을 쓸 것이다. 그리하여 자기계발 작가, 독서 경영 코치, 시간 경영 컨설턴트, 행복 메신저, 강연가, 칼럼니스트, 성공학 강사, 동기부여가로서 멋진 삶을 펼쳐 나갈 것이다. "마음속에 선명하게 그린 인생의 꿈은 반드시 이루어진다."라는 폴 마이어의 표현대로 지금 이 책에서 말한 나의 꿈은 반드시 이루어질 것이다.

48

많은 사람들에게 선한 영향력을 미치는 삶 살기

- 박혜경

에티하드 항공 부사무장, 승무원 멘토, 자기계발 작가, 동기부여가

에미레이트항공 객실 승무원으로 근무했으며 현재 에티하드 항공 부사무장으로 근무 중인 10년 차 아줌마 승무원이다. 또한 월드잡에서 진행하는 '해외진출 멘토링'(이전 명칭 K-Move)의 공식 멘토와 승무원을 준비하는 취준생들의 멘토로 활동하며 그들의 잠재력을 극대화시켜 주고자 한다. 동기부여가, 자기계발 작가이기도 하다. 무(無)스펙으로 부사무장 승무원이 된 경험을 담은 개인저서를 집필 중이다. 저서로는《승무원 영어면접 스킬》이 있다.

• Email luna1223@naver.com • Cafe cafe.naver.com/luna1223
• Instagram flying_luna_

어린 시절 누군가 나에게 "넌 커서 뭐 하고 싶어?"라고 묻는 질문에 잘 대답하지 못했다. 나의 10대를 돌이켜 보면 나는 꿈이 없었다. 정확히 말하면 꿈이 무엇인지 잘 이해하지 못했다는 말이 더 어울릴 것이다. 그랬기에 꿈이 없는 것이 당연한 일이었다. 특별한 재능도 없었고 잘하는 것도 없었다. 그래서 나에게는 꿈이라는 것을 만드는 것 자체가 힘들었다.

내 머릿속은 '멋지게 살고 싶다'거나 '부자가 되고 싶다' 같은 모호한 생각으로 가득 차 있었다. 막연하게 '내 인생에 분명 특별한 일이 생길 거야'라고 생각했다. 그러다 이상과 다른 현실에 부딪칠 때면 자꾸 작아지고 화가 나기도 했었다. 누가 봐도 부러워할 만한 최고의 인생을 살고 싶었다. 하지만 최고의 인생을 어떻게 만들어야 하는지 몰랐다. 꿈이 명확하지 않았기에 무엇을 해야 하는지 몰라 헤매기를 반복했다. 그렇게 나는 한 치 앞도 모르는 숲을 헤매면서 길을 찾고 있었다. 가시에 찔리고 넘어지고 상처 나면서 길을 만들어 나가기 위해 고군분투했다. 그렇게 치열하게 20대를 보냈다. 주변에서는 아무 스펙도 없는 내가 무엇을 할 수 있겠냐면서 평범하게 살기를 강요했다.

하지만 나는 그들의 말에 굴복하고 싶지 않았다. 내 인생을 다른 누군가의 잣대와 평가로 함부로 짓눌리게 할 수 없었다. 나는 내 인생을 아름답게 만들기로 결심했고 실행에 옮겼다. 그 과정과 시간은 결코 녹록지 않았다. 힘든 여정이었고 울기도 많이 울었다. 아프기도 참 많이 아팠다. 나를 비웃는 주변의 말들이 비수처럼 내 등 뒤에 꽂혔다. 그리고 상처가 되었다.

그 과정을 통해서 배운 것이 있다. 바로 꿈을 꾸는 것이 얼마나 중요한지다. 꿈은 내 인생의 청사진이다. 특히 꿈이 더 뚜렷하고 확고하다면 더 빠르게 더 나은 인생을 살 수 있게 된다. 처음에는 무조건 숲에 발을 내딛었다. 어디로 가고 싶은지, 어디로 가야 할지 모른 채 무작정 숲으로 들어가 헤매면서 길을 찾았다. 이런 방법은 시간이 오래 걸리거나 방향을 상실하기도 한다. 즉, 많은 실패를 가져다준다. 하지만 꿈, 즉 방향을 정하고 길을 나선다면 어디로 가고자 하는지 알기에 방향을 잃지 않고 시간도 단축할 수 있다. 실패도 적어진다. 실패를 하더라도 배움을 통해 다음 도전 때는 더 빨리 목표에 도달하게 된다.

또한 그 꿈들을 이루기 위해 강한 정신력이 필요하다는 것도 배웠다. 스킬은 배우면 늘어난다. 능력은 노력하면 만들 수 있다. 다만 이 모든 것에는 강한 정신력이 있어야 한다. 이유는 단순하다. 실패가 나를 찾아 와도 힘든 상황이 생길 때 강한 정신력으로 버텨 내야 하기 때문이다. 그렇게 나는 정신을 강하게 무장시키는 법도 배웠다.

나의 20대는 가진 것이 하나도 없는 빈털터리였다. 하지만 나는 막연하기만 했던 내 꿈을 이야기하는 버릇이 있었다.

"나는 나중에 외국에서 살면서 한국에는 휴가차 들어올 거야."

"아버지, 걱정 마세요. 제가 나중에 개인택시 꼭 사 드릴게요."

"엄마 내가 큰 집으로 옮겨 줄게."

"언젠가는 내 책을 낼 거야."

하지만 내가 한 말을 이루기 위해서 어떻게 해야 하는지, 과연 내가 한 말들이 이루어질지 나는 알 수 없었다. 그렇게 무모한 도전을 거듭하다가 드디어 내가 말한 모든 것들을 이루어 냈다.

나는 고졸 출신으로 영어도 유창하게 하지 못한다. 그러면서도 외국 항공사에 입사해 10년째 근무 중이다. 굴지의 외국 항공사에서 부사무장으로 근무하면서 외국에서 산다. 그리고 한국에 휴가차 자주 들어온다. 아버지에게 개인택시를 사 준다는 말을 한 지 정확하게 10년 뒤에 지키게 되었다. 그리고 4년 전 원래 살던 집에서 더 큰 평수로 집을 옮겨 드렸고 2018년도에 현재 분양받아 놓은 더 큰 집으로 옮길 준비를 하고 있다. 또한 2016년 10월 《승무원 영어면접 스킬》이라는 책을 출간했다. 또한 나는 싱글맘이다. 결혼과 출산으로 경력이 단절된 후, 이혼이라는 아픔을 뒤로하고 한 아이의 자랑스러운 엄마가 되기 위해서 하루도 허투루 보내지 않았다. 엄마라는 단어는 나에게 강한 정신력을 심어 주었다. 오히려 이혼 뒤 나는 많은 성취를 이룰 수 있었다. 그런 나를 지켜봐 온 나의 소중한 아들은 부사무장이자 작가 그리고 강사인 나를 세상에서 제일 자랑스러워한다.

나의 이 모든 꿈을 이루는 데 10년이 넘는 세월이 걸렸다. 길을 몰랐기에 나는 온몸으로 실패를 감내하며 넘어지면 다시 일어나서 걷기를 반복했다. 그러면서 이루어 낸 성취들이다. 내가 무엇을 할 수 있겠냐고 비웃던 사람들에게 멋지고 강력한 펀치를 날린 순간들이기도 하다.

나는 꿈을 꾸는 것이 더 이상 어렵지도 두렵지도 않다. 오히려 너무 많은 꿈들이 생겨서 행복한 비명을 지를 정도다. 30대 후

반이 되어 진정 가슴 뛰는 삶이 무엇인지를 경험하면서 하루하루 행복한 전투를 벌이며 살고 있다. 나는 평생 사람들에게 선하고 좋은 영향을 미치는 작가로서의 삶을 살 것이다. 거창한 스펙이 없이도 내 인생을 아름답게 만들고자 노력한다면 충분히 그렇게 만들 수 있다는 것을 책을 통해서 알리고 싶다. 그 꿈을 이루기 위해 바쁜 비행 스케줄을 견뎌 가면서 현재 개인저서 집필에 몰두하고 있다. 동시에 사람들에게 동기를 부여해 주고 스마트 컷을 제시해 주고자 한다. 그럼으로써 그들이 시행착오를 줄이고 빠르게 목표한 꿈에 도달할 수 있도록 돕는 동기부여가가 될 것이다. 또한 승무원을 꿈꾸는 준비생들에게 멘토로서 그들이 꿈을 이루는 데 도움이 되고자 한다. 그 일환으로 지금 월드잡에서 운영하는 K-Move라는 프로그램에서 멘토로 활동 중이다. 나의 경험이 다른 이들에게 도움이 되고 영향을 미치면서 그들의 삶이 변화되는 것을 보곤 삶의 보람과 가치도 함께 느끼고 있다.

위의 이런 모든 꿈들은 나의 궁극적인 꿈인 나만의 TV 토크쇼를 만드는 것과 연결된다. 예전에 tvN에서 방송한 〈김미경 쇼〉를 무척이나 즐겨 봤다. 그 프로그램을 통해서 힐링을 받고 더 나은 삶에 대한 동기와 비전을 얻어 가는 사람들을 봤다. 그러면서 막연하게 '나도 언젠가 저런 TV 토크쇼를 진행하면서 다른 이들의 삶에 선한 영향을 미치는 삶을 살고 싶다'라고 생각했다. 그리고 그때의 막연하기만 했던 꿈은 이제 내 삶의 궁극적인 목표가 되었다. TV 토크쇼 진행자로서 스펙을 고민하며 성공하고자 노력하는 취준생에게는 따뜻하고 현실적인 조언과 함께 따끔한 충고와 독설로 건설적인 방향성을 제시해 주고 싶다. 여자로서 엄마로서 경력이 단절되었던 사람들에게는 할 수 있다는 자신감을 심어 주고 싶다. 동시에 힘이 되어 주고 방향성을 제시해 줌으로써 그들의 인생에 실질적인 '변화'라는 글자를 새겨 주고 싶다.

이렇게 내가 경험해 온 시간들과 그 안에서 배운 인생 교훈을 남들과 나누면서 그들의 삶에 긍정적인 변화를 주는 삶을 사는 것이 지금의 나의 꿈이다. 나는 지금 그 꿈을 이루기 위해서 그곳에 이르는 길을 조금씩 만들어 가고 있다. 그렇게 나는 멋진 내 인생을 꿈꾸며 오늘도 가슴 뛰는 하루를 보낸다.

꿈꾸는 그대여, 당신은 당신이 꿈꾸는 대로 멋진 인생을 살아가게 될 것이다.

49

나의 꿈과 인생을 위한 다섯 가지 키워드 만들기

- 임원화

〈임마이티 컴퍼니〉 대표, 동기부여가, 강연가, 몰입독서 및 책 쓰기 코치, 1인 기업 멘토, 책 쓰는 간호사

모두의 잠재력을 깨우는 기업 '임마이티 컴퍼니' 대표로 집필, 강연, 코칭, 컨설팅, 특강, 워크숍, 칼럼 기고 등을 활발히 진행하고 있다. 지식과 경험을 나누는 메신저로 다양한 대중들과 소통하고 있으며, 책 쓰기를 기반으로 1인 기업가를 시작하는 이들의 멘토로 활약하고 있다. 저서로는 《하루 10분 독서의 힘》, 《한 권으로 끝내는 책쓰기 특강》 외 15권이 있다.

- Email immighty@naver.com
- Cafe www.immighty.co.kr
- Blog www.dreamdrawing.co.kr
- C·P 010.8330.2638

인생에서 어떤 키워드를 중요하게 여기느냐에 따라 인생의 속도와 방향이 결정된다. 우리는 제각기 다양한 인생의 모토를 가지고 있고, 절대 포기할 수 없다고 생각하는 가치를 가지고 있다. 나는 가끔 진행하는 프로그램이나 강연에서 인생의 기준점이 되는 다섯 가지 키워드를 언급한다. '내가 지금 잘 살고 있는 걸까?', '나는 요즘 행복한가?'라는 의문이 들 때면 이 다섯 가지 키워드를 떠올리며 삶의 균형을 맞춘다.

나의 꿈과 인생의 기준이 되는 다섯 가지 키워드는 다음과 같다.

첫째, '자유'다. 삶에서 중요한 키워드를 꼽자면 자유가 가장 기본이어야 하지 않을까? 흰 도화지가 있어야 그림을 그릴 수 있듯이 우리의 인생에는 자유라는 전제조건이 있어야 한다. 그래야 자신의 가치를 지키고 잠재력을 깨우며 성장할 수 있다.

나는 몇 년 전만 해도 자유롭지 않은 사람이었다. 매일 똑같은 시간에 출근과 퇴근을 하고, 정해진 월급과 연봉에 맞춰 살아가는 직장인이었다. 자아와 성장욕구가 강했던 나는 대학병원에서 간호사로 근무하는 5년 동안 커리어는 쌓을 수 있었지만 행복하지 않았다. 획일화된 캐릭터를 강요받기보다는 나의 개성과 잠재력을 살리면서 즐겁게 일하고 싶었다. 하지만 개인보다 다수가 우선인 대한민국의 조직문화와 여건상 그것은 불가능한 일이었다.

나는 세 가지 자유를 갈망했다. '시간적 자유'와 '경제적 자유', 그리고 '선택의 자유' 말이다. 내가 원하는 시간에 출근해서 내가 원하는 만큼 일하고, 내가 원하는 만큼 돈을 벌고 싶었다. 내가 원하는 사람들만 만나고, 원하는 일만 하고 싶었다. 그래서 직장인일 때 남이 가지 않은 길을 개척하며 치열하게 살아왔다.

결국 나는 책을 쓰고 강연, 코칭, 컨설팅을 할 수 있는 시스템을 갖춰 직장 밖으로 행군했다. 지식과 경험을 나누는 메신저로서 자회사를 설립해 억대 수입의 1인 기업가가 되었다. 지금은 원하는 사람들만 만나고, 원하는 일만 할 수 있어서 매우 즐겁다. 직장인 연봉의 10배 이상의 수익을 창출하며 경제적 자유 또한 이뤄 가고 있다.

둘째, '돈'이다. 돈은 정말 중요하다. 나의 가치를 지킬 수 있게 해 주고, 원하는 일을 할 수 있게 해 준다. 소중한 사람을 기쁘게 해 주거나 지킬 수 있으며, 누군가를 선뜻 도와줄 수도 있다. 또한 돈은 어떤 일을 선택할 수 있는 자유의 폭을 넓혀 주고, 충만한 감정으로 더 큰 꿈을 꿀 수 있게 해준다.

돈은 내가 돈을 사랑하는 만큼 따라온다. 돈에도 생명이 있기 때문에 우리는 돈을 소중하게 여기고 지속적인 사랑을 줘야 한다. 돈을 좋아한다고 솔직하게 말하는 것을 꺼리는 사람들이 많다. 이는 다른 사람들이 자신을 돈만 밝히는 속물로 볼까 봐 눈치를 보기 때문이다. 사는 동안 우리는 돈을 함부로 쓰지 말아야 하며 절약하고 저축해야 한다는 주입식 교육을 끊임없이 받는다. 하지만 부모님 세대에서나 통했던 고리타분한 발상에서 벗어나지 않으면 변화무쌍한 현 시대에서는 딱 굶어죽기 쉽다. 인터넷과 스마트폰이 대중화되면서 다양한 정보들을 얻을 수 있게 되었다. 그에 따라 많은 것들이 달라졌다. 점차 전문직 및 공무원이 되거나 대기업에 입사하는 것을 성공으로 여기는 법칙이 깨지고 있다. 노동시간에 따라 돈을 받는 것이 아니라 가치에 따라 돈을 벌 수 있는 시대가 도래했기 때문이다. 고부가가치 창출을 위한 수입 파이프라인 또한 다양해졌다.

책을 써서 스스로를 브랜딩하고, 1인 미디어 시스템을 갖춰 자신을 노출하고 어필하는 것이 수익으로 이어지는 세상이다. 이제 오프라인 창업이 아니라 온라인 창업, 즉 '지식 창업'으로 보이지 않는 가치를 팔 수 있다.

나는 현재 18권의 책을 썼고, 수백만 원대의 강연료를 받는 사람이 되었다. 8시간을 일하고 10만 원을 버는 직장인이 아니라 1시간에 44만 원의 컨설팅료를 받는 사람이 되었다. 지금 이 순간에도 많은 사람들이 책, 블로그, 카페, SNS를 통해 나를 찾아오고 있다. 스스로 성장하는 것과 동시에 또 다른 누군가를 성장시키는 이 일로 매달 3,000만 원 이상의 매출을 올리고 있다. 나는 이 돈을 기반으로 '돈이 돈을 버는' 시스템을 갖춰나가고 있다. 사업을 더 내실 있고 크게 키우기 위해 노력한다. 이에 그치는 것이 아니라 부동산, 주식 등 다양한 분야에 관심을 가지고 배우고 있다. 휠체어 탄 백만장자가 아니라 40대에 은퇴 가능한 슈퍼리치 자산가를 꿈꾸고 있기 때문이다.

셋째, '시간'이다. 인생은 시간이다. 시간은 돈이다. 재물은 많이 가진 사람이 있는 반면 적게 가진 사람이 있지만 시간은 누구에게나 똑같이 주어진다. 우리에게 똑같이 주어진 이 시간을 어떻게 활용하는지에 따라 많은 것들이 달라진다. 얼마나 많은 시간을 자신에게 집중시키느냐에 따라 나다운 인생을 주도적으로 사느냐,

시간적 여유 없이 쳇바퀴 같은 일상을 반복하느냐가 결정된다.

현대의 많은 직장인들은 시간을 저당 잡히고 있다. '저녁 있는 삶'이 가장 바라는 꿈이자 간절한 바람이 됐으며, 눈앞에 닥친 급한 일을 처리하느라 자신의 삶을 돌아볼 여유조차 없다. 과거의 미련을 술안주 삼아 이야기하고, 현재의 불만족스러운 상황에 대비하느라 미래를 향한 기대감은 사치로 여긴다. '시간이 없다'라는 말을 달고 살면서 더욱 바쁜 삶을 끌어당긴다. 바쁜 것을 익숙하고 당연한 듯 여기며 현 상황에 안주하고 머무른다.

나는 현재 시간을 자유롭게 사용할 수 있다. 모든 것을 내가 다 하려 하지 않고, 전문가나 실무자의 시간을 사서 많은 일을 처리하고 있고, 시간당 매겨지는 가치나 특강, 프로그램 등의 단가를 높여 적게 일하고도 높은 수익을 창출할 수 있는 방향으로 가고 있다. 아무리 바빠도 마음의 여유를 가지고 미래를 계획할 수 있는 시간, 내가 좋아하는 일을 하며 머리를 식힐 수 있는 시간, 중요한 일을 끝낸 성취감으로 갖는 휴식이나 재충전 여행 등을 우선순위에 둔다.

같은 하루를 보내더라도 정해진 월급을 받으며 주어진 일만 하면서 10시간을 보내는 것이 아니라, 단지 4시간만 몰입해서 일해도 현재의 수익을 유지할 수 있다. 오늘 내가 휴식하기로 결정했다면 내일 조금 더 바쁘면 되는 것이고, 지금 당장 좋아하는 영화를 보고 내가 원할 때에 일을 조절해서 해도 된다. 내게는 시간에 따라 행동을 선택할 자유, 시간에 쫓기지 않는 자유, 남을 위해 시간을 저당 잡히지 않는 자유가 있다. 매출과 수익을 올리면서도 일하는 시간이 늘어나지 않는 것, 언제든지 훌쩍 떠날 수 있을 정도의 인력과 시스템을 갖추는 것, 인생에서 좀 더 나에게 집중할 시간을 확보하는 것, 그것이 내가 앞으로 풀어야 할 숙제이자 목표다.

넷째, '건강'이다. 다섯 가지의 키워드 중 마지막으로 밀려나기 쉽지만 사실 가장 중요한 것은 건강이다. 건강을 잃으면 나머지 네 가지 키워드를 실행하고 지킬 수 있는 상황마저 사라진다. 기본 중의 기본인 것이다. 선천적으로 타고 나는 가족력과 체력은 사람마다 차이가 있겠지만, 건강은 후천적으로 관리하며 만들어 가는 것이다.

나는 올해 초 응급실 진료를 받았다. 약 1년 전부터 간헐적으로 찾아오는 두통과 가끔 숨이 덜 쉬어지는 느낌을 받았으며 몸이 무겁고 자주 아팠다. 겨울에도 감기 한번 걸리지 않을 정도로 건강했었고, 삼교대 중환자실 간호사로 다져진 체력이 있었기에 나는 나의 몸을 맹신했다. 아직 젊기에 건강을 확신했다. 하지만 원인불명의 증상으로 점차 아파 가고 있었다. 의학적으로 큰 문제가 없고 피검사도 괜찮았지만, 몸은 서서히 파업을 하고 있었던 것이다. 이 일을 계기로 나는 건강에 신경을 쓰게 되었고, 현재 디톡스(독소)

다이어트를 하고 있다. 가볍고 건강한 몸이 되고 좀 더 강한 체력을 키우는 것이 나의 바람이자 목표다. 3개월 안에 날씬하고 멋진 몸을 만들어 30대에 남길 보디 프로필을 찍을 예정이다.

다섯째, '가족'이다. 꿈을 이루고 목표를 달성하더라도 기쁠 때 함께 기뻐해 줄 사람이 없거나 슬플 때 위로해 줄 사람이 없다면 그건 진정한 성공이 아닐 것이다. 성공하되 외롭지 않은 사람이 되어야 한다. 위급한 상황에 나를 위해 모든 일을 제쳐 두고 달려와 줄 사람이 있어야 하고, 어떤 일이 있어도 나를 믿어 줄 사람이 있어야 한다. 그건 바로 가족이 아닐까?

지금까지 살아오면서 '가족'은 내게 꿈을 이루게 해 주는 원동력이었다. 때로는 걱정과 불안으로 본의 아니게 드림킬러의 모습을 보인 적도 있었다. 하지만 지금은 최고의 꿈 응원단이자 함께 가는 드림파트너다. 부모님을 비롯해 여동생, 남동생까지 같이 공저를 쓰면서 책 쓰는 가족이 되었다. 현재 여동생과 남동생은 나를 따라 책을 쓰고 1인 기업가를 준비 중이다. 3년 내에 억대 수입의 1인 기업가 삼 남매가 되고, TV 프로그램에 출연하는 상상을 해 본다. 서로의 꿈을 이끌어 주고 응원해 주며 '꿈가족'으로 뜨겁게 나아갈 앞날이 기대된다.

나는 '자유', '돈', '시간', '건강', '가족' 이라는 다섯 가지 키워드로 나의 꿈을 이루고 인생의 이정표를 만들며 달려왔다. 하나의 키워드를 획득하기 위해 처절한 시간들을 보내기도 했고, 때로는 눈앞의 목표에 급급해 다섯 가지 키워드의 균형을 지키지 못한 적도 있다. 다섯 가지 키워드는 마치 인생의 중심을 잡아 주는 추처럼 나를 포기하지 않게 했고, 꿈 너머 꿈을 그리게 했다.

당신은 인생을 업그레이드해 줄 키워드를 가지고 있는가? 만약 없다면 키워드를 정해 그에 맞는 꿈과 목표를 세워 보자. 작은 행동일지라도 지금 당장 실천해 보자. 지금 당장 작은 행동이라도 실천해 보자. 우리는 꿈에 집중할 때 살아 있는 뜨거움을 느끼고, 소중한 가치를 지키려 할 때 위대해지는 법이니까.

50

1인 기업가로 성공하기

- 임선영

'원어민처럼 말하기 연구소' 대표, 영어교육 전문가, 자기계발 작가

현재 한국에서 원어민처럼 영어를 구사할 수 있는 영어 공부법을 전파하며 많은 이들과 소통하고 있다. '한국에서 미국 찾기' 스터디 모임을 비롯하여 다양한 프로그램을 진행 중이며, 개인별 맞춤 컨설팅을 통해 바쁜 직장인들의 영어 멘토로 활약 중이다. 저서로는 《잉글리시 홈트》, 《되고 싶고 하고 싶고 갖고 싶은 40가지》가 있다.

- Email wild_challenger@naver.com
- Blog www.wildeng.kr
- Cafe www.wildeng.co.kr
- C·P 010.3699.2638

나는 이제 1인 기업가로서의 시작을 바로 코앞에 두고 있다. 이 시점에서 꼭 이루고 싶은 나의 꿈과 인생을 세부적으로 되뇌는 일은 정말 중요하다. 1인 기업가는 자신이 얼마나 열심히 하느냐에 따라 성과가 극명하게 갈린다. 그런 만큼 그 일을 추진하게 할 꿈을 반드시 강하게 열망해야 한다.

예전에 나는 그렇게 꿈이 크고 욕망이 강한 사람이 아니었다. 어느 것 하나 꽂히는 것이 없었고 그것을 가지기 위해 간절하게 무엇을 해야 하는 사람이 아니었다. 그것이 있어도, 없어도 그만이었다. 늘 아끼고 살아야 한다는 영혼의 위축 때문이었나 보다. 아니면 그냥 이 정도면 되었다며 현실에 만족하려 하는 성향이 강했기 때문이었는지도 모른다. 욕심내지 않으려 했다. 지방에 살면서, 월급 250만 원 정도 벌면서 결혼해서 평범하게 사는 것. 스스로 원해서 그런 삶을 꿈꾸었다기보다는 다른 꿈들을 실현하는 게 불가능한 것처럼 보였다고나 할까?

그러던 중 영어를 급작스럽게 잘하게 되면서 불가능하다고 생각했던 것들도 가능해질 수 있음을 경험했다. 내가 꿈꾸었던 일을 2년 만에 이루었다. 그러고 난 후 한 번의 빛나는 성공으로 다른 것도 가능하다는 것을 마음 깊이 깨달았다. 요즘은 책을 많이 읽음으로써 부자의 마인드를 갖춘 사람들을 많이 만난다. 그러다 보니 나 역시 그들의 영향을 받아, 예전에는 포기하는 것이 당연했던 것들에 대한 생각이 달라졌다.

'왜 그걸 가질 수 없고 할 수 없다고 생각하지? 이제부터 꿈을 꾸면 그것은 반드시 내가 가질 수 있는 것이 된다.'

가난한 마인드의 사람들과 어울릴 때와는 확실히 생각이 많이 달라졌다. 작은 것에 만족하고 큰 것은 포기하는 것이 당연했던 예전 삶에서 이제는 작은 것에 얽매이지 않고 큰 것을 이루려는 마인드로 바뀌고 있으니 말이다.

나는 영어를 잘하게 되면서부터 해외에서 사는 것이 꿈이 되었다. 그 꿈을 이루기 위해 부단히 노력하여 높기만 했던 벽을 많이 낮춰 놓았다. 오랫동안 해외를 갈 수 없었던 환경 때문에 외면해야 했던 꿈을 다시 꾸기 시작했다. 1인 기업가의 장점은 시간을 내가 유동적으로 조절할 수 있다는 것이다. 고로 나는 어느 나라든 1년에 몇 번은 왔다 갔다 할 수 있다. 또한 노트북 하나만 있으면 세계 어디서든 일의 일정 부분을 컨트롤할 수 있다. 이러한 장점들은 1인 기업가가 되지 않았다면 꼼짝없이 한국에만 머물러야 했을 제한의 벽을 무너뜨렸다. 이제 내가 가진 장점을 모두 사용해 나의 꿈과 사업을 확장할 수 있다.

나는 미국에 집을 한 채 사 둘 것이다. 그 집은 나의 힐링 장소이자 사업을 확장하는 장소로 사용될 것이다. 1년에 2~3번은 미국이 아닌 다른 나라들도 왔다 갔다 할 것이다. 각국에 한국에서 만난 외국인 친구들의 인맥이 존재할 것이며 또한 내가 직접 가서 인맥을 만들기도 할 것이다. 매년 그들을 방문하고 경험을 쌓아 갈 것이다. 한국에서 영어를 코칭하는 대표로서 이 점을 활용하고자 한다. 내가 세계를 누비며 경험치가 쌓일 때마다 그 정보를 지식 창업에 쓸 것이다. 또한 해외캠프를 만들어서 해외를 경험하고 싶고 영어를 실제 상황으로 경험하고 배우고 싶은 사람들을 모아 즐거운 여정을 떠날 계획이다.

나의 꿈맥들 중에는 강연가가 많고 그들 중 TED강연을 목표로 하는 사람들이 있다. 나는 미국에 인프라를 잘 만들어 두고 그들을 연결해 주는 브로커 역할을 할 수 있다. 그러면 해외를 여행하는 즐거움과 함께 그 경험을 수익화할 수 있으니 이보다 더 멋진 삶은 없을 것이다. 해외를 돌아다니며 한국에서 찾지 못한 기회를 발견하고 그것을 사람들에게 컨설팅해 준다면, 그리고 그 사람이 새로운 시작을 할 수 있게 도와준다면 나의 가치는 무한하다.

한국에는 멋진 집을 하나 사 놓고 멋진 외제차 2대 정도를 구비한다. 하나는 멋을 위한 차, 하나는 실용적인 차. 그리고 미국에는 미국의 부자들만 살 수 있다는 비치하우스를 한 채 사 둘 것이다. 그 집은 가족을 위한 집이기도 하고 나의 해외캠프 꿈맥들을 초대할 수 있는 집이기도 할 것이다.

지금은 내가 가장 잘하는 것은 영어이기 때문에 영어에 관한 책을 쓰고 있다. 하지만 영어를 통해 1인 기업가로 성장하고 위에 언급한 다양한 계획들을 추진하며 살게 된다면 점점 책을 쓸 수 있는 주제는 확장될 것이다.

해외의 이국적인 카페에 앉아 이국적인 풍경들을 보고 다른 언어를 들으며 책을 쓴다면 그것은 또 어떤 느낌일까? 색다른 향기의 글이 나오지 않을까? 새로운 아이디어가 많이 떠오르지 않을까? 그 삶이 나를 얼마나 발전시킬지, 얼마나 많은 것을 느끼고 깨닫게 할지 상상만 해도 가슴이 뛴다. 이렇게 다양한 주제와 경험의 스토리를 카페와 블로그를 통해 사람들에게 알리며 화제가 된다. 그러면 TV 출연 요청이 들어올 것이다. 다른 나라를 돌아다니다 한국에서 강연이나 TV 출연 요청을 해 오면 즐겁게 귀국한다. 나 같은 사람의 라이프스타일도 존재한다는 것을 알리며 내가 본 넓은 세계를 사람들에게 이야기해 줄 것이다.

나의 꿈을 이 정도로 생각하다 보니 나의 미래 가족들을 생각하게 된다. 아무리 돈이 많고 꿈을 이룬다고 해도 내가 사랑하는 사람이 곁에 없는 삶은 진정 행복한 삶이 될 수 없다. 나는 아직 결혼하지 않았다. 하지만 어떤 사람이 나의 평생 꿈친구가 될 수 있을지 알아차릴 수 있는 현명한 마음가짐을 가지고 있다. 나의 남편이 될 사람은 다양성을 인정하고 도전을 좋아하는 사람일 것이다. 꼭 결혼해야 한다는 생각은 아니지만 나의 평생 꿈친구를 만나게 된다면 결혼생활은 평범하진 않을 것이다. 반드시 함께 붙어살아야만 행복한 것은 아니다. 같이 해외를 갈 수 있다면 같이 가고 그게 아니라면 각자의 생활공간에서 서로의 발전을 지지하며 살 것이다. 1년에 3개월 정도만 물리적으로 같이 살 수 있다 해도 나는 크게 개의치 않는다. 나의 아이도 마찬가지로 그저 한국적인 사상과 환경에 갇혀 크게 하지 않고 넓은 세상을 경험하고 볼 수 있게 할 것이다.

또한 나는 멋진 여성 그 자체로도 빛날 것이다. 미래에 내가 이룰 가족들에게 세상을 사는 것이 그저 고되기만 한 것이 아니라 이렇게 행복하고도 다양하게 살 수 있다는 것을 보여 줄 수 있는 사람이 될 것이다. 아마 기존의 결혼관을 가진 사람들에게는 허용하기 힘든 부분일 것이다. 하지만 요즘 세대는 혼자 사는 것을 당연하게 받아들이며 그것이 기본적인 마인드다. 나를 지지해주는 사람들이 있기만 하다면 편리한 과학기술로 어디에서든 소통할 수 있다. 나는 그 한계를 넘는 마음의 준비를 이미 끝냈다.

이 모든 걸 깨닫지 못했을 당시에는 고작 30년밖에 살지 않았는데 벌써 인생을 지겹다고 느끼고 있었다. 다 부질없어 보였다. 나는 이렇게 고생만 하면서 괴롭게 살기 위해 태어난 것이 아니다. 하루하루를 권태로움이 아닌 책임감을 느끼며 살 것이다. 전자는 그저 의미 없이 흘러가는 하루일 테지만 후자는 나를 성장시킬 수 있는 하루가 된다. 더불어 내가 꿈꾸는 모든 것을 이루어줄 기회를 나 자신에게 가져다준다. 반드시 하나를 선택해야 한다면 당신은 어떤 길을 선택하겠는가?

51

아이들과 함께 해외여행 다니며 추억 만들기

- 최정훈

1인 지식창업 코치, 지식창업 전문가, 창업 마케팅 전문가, 자기계발 작가

다양한 창업 경험에서 얻은 깨달음으로 1인 지식 창업에 도전하여 성공했다. 자신의 경험을 활용해 성공하는 창업 방법을 전수하는 〈소셜창업연구소〉를 만들고 현재 대표로 활동하고 있다. 100여 명의 1인 지식 창업을 도와 많은 사람들을 성공시켰다. 저서로는 《1인 지식창업의 정석》, 《보물지도6》, 《미래일기》 외 8권이 있다.

• Email machwa@naver.com • Cafe www.scculab.co.kr

1980년대의 아버지들이 대부분 그랬듯 어렸을 적 나의 아버지도 무척 엄하셨다. 버릇없이 굴거나 예의가 없거나, 아버지의 뜻에 따르지 않으면 벌을 받거나 매를 맞았다. 그래서인지 중·고등학교 때는 아버지가 무서워 무엇 하나 당당하게 의견을 제시하지도, 반항을 하지도 못했다. 대학 때는 아버지와 같이 있는 것이 불편하여 둘만 있는 상황이 되면 갑자기 무슨 일이 생긴 것처럼 밖으로 나가기 일쑤였다. 난 그렇게 아버지에게 불편한 마음을 가진 채로 시간은 지나 결혼을 했고 한 가정의 가장이자 두 아이의 아빠가 되었다.

그러던 어느 날, 어머니의 생신이어서 본가에 가서 밥을 먹고 식후에 과일을 먹을 때였다. 막내인 아들 현호가 버릇없이 구는 것을 보고 엄하게 꾸짖었다. 내가 그렇게 자라 왔기에 버릇없이 굴면 응당 혼내야 하는 것으로 생각하고 있었다. 평소라면 그렇게까지 혼내지는 않았을 것이다. 하지만 본가에 있는 지금은 내가 혼내지 않으면 안 될 것 같아 엄하게 혼내고 말았다. 그렇게 혼이 난 아이는 훌쩍이며 엄마 품으로 달려갔다. 그때 아버지가 나에게 작게 말씀하셨다. "너무 엄하게 하지 마라. 너희들이 어렸을 때 엄하게 혼낸 것이 많이 후회된다."

아버지는 한 집안의 장남으로서 어린 시절부터 농사짓는 아버지와 어머니 밑에서 다섯 동생들을 돌봐야 했다. 매일 꼭두새벽에 일어나 산에서 나무를 하고 소에게 여물을 먹인 후에야 학교에 갈 수 있었던 아버지. 가난했던 집안 사정 때문에 대학을 포기하고 돈을 벌기 위해 상경해 전기기술을 배우셨다.

아버지는 도봉구 방학동 신도봉 시장에서 전파사를 열고 단칸방에서 신혼살림을 꾸리셨다. 나와 동생을 낳아서 키우시면서 아끼기 위해 매일 점심을 라면으로 때우고 쉬는 날도 없이 일하며 돈을 모으셨다. 젊은 사람이 독하다고 동네 사람들이 이야기해도 눈 하나 깜짝하지 않고 정말 열심히 사셨다. 힘든 일을 하며 거칠게 살아오신 아버지는 나만큼은 육체적으로 힘들지 않은 일을 하며 편하게 살길 바라셨다. 그래서인지 유독 나를 엄하게 키우셨다. 그런 아버지가 예전에 나를 엄하게 키운 것을 후회하신다니 충격이었다.

어린 시절 엄한 아버지가 싫었던 적도 많았다. 하지만 결혼을 하고 내가 아버지의 입장이 되고 보니 생각이 달라졌다. 아버지가 엄하게 하셨기 때문에 내가 잘못된 길로 가지 않고 잘 사는 것 같아 나 또한 다른 것은 몰라도 예의는 확실히 가르친다는 생각으로 아이들을 엄하게 양육했다. 그런데 나에게 엄하게 하셨던 것을 후회한다는, 생각지도 못한 아버지 말씀에 나는 코끝이 찡하고 멍한 기분이 들었다. 어린 시절 아버지에게 매를 맞으며 생겼던 마음속 응어리가 풀리고 상처가 치유되는 걸 느꼈다.

그 후 나는 생각을 바꿨다. 아버지처럼 아이들을 엄하게 키우는 것이 아니라 한없이 자상하고 아이들의 말에 귀 기울이며 꿈을 응원해 주는 '꿈친구 아버지'가 되겠다고 다짐했다. 나는 아버지처럼 아이들과의 관계에서 후회를 남기고 싶지 않다. 아이들이 내 품을 떠나기 전까지 조금이라도 시간이 나면 함께 추억을 만들기 위해 힘쓸 것이다. 아이들과 함께하는 많지 않은 시간을 허투루 쓰지 않고 아이들이 평생 추억으로 안고 갈 수 있을 만큼 많은 경험을 쌓게 해 줄 생각이다.

어떻게 하면 아이들과 추억을 만들 수 있을지 생각하다가 예전에 아내와 함께 TV 예능프로그램 〈윤식당〉을 보던 중 아내가 나에게 했던 이야기가 생각났다. 아내는 아이들과 함께 프리토킹을 할 수 있도록 영어실력을 쌓아서 해외여행을 가고 싶다고 했다. 나도 아이들과 함께 해외여행을 떠나 즐거운 추억을 만들고 싶은 마음이 생겼다. 하지만 나는 영어를 잘하지 못했기 때문에 해외여행에 두려움을 갖고 있었다. 그래서 아내에게 아이들과 함께 영어공부를 하고 싶다면 전폭적으로 지원해 주겠다고 이야기 했다.

아이들에게 억지로 영어공부를 시키고 싶은 마음은 없다. 다만 아이들이 스스로 원한다면 자연스럽게 공부할 수 있도록 도와줄 것이다. 그 후 어느 정도 프리토킹이 가능하게 된다면 아이들에게 조금 더 넓은 세상을 보여 주며 아이들과 추억을 쌓을 것이다. 우리나라에서는 볼 수 없는 북극지방의 오로라도 보러 가고, 그랜드캐니언, 나이아가라 폭포에도 갈 생각이다. 그 웅장한 모습을 아이들과 함께 볼 생각을 하니 벌써부터 기대가 된다.

그날을 위해 나는 지금보다 더 크게 성공할 것이다. 하지만 성공을 위해 아이들과 함께하는 시간을 소홀히 하지는 않을 생각이다. 아이들은 내가 성공할 때까지 기다려 주지 않는다는 것을 알고 있다. 1인 지식 창업 코치로 하루하루 바쁘게 보내고 있지만 틈틈이 시간을 내서 함께 여행을 떠날 것이다. 그러기 위해서는 미리 구체적인 계획을 세워 놓아야 할 것 같다. 아내의 이야기처럼 나도 함께 영어를 배우고 프리토킹을 할 수 있도록 틈틈이 노력할 것이다. 그리고 지도를 펴 놓고 함께 여행할 나라들을 이야기하며 아이들에게도 영어공부의 목표를 심어 줄 것이다.

생각만 하고 실행하지 않는다면 현실이 되기 어렵다. 먼저 가족들에게 말로 선언하고 이렇게 글을 써서 책으로 남기고 구체적인 계획을 세우면 머지않아 현실이 될 것이다. 아이들에게 가족이 함께하는 여행에 대해 꾸준히 이야기해 주며 기대감을 갖게 할 것이다. 온 가족이 여행을 꿈꾸며 설렘을 가질 수 있도록 할 것이다. 여행하며 예쁜 사진들도 많이 찍어서 가족여행 앨범을 만들어 먼 훗날 앨범을 보며 도란도란 이야기를 나눌 수 있도록 할 것이다. 나의 꿈이 아이들이 사춘기가 되기 전에 이루어지길 소망한다. 그래서 아이들이 사춘기가 되었을 때도 무엇이나 터놓고 이야기할 수 있는 아빠, 의지할 수 있는 아빠가 되길 바란다.

나중에 우리 아이들이 부모가 되었을 때 아빠는 너희들과 함께한 시간이 너무 행복했었다고, 너희들도 아이들에게 그런 부모가 되었으면 좋겠다고 이야기해 주고 싶다.

52

나의 가슴속에 숨어 있는 금광 발견하기

- 이순희

양성평등원 외래교수, '월드 스카프' 대표, 스카프 개발 디자이너, 스카프 코디 전문 강사, 자기계발 작가, 강연가, 동기부여가

평생 가난과 학력 콤플렉스를 안고 살았다. 무에서 유를 창조하겠다는 자신감으로 자신의 인생을 디자인하였다. 사람들에게 꿈과 희망을 전하는 동기부여가, 메신저, 자기계발 작가, 1인 창업가, 스카프 사업가로 행복한 삶을 살아가고 있다. 꿈이 없는 사람들에게 희망과 꿈을 주기 위해 개인저서, 강연, 코칭 프로그램을 준비 중이다.

• Email sumisa@hanmail.net

"순희야, 너 오늘 저녁에 뭐 하니? 내가 맛있는 것 사 줄게. 우리 맛있는 것 먹으러 가자."

"어머! 고맙지만 나 오늘 시간이 없어. 내일 만나자."

"어디 가는데?"

"응, 나 오늘 저녁 7시 반부터 수내역으로 글쓰기 수업 가야 해. 10시에 끝나."

"뭐라고? 너 돌았니? 네가 지금 밤늦도록 공부해야 하는 나이니? 네가 이팔청춘인 줄알아? 늦은 밤까지 돌아다니게. 그러다 넘어져 다치기라도 하면 어쩌려고….”

친구는 나에게 핀잔을 주며 한바탕 난리를 치고는 전화를 끊었다. 그 말을 듣고 있자니 나 역시 기가 막혔다. ‘아니, 내 나이가 어때서? 나이 70이 어때서?’ 나이는 물리적인 것에 불과할 뿐 나에게는 하나의 불편함도 없거늘…. 일어나지도 않을 일을 미리부터 걱정하는 염려증이 게으른 사람 또는 무능한 사람으로 만들고 있는 것이다.

나는 배우는 것을 좋아한다. 가는 곳마다 내 나이를 알면 모두 놀라면서도 반가워하며 기뻐한다. 30대부터 60대까지, 자신이 늦었다고 생각했던 사람들 모두가 환호하고 놀라며 반겼다. 그 나이에 배움을 추구하는 도전정신이 좋아 보인다며 자리를 지키고 앉아 있는 것만으로 자신들에게 희망을 주며 자신감을 심어 준다고 했다.

“우리 학과가 생긴 이래로 가장 나이 많은 학생입니다. 열심히 해 보세요.”

대학에 입학했을 때, 주임교수님께서 내게 하신 말씀이다. 나는 입학과 동시에 과대표를 맡았고 학우들과 우애를 다지며 학교를 위해서 봉사했다. 마지막 학년에는 학과의 학생회장까지 하게 되었다. 입학했을 당시에는 공부를 따라가기가 힘이 들었다. 저녁부터 밤늦게까지 학원에 다니며 모자라는 공부를 보충하였다. 그 결과 4학년 때는 장학금까지 타게 됐다. 결코 한순간에 얻어진 것들이 아니다. 거북이 걸음을 걷듯이 조금씩, 꾸준히 노력해서 이루어낸 것이다.

나는 거기에서 멈추지 않고 대학원에 지원하였다. 우리 과에서는 4명이 지원했는데 그중 나만 합격했다. 미안한 마음이 들었다. '나이 많은 내가 왜 합격했을까?' 생각해 보았다. 합격한 데는 아마도 대학시절에 과대표와 학생회장을 하며 학교를 위해 봉사한 점이 크게 작용하지 않았나 싶다. 또한 나이 들어 공부하고자 하는 열의를 높이 사지 않았을까 싶기도 했다.

나는 공부에 올인해 어렵사리 석사를 패스했다. 이제는 더 이상 부러운 것이 없다. 정신을 차려 보니 머리는 하얗게 백발이 되어 있었다. 거울을 자세히 들여다보니 얼굴에는 잔주름이 수도 없이 그려져 있었다. 검버섯도 군데군데 생겨 있었다. 그러나 후회하지 않는다. 영광의 상처이기 때문이다. 얼굴의 잔주름은 인생의 계급장이요, 검버섯은 나에게 주는 훈장인 것이다. 이 모두가 열심히 살아온 나의 흔적이다.

나는 행복하다. 나의 모든 꿈을 이루었다. 나이 들어도 꿈을 잃지 않고 끈질기게 잡고 늘어졌기에 꿈을 이룰 수가 있었다. 나는 지금 행복을 만끽하며 즐기고 있다. '나이 들면 돈 많은 사람이나 공부 많이 한 사람이나 다 똑같다'라는 말이 있다. 하지만 남이 무어라 하건 상관없다. 이 행복, 이 기쁨. 나 혼자만의 잔치를 즐기고 있다. 길을 걸어가면서 소리치고 싶다.

"나 석사 먹었어요."

"나 작가 됐어요."

상상만 했을 뿐인데 미소가 입가를 비집고 새어 나온다. 이 행복, 이 기쁨을 나 혼자만 즐길 수는 없다. 나의 불우했던 환경을 생각하며 나 같이 불우한 환경과 콤플렉스를 안고 살아가는 사람들에게 꿈과 희망을 안겨 주고 싶다. 불우한 환경을 이겨 낼 수 있는 힘을 알려 주고 싶다. 언젠가는 꿈을 이룰 수가 있다는 것을 보여 주고 싶다. 그래서 나는 책을 써야겠다고 다짐했다.

글쓰기를 하면서 모아 두었던 글을 정리했다. 책 쓰기에 도전하기 위해서였다. 내가 쓴 책이 힘든 상황에 처한 누군가에게 힘을 줄 수 있다면, 그래서 그 사람이 다시 일어설 수 있게 된다면 얼마나 보람 있는 일인가. 나의 이 행복한 마음을 함께 공감하며 나눌 수 있다면 더욱더 큰 행복을 누릴 수 있을 것이다. 즐거운 마음으로 글쓰기를 시도하기로 했다.

원고를 다 마쳤다. 글을 써 내려가는 동안 미친 듯이, 정신없이 몰두했다. 열심히 쓰고 다듬었다. 어설픈 곳이 많았다. 그러나 40꼭지를 썼다는 그 자체만으로도 대성공이다. 일사천리로 써 내려간 나의 이야기를 다시 읽어 보고 있노라면 스스로가 대견하게 느껴진다. 이렇게 술술 써 내려가다니, 내가 이 정도로 잘 쓸 수 있으리라고는 상상하지 못했었다. 나의 머릿속 깊숙한 곳에 값진 보물이 묻혀 있었던 것이다. 이제야 발견하게 되었다. 내 안에 이다지도 거대하고 값진 보물이 숨겨져 있으리라고는 그 누구도 알지 못했다. 대단하고 훌륭한 발견이었다.

이 거대한 발견을 도와준 조력자가 있다. 두려워 망설이고만 있을 때, 끌다시피 이끌어 준 〈한책협〉의 김태광 대표 코치다. 내가 첫발을 떼기 어려워 머뭇거릴 때, 대로(大路)를 닦아 놓고 길을 터 주셨다. 그 덕분에 나는 한 발씩 천천히 내디디며 마음 놓고 대로를 활보할 수가 있었다. 옆길로 잘못 발을 내디디려 할 때면 지키고 있던 임원화 코치가 막아 주기도 했다. 참으로 감사하다. 이렇게 자식 염려하듯 부모의 마음으로 나를 지켜 주는 눈이 있기에 나는 마음 놓고 저 넓은 세상을 향하고 있다.

이제 나는 마지막 꿈인 메신저의 길을 펼칠 수 있는 곳으로 향하고 있다. 우리 주위에는 꿈과 희망을 찾지 못한 사람들이 많다. 그들이 꿈과 희망을 찾을 수 있도록 도와주고 싶다. 내가 살아온 삶의 경험을 토대로 함께 공감하고 대화를 나누며 그들이 앞날을 잘 이끌어 갈 수 있도록 인도하고 싶다.

우선 내가 좋아하는 것을 찾는 것이 제일 중요하다고 생각한다. 나는 어려서부터 그림을 그리고 엄마 치마로 인형 옷을 만드는 것을 좋아했다. 초등학교에 다닐 때는 내가 그린 그림이나 붓글씨 등이 항상 교실 뒤에 붙어 있을 정도였다. 나는 현재 스카프를 제작하는 디자이너다. 어려서부터 좋아했던 것이 결국 직업이 된 것이다. 마찬가지로 글짓기를 할 때도 내 글은 항상 교실 뒤에 붙어 있었다. 그래서 지금 글쓰기를 하는 것 같다. 글을 쓴다는 건 쉽지 않다. 그러나 힘들고 머리가 아파도 인내하며 끌고 나갈 수 있는 이유는 내가 좋아하는 것이기 때문이다. 내가 진정으로 좋아하는 것을 할 땐 혹여 실패하더라도 다시 시작할 수 있는 끈기가 생긴다. IMF의 초토화 상태에서도 다시 소생할 수 있었던 것은 내가 스카프 제작을 너무나 좋아했기 때문이다.

사람은 누구나 각자 타고난 재능이 있다고 한다. 조너선 스위프트는 말했다.

"자신이 가진 힘을 아는 사람은 드물다. 땅에서와 마찬가지로 사람 안에도 주인이 알지 못하는 금광이 숨어 있을 때가 종종 있다."

〈한책협〉의 김태광 대표 코치를 만나서 나의 재능을 발견했듯이 나의 능력을 스스로 찾지 못할 때는 나를 변화시켜 줄 수 있는 누군가 있는지 주위를 둘러보자.

53

가족과 함께 꿈을 이루어 나가기

- 조우관

'경기도여성능력개발원' 커리어 코치, 직업상담사, 자기계발 작가

불행했던 지난날을 성공하겠다는 일념 하나로 극복했다. 불행한 이들에게 행복의 메시지를 전달하는 저자와 강연가로서의 삶을 꿈꾼다. 또한 커리어 코치로서 인생에서 돈보다 중요한 가치가 무엇인지 알려 주고자 한다.

• C·P 010.7366.7757

어린 시절, 나는 공상을 좋아하는 아이였다. 텔레비전에 나왔으면 좋겠다는 노래를 부르던 여느 아이들처럼 나도 TV에 나오는 상상을 늘 하곤 했다. 배우가 되고 싶었고, 유명한 사람도 되고 싶었다. 춤추는 것을 좋아해 남들 앞에서 춤추고 공연하는 그 자체를 즐기는 그야말로 무대 체질인 아이였다. 성우, 아나운서, 발레리나, 군인, 정치인, 탐정, 검사, 시인 등등 꿈이 없었던 적이 없었을 정도로 하고 싶은 것도, 되고 싶었던 것도 많았다.

중학교 3학년 때 담임선생님의 동생이 행정고시에 합격했는데 고시에 합격하자마자 마담뚜들한테서 전화가 빗발친다는 이야기를 들었다. 그 이야기를 듣자마자 나는 무조건 행정고시에 합격해야겠다고 생각했다. 그래야 누군가와 결혼이라도 할 수 있을 것 같았기 때문이다. 내 관심은 온통 사회적 신분을 상승시키는 데 있었다고 해도 과언이 아니었다. 그 정도로 어떻게 하면 성공할 수 있을까에 온 마음을 집중하고 있었다. 이제는 내가 믿었던 사회적 신분이라는 것이 결코 고시 하나 합격한다고 주어지는 것이 아니라는 것을 안다. 하지만 그때는 그것만이 나를 구원해 줄 수 있는 유일한 수단이라고 생각했다.

10년의 고시공부 끝에 나는 아무런 성과도 이루지 못하고 결국 고시를 포기하게 됐다. 하지만 그것은 내게 더 큰 행운을 가져다주기 위한 신의 계획이라는 것을 알게 됐다. 지금 생각하면 고시에 실패한 것이 그렇게 다행일 수가 없다. 우리가 무언가에 실패할 때는 그것을 시련으로 받아들이고 자괴감의 늪에서 헤어 나올 수 없을 것만 같다. 하지만 그 길이 진정한 내 길이 아님은 물론 신이 나를 위해 더 좋은 길을 예비하고 있다는 것을 알게 되는 날이 온다.

인생이라는 것은, 꿈이라는 것은 단편적이고 순간적인 파편이나 장면이 아니라 꼬리에 꼬리를 무는 파노라마와도 같다. 단순히 글을 쓰는 것이 좋아서 시작한 작은 일들이 작가라는 또 다른 꿈과 직업을 가져다줬다. 공무원이 되어서 고루하고 따분한 삶을 살 뻔했는데, 다이내믹하고 다양한 경험까지 할 수 있게 됐으니 앞으로 다가올 인생의 시간들이 얼마나 재미있을지 기대된다. 고시에 실패한 것이야말로 내 인생의 최대의 축복이었던 셈이다.

나는 신을 향해 저주의 말을 퍼붓고 대항하고 분노한 적이 많다. 왜 꼭 내게만 시련을 주는 것인지, 내가 뭘 그렇게도 잘못했기에 벌을 받고 있는 듯한 삶을 살아야 하는 것인지 끊임없이 보이지 않는 신과 나만의 싸움을 지속해 나갔다. 하지만 작가가 되고, 강연가의 삶을 준비하면서 고통이고 불행이라 믿었던 역사들이 큰 자산이 되었음을 알게 된다. 이야기해 주고 싶은 소재들이 넘쳐 나니 작가로서도, 강연가로서도 준비된 삶이기까지 하다.

나는 어렸을 때부터 부모한테 조를 줄 모르는 아이였다. 아버지가 힘들까봐 업어달라는 말 하나도 하지 못해 땅바닥에 앉아서 돌멩이로 그림을 그리며 소심하게 자신이 원하는 것을 표현하는 아이였다. 돈이 없어서 꿈을 포기해야 한다고 하면 그런 줄 알았고, 부모에게 무언가를 해 달라고 요구하는 대신 스스로의 힘으로 자립하는 것이 최선인 줄 알면서 살았다. 세상을 너무 일찍 알아 버려서 아이가 아니라 애어른으로 살면서 자신의 욕망을 끊임없이 누르고 또 눌렀다. 그래서 나는 내 안에 원하는 것이 많이 없는 줄 알았다. 그렇게 오해하면서 살았다.

버킷리스트에 50개의 목록을 하나씩 써 가면서 오롯이 나 혼자서 50개를 다 채웠다는 데서 오는 놀라움과 감격을 금치 못했던 날이 있었다. 내가 그렇게 원하는 것이 많았다는 것도 놀라웠지만, 그것을 밖으로 끄집어내고 표현할 수 있었다는 것이 더 놀라웠다. 나도 그렇게 원하는 것을 말로 할 수 있는 사람이었던 것이다. 내게 주어진 새로운 인생 2막 앞에서 나는 예전에 알지 못했던 나를 다시 만나고 있다. 어쩌면 모든 것을 억누르면서 살았던 그 아이에게 커다란 선물 하나를 준 것 같다. 꿈꿀 수 있는 자유 말이다.

나는 꿈이 있다. 미간에 주름이 없는 할머니로 늙는 것이다. 가끔 사람들을 만나면 미간에 깊이 주름이 팬 사람들이 있다. 그런 사람들을 보면 생각한다. 저 사람 인생이 많이 고달팠을까, 아님 저 사람의 성격이 많이 괴팍스러울까. 이것도 저것도 나는 다 원치 않는다. 앞으로 남은 인생이 고달파서 그 고달픔을 참느라 애썼던 흔적들을 미간에 남기고 싶지 않다. 맨날 짜증내고 화만 내느라 인상을 써댄 고약한 성격의 흔적 역시도 미간에 남기고 싶지 않다. 삶 자체도, 정서적으로도 안정된 삶을 살면서 많은 사람들에게 커다란 나무 한 그루가 되어 주고 싶다.

꿈이라고 하면 사람들은 늘 직업을 떠올리지만, 꿈은 직업을 훨씬 더 뛰어넘는 것이다. 나는 사람을, 사람의 영혼을 살리고 싶다. 사람을 살리는 직업은 무수히 많다. 의사, 간호사, 호스피스, 성직자까지. 나는 사람을 살리는 직업으로 작가를 택했고, 강연가를 택했다. 삶의 가장 끝에 서 있는 사람에게 알려 주고 싶다. 지금 끝에 서 있다고 우리의 삶이 끝나는 것이 아니라고. 길 위에 있을 땐 그것이 어떤 길인지 알 수 없는 것이라고. 우리가 그 길을 다 걸어온 후에 내 삶이 진정 의미가 있었다는 것을 알 수 있게 된다고. 우리는 우리가 그 길을 걸어가는 것을 포기하지 않도록 응원하면 충분하다고 이야기해 주고 싶다.

나는 한때 삶이 힘들어 자살하고 싶었던 적이 있었다. 수시로 자살을 생각했다. 그건 내가 더 이상 내 미래의 모습을 상상하지 않았던 때, 그래서 행복하지 않았던 때와 비슷한 시기에 찾아왔다. 우리가 우리의 미래를 더 이상 꿈꾸지 않게 되면, 변화된 내 모습을 상상하지 않게 되면 내가 나를 포기하는 순간이 찾아오게 된다. 그렇기 때문에 우리는 우리에게 상상할 수 있는 자유를 허락해야 한다.

결혼 전에는 오직 나만의 생존을 위한 꿈들을 꿨다. 꿈에 너무 많은 생존본능을 담으면 꿈의 가치가 땅바닥에 떨어져 버릴 때가 있다. 생존을 지속시켜 주지 못하는 꿈에 가치를 잘못 담으면 내가 꿈을 이끄는 삶을 사는 것이 아니라 꿈이 나를 이끌며 때로는 나의 가치까지 무너지게도 한다. 88만 원 세대가 드디어 자신들의 가치를 88만 원이라는 생존기제로서의 자본에 담고선 자신들은 결혼조차 할 수 없는 존재들로 규정한 것처럼 말이다. 꿈이란 것은 생존 이상의 가치를 담고 있어야 한다. 그래야 우리가 어떤 힘든 상태가 되어도 그자리에 그대로 남아 있게 되는 것이다.

요즘 남편과 아이들과 함께 꿈을 그려 나간다. 남편에게도 작가와 1인 기업가의 꿈이 생겼다. 큰아이에게도 작가의 꿈이 생겼다. 둘째가 좀 더 크면 그 아이는 또 어떤 꿈을 그려 나갈지 기대가 된다. 혼자서 꿈을 꿀 때보다 함께 꾸는 가족이 있으니 더 큰 꿈을 그릴 수 있게 됐고, 더 많은 꿈의 목록들을 작성할 수 있게 됐다. 잉크 한 방울을 종이에 떨어뜨리면 먼 데까지 번져 가듯이 꿈이란 것은 그렇게 다른 사람들에게 번져 나가는 것이다. 나는 앞으로 가족뿐만 아니라 더 많은 사람들에게 꿈을 전염시키는 사람으로 살고 싶다.

우리는 꿈이라고 하면 어떤 거창한 것을 떠올리지만, 나는 어떤 것이든 꿈이 될 수 있다고 생각한다. 요즘 사람들은 쓸모 있는 사람이 되고자 애를 쓴다. 하지만 우리는 쓸모 있기 위해 태어난 것이 아니다. 우리는 이미 존재 자체만으로 큰 가치를 지니고 있다. 그렇기 때문에 우리에게 주어진 가치를 함부로 포기해서도 누군가에게 짓밟히도록 놔두어서도 안 된다. 한 번뿐인 인생, 삶의 진정한 주인이자 승리자로 살아가자.

꼭 이루고 싶은 나의 꿈 나의 인생 2

초판 1쇄 인쇄 2018년 1월 24일
초판 1쇄 발행 2018년 1월 31일

지 은 이 **김태광·김성기 외 51인 지음**
펴 낸 이 **권동희**
펴 낸 곳 **위닝북스**
기　　획 **김태광**
책임편집 **유관의**
디 자 인 **김하늘**
교정교열 **우정민**
마 케 팅 **허동욱**

출판등록 **제312-2012-000040호**
주　　소 **경기도 성남시 분당구 수내동 16-5 오너스타워 407호**
전　　화 **070-4024-7286**
이 메 일 **no1_winningbooks@naver.com**
홈페이지 **www.wbooks.co.kr**

ISBN 979-11-88610-31-0 (03190)

이 도서의 국립중앙도서관 출판도서목록(CIP)은 서지정보유통지원시스템 홈페이지(http://seoji.nl.go.kr)와 국가자료공동목록시스템(http://www.nl.go.kr/kolisnet)에서 이용하실 수 있습니다.(CIP제어번호: CIP2018001225)

위닝북스는 독자 여러분의 책에 관한 아이디어와 원고 투고를 설레는 마음으로 기다리고 있습니다. 책으로 엮기를 원하는 아이디어가 있으신 분은 이메일 no1_winningbooks@naver.com으로 간단한 개요와 취지, 연락처 등을 보내주세요. 망설이지 말고 문을 두드리세요. 꿈이 이루어집니다.

※ 책값은 뒤표지에 있습니다.
※ 잘못 만들어진 책은 구입하신 서점에서 교환해 드립니다.